史論——力道山道場三羽烏

Biographies of Rikidozan, Shohei Baba, Kanji Inoki & Kintaro Oki

小泉悦次／著

辰巳出版

61年、『第３回ワールドリーグ戦』開幕前の公開練習の模様。リング上では、力道山が豊登とスパーリングを披露している。コーナーマットにもたれかかっている沖織名の右には白シャツ姿のグレート東郷、さらに馬場正平、猪木寛至、九州山、そして大木金太郎の顔が見える。中央にいるハロルド坂田の後方はカール・クライザー（カール・ゴッチ）、吉原道明の右にいる黒覆面はミスター・X（ビル・ミラー）。

はじめに―力道山が産み落とした2個の卵

本書は辰巳出版のムック『Gスピリッツ』に掲載された3本の連載記事『ショーヘイ・ババのアメリカ武者修行』、『カンジ・イノキのアメリカ武者修行』、『キンタロウ・オオキのアメリカ武者修行』を大幅に加筆修正し、新たな書き下ろしを加えて構成されている。加筆の主な目的はプロレス界における戦後・昭和の日本、アメリカ、韓国の連動と、その裏側をより詳細に描くことにある。

ご存じの方も多いと思うが、日本プロレスの若手だった時代のジャイアント馬場、アントニオ猪木、大木金太郎は「力道山道場三羽烏」と称される。その3人の物語を綴る前に、まずは彼らの共通の師匠である力道山について触れておきたい。

力道山は朝鮮半島北部の咸鏡南道で、朝鮮人の両親のもとに生まれた。生年は公称1924年（22年説もある）で、出生名は金信洛（キム・シラク）である。

当地でシルム（朝鮮相撲）の大会に出場していた金少年を二所ノ関部屋の後援者だった百田巳之助と彼の義理の息子・小方寅一が「双葉山の再来」と見初め、大相撲入りを勧めたのは39年のことだった。内地に渡ってきた金少年は翌40年5月場所で初土俵を踏み、四股名・力道山を名乗った。

力道山は47年6月場所、前頭8枚目で9勝1敗の成績を上げ、幕内優勝同点となる。

49年5月場所には、自己最高位の西の関脇にまで届いた。ところが、50年秋場所を前に二所ノ関親方との対立もあって自ら髷を切る。

この頃、力道山は日本へ帰化し、戸籍上は百田巳之助の長男、百田光浩となった。角界を去った力道山は、大相撲時代からの後援者・新田新作が経営する新田建設で現場監督を務める。そして51年10月、日本ツアー中だったボビー・ブランズ一行のリングでプロレスラーとしてデビューした。その後、52年よりアメリカに渡って武者修行を積み、翌53年に一時帰国して日本プロレスを設立する。

再度のアメリカ武者修行を経て、54年2月にシャープ兄弟を招聘した日プロの旗揚げシリーズは大当たり。自分より大きな白人を空手チョップで打ち倒す姿はブームを巻き起こし、敗戦の記憶いまだ新しく白人コンプレックスが刷り込まれた日本国民のヒーローとなる。さらに、その年の12月には柔道の世界で「木村の前に木村なし、木村の後に木村なし」と言われた木村政彦を破り、プロレス日本一の称号を得た。

ところが、56年あたりからプロレスブームは沈静化する。日プロが第二次黄金時代を迎えたのは、59年に開催した『第1回ワールドリーグ戦』の大成功によるものだ。この59年に大木が、翌60年に馬場と猪木が日プロに入門する。

力道山はその後も〝銀髪鬼〟フレッド・ブラッシーなどとの対決により、世間の耳目を集め続けた。そして63年5月、ザ・デストロイヤー戦のテレビ中継は視聴率64％を稼ぎ出す。これはビデオリサーチ社が視聴率調査を始めてから現在までで、史上4位の記録である。力道山が不慮の死を遂げるのは、この年の暮れのことだ。

ここに歴史的事項を重ね合わせてみる。

力道山が生を受けた時、そして大相撲入りした時の朝鮮半島は日本の統治下にあった。統治下から離れるのは45年、日本が第二次世界大戦で敗れたことによる。その後、朝鮮半島は北緯38度以北をソ連（現・ロシア）が、38度以南をアメリカが占領した。

力道山の故郷・咸鏡南道は、北側である。南北分割統治は48年、朝鮮民主主義人民共和国（北）と大韓民国（南）の誕生につながり、経済システムは北朝鮮が社会主義、韓国が資本主義となった。

50年6月、金日成（キム・イルソン）率いる北朝鮮が38度線を越えて韓国に侵略し、朝鮮戦争が勃発した。力道山が髷を切り、日本に帰化した年である。

朝鮮戦争は実質的にアメリカ軍であった国連軍と、社会主義国である中華人民共和国&北朝鮮連合軍による戦闘だった。力道山をプロレスの世界に導いたボビー・ブランズ一行の日本ツアーの目的の一つは、日本に駐留していた国連軍の慰問にあった。

「唄は世につれ」とよく言うが、プロレス史も世の歴史と連動する。言い換えれば、世の歴史を通して見ることでプロレス史の輪郭はよりはっきりする。

さらに言えば、日本史自体、日本だけでなく他国を通すと、よりクリアに見通せる。特に戦後日本史はアメリカ史、朝鮮半島史を踏まえないと見えてこないことが多い。

第二次世界大戦が終わって共通の敵ファシズムを崩壊させると、連合国側のアメリカとソ連の間にヒビが入った。社会主義陣営がソ連を中心にまとまったことに対抗して、資本主義陣営はアメリカを中心にグループ化される。

力道山がアメリカの土を踏んだのは、その「冷戦」が本格的に始まった頃だ。海外デビューの地ハワイは、太平洋のど真ん中。プロレス的には、アメリカマット界の最西端である。

ハワイの北西には、日本がある。54年のシャープ兄弟来日によって日本にプロレスが定着したことは、アメリカマット界のフロンティア（最前線）がさらに西に延びたことを意味する。

40年代末期から50年代半ばに掛けて1000を超えるシングル戦無敗記録を達成した〝鉄人〟ルー・テーズは57年に初来日し、力道山とNWA世界ヘビー級王座を懸けて戦った。この時、日本のマット界はアメリカと同様「NWA」という価値観を持った。

その頃、日本は街頭テレビ時代の末期で、以後は日本列島津々浦々のお茶の間にテレビが入っていく。59年の『第1回ワールドリーグ戦』の成功も、前年9月から日本テレビで金曜夜8時のプロレス定期中継がスタートしたからこそである。

世間では、翌年に控えた日米安保条約改定の阻止に向けてデモ行進が渦巻いていた。「パンとサーカス」の喩えは、支配者が大衆にはパン（食べ物）とサーカス（見せ物）を与えておけばよいという意味だが、プロレスに限らずプロスポーツはそんな大衆の目を政治から逸らす役割も果たす。力道山、そして後にはその弟子たる馬場、猪木、大木も「サーカス」を担当することに加え、影に日向に政治を利用した。

韓国でテレビの本放送が始まったのは60年。翌61年、韓国では朴正煕（パク・チョンヒ）による軍事クーデターが起こり、63年に朴は大統領に就任する。

詳しくは本編をご参照願いたいが、大木がアメリカNWA圏でファイトするレスラーを韓国に初めて招いたのは65年。こうして資本主義陣営の中で、アメリカマット界の波は日本の西に位置する韓国にまで届いた。

本書の主役である馬場、猪木、大木の三羽烏は、力道山が産み落とした。しかし、力道山が産んだ卵は2個である。ＢＩ砲は、そのうちの1個から孵った。そして、2人は「日本のプロレス」を継承する。

具体的には馬場は日本テレビなどの人脈、猪木は闘魂とカリスマ性を力道山から受け継いだ。

もう一個の卵から孵ったのが大木である。「韓国のプロレス」もまた力道山から産まれ、大木が継承したということだ。

日プロ旗揚げ前のアメリカ武者修行で力道山が学んだものの一つが、エスニック（民族性）を基調としてベビーフェース（善玉）、ヒール（悪玉）を区別するというマッチメークのセオリーである。

ところが、凱旋帰国した力道山が作った日本のプロレスにはアメリカ等と異なる特異性がある。その根源は、朝鮮半島出身の力道山が日本人としてベビーフェースを演じたことにある。

もし力道山が出自を明らかにしていたなら、セオリーに基づけば力道山vs木村戦は日本人である木村がベビーフェースとなり、力道山は第三国人（日本に居留する台湾・朝鮮など旧外地に帰属する人々の当時の呼称）としてヒールとなる。仮にそうなっていたら、以後の日本のプロレス史は大きく変わっていたであろう。

プロレス定着期のセオリーの歪みは、本来は第三国人として後継筋である大木というもう一つの卵を産み、それが韓国のプロレス史となった。

プロレスを日韓という視点で見れば、力道山が持っていた「日本人としてのヒーロー像」は馬場と猪木が、「朝鮮民族にとってのヒーロー像」は大木が引き継いで時代を創ってきたと言える。

力道山の死後、日本のプロレスが馬場と猪木を軸に動いてきたことは言をまたない。しかし、そこに大木というピースを組み込むことで浮かび上がってくる風景もあるはずだ。

大木は70年代に大一番で猪木、馬場に敗れたイメージが強いかもしれないが、本書では「三羽烏」として同列に並べて論じている。その中でＢＩだけなく、大木の歴史的な存在感も描けていれば幸いである。

史論—力道山道場三羽烏●目次

プロローグⅠ
若手時代の力道山道場三羽烏

本編に入る前に、この項ではアメリカ武者修行前の「力道山道場三羽烏」について因果関係を簡潔にまとめてみた。

大木金太郎は1929年2月24日、日本統治時代の朝鮮（現・大韓民国）全羅南道高興郡金山面で生まれた。玄界灘に浮かぶ対馬の西、済州島の北、朝鮮半島南部リアス式海岸の海辺の寒村である。

出生名は、ハングルから「キム・テシィク」と読める（漢字表記は「金泰植」）。しかし、少なくとも日本への渡航後は韓国名を「金一（キム・イル）」で通し、これを韓国でもリングネームとした。また、この名前で日本、アメリカ（70年）のリングに上ったこともある。

大木は58年に漁船で日本に密入国し、翌59年に入国管理法違反で逮捕され、収監された。

この時、大木は獄中から力道山に手紙を書いた。そして、その力道山が身元引受人となり、当時の日本プロレス協会コミッショナーだった自民党副総裁・大野伴睦の力添えもあって釈放され、日本プロレスに入門する。一般に密入国した理由は「半島の英雄である力道山に憧れて」とされているが、日本プロレスリング協会事務局の門茂雄氏は著書で「日本で一旗揚げるため」に密入国し、日本に来てから力道山の存在を知ったと記していることを付記しておきたい。

59年9月4日の金曜日は、東京・日本橋浪花町のプロレスセンターからのテレビ生中継。この日、前座で大木はデビュー戦に臨み、敗れた。対戦相手は、後にレフェリーとして活躍する樋口寛治（ジョー樋口）である。

前項でも触れたが、日プロは54年2月の旗揚げシリーズに呼んだシャープ兄弟の好ファイトによって大成功を収め、プロレスはいきなりプロ野球、大相撲、プロボクシングと並ぶメジャースポーツの仲間入りを果たした。

しかし、56年頃から人気が落ち込む。人気が回復したのは59年5月から6月にかけて挙行した『第1回ワールドリーグ戦』からで、主力参加外国人レスラーのミスター・アトミック、エンリキ・トーレス、ジェス・オルテガを帯同した続く『選抜戦』(追撃戦)も大当たりのうちに8月に閉幕した。そして、9月の新シリーズの開幕の日に大木はデビューする。

ところで、プロレスの試合記録は当時の新聞や雑誌に掲載されたものが元になっている。したがって、報道されていない試合に関しては、お手上げだ。日本において行われた試合がほぼ報道されるようになったのは60年秋、すなわち馬場、猪木がデビューした頃からである。大木のデビューはその前年のため、おそらく記録から漏れている試合も少なくない。

しかし、それを前提に判明している分で、もう少し大木の戦績を紐解いてみたい。

デビュー第2戦は59年12月25日、プロレスセンターでの平井光明(ミツ・ヒライ)戦で、結果は引き分けだった。

次の試合は、60年5月17日の岐阜市民センターと飛んでしまう(平井と引き分け)。以後は、ユセフ・トルコ、吉原功、大坪清隆(飛車角)、金子武雄、ミスター珍、田中米太郎(桂浜)といったところに連戦連敗だが、これはデビューしたての新人としては、ごく当たり前のことで驚くに値しない。

大木の初勝利は60年9月30日、東京・台東体育館での猪木完至戦である。そう、猪木のデビュー戦だ。つまり、この有名な一戦は記録上、大木がプロ初白星を挙げた試合でもあった。

大木はこの後、10月14日に札幌中島スポーツセンター、同月17日に山梨・都留市谷村中学校校庭特設リングでデビューしたばかりの馬場正平と連続で引き分けており、10月19日に台東体育館で竹下民夫を破って、ようやく両目が開く。ちなみに大木の3つ目の白星は同月25日、広島・呉市営二河プールでの馬場戦である。

この馬場戦での勝利以降、大木は勝率を上げていくのだが、ここで改めて猪木のデビュー戦以前の大木の戦績を見てみたい。

注目すべき相手は、田中米太郎である。田中は大相撲時代からの力道山の子分であり、プロレスラーとしてよりもチャンコ作りの腕の良さと若手のお目付け役として重宝がられていた存在だった。

田中は馬場のデビュー戦で白星を献上した相手として知られている。また、猪木の初白星（60年10月15日＝札幌中島スポーツセンター、デビューから3戦目）の相手でもある。

大木は、その田中に同年8月5日に敗れている。だが、大木はその後、大型新人の猪木、馬場に勝つことで白星供給係から脱し、逆に田中は馬場のデビュー戦で敗れたのを機に白星供給係となっていく。

馬場と猪木の初対談

60年4月11日、力道山はブラジル遠征から日系移民の少年・猪木完至を伴って帰国した。

翌12日、猪木と馬場正平の入団発表が行われる。周知の通り、猪木はブラジルに来た力道山に現地でスカウトされたわけだが、馬場に関しては「帰国してきた力道山に直訴して入門」と「ブラジル遠征の前に力道山から内諾を得ていた」の2つの説がある。しかし、11日に帰国した力道山に直訴し、翌日に入門発表というのは無理を感じる。おそらく後者の「内諾説」が正しいのであろう。

入門発表から3日経った15日、東京体育館で『第2回ワールドリーグ戦』が開幕した。翌日のスポーツニッポンには馬場、猪木の2人による観戦記が対談形式で掲載されている。

まだデビューしていないどころか、入門してから1週間も経っていないのにスポーツ紙に対談が載るとは異例中の異例だ。これは「大型新人として注目を浴びていた」というレベルではなく、2人が強い星の下に生まれ、プロレスが天職であったということを示していると言ってもいいかもしれない。

以下、当時の記事を引用する（原文ママ）。尚、会話中に出てくるレスラーは順にダン・ミラー（ビル・ミラーの弟）、吉村道明、ホンブレ・モンタナ、フランク・バロア、スタン・リソワスキー（スタン・ネルソン）、グレート東郷、レオ・ノメリーニ、サニー・マイヤース、ボブ・オートン・シニアである。

猪木　ワールドリーグだけあってさすがに世界のモサがせいぞろいしたね。

馬場　すごいね。第一回のときもオルテガなどずい分強いのが来たけど、今度の方が全体的に充実したみたいだ。とくに今度の場合自分がプロレス界に入門したせいか興味本位でなく、職業ということを意識して観戦するので、ただばく然とは見たくない。

猪木　ボクはこんなにすばらしいメンバーが一堂にそろった試合を見るのは初めてだから、ただすごいの一語につきる。

（ミラー対吉村戦が始まる）

猪木　吉村さんの空手は力さんゆずりだね。

馬場　相当威力があるよ。〝こぶし打ちは平気だ〟といっていたミラーもグロッキーだね。しかしミラーはうまいね。豊富な業の持ち主だ。

猪木　あれだけスピーディーに動くとプロレスもきれいだね。反則はつきものだが完全にレフェリーの目をかすめるところなんかうまい。だがミラーの岩石落としは見事だった。二回続けて三回目はヒザで背割りをくれて決めちゃった。

馬場　モンタナとバロアは愉快だった。モンタナってのはあんなに太っていても受け身がうまいし動きも早い。

猪木　まるでゴムまりみたい。あの体重（158．9キロ）でよく柔軟な受け身ができるものだ。

馬場　モンタナはヒゲでずい分そんしているな。

猪木　ヒゲが彼のトレードマークなんだからそるわけにはいかないしね。それよりリソワスキーのあばれ方はすごかったたね。ブラジルでもリング外でやることはあるがイスはぶつけない。

馬場　日本じゃたまにあるよ。まともに食らってはのびちまう。

猪木　東郷さんの頭は堅いからな。力の入った試合はノメリーニとマイヤースだったね。オーソドックスながら見ごたえがあった。なに一つムダなく反則もない。笑わせるどころか興奮しちゃった。

馬場　あんなきれいな試合は初めて。

猪木　プロレスのダイゴ味はこの試合で十分味わえた。こんな熱戦を見たのは生まれて初めて。ボクはますますプロレスラーとしての生きがいを感じた。タッグマッチだがやはり外人側はズルいね。

馬場　まともにやったらやはり力さんにはかなわないよ。しかしオートンは意外に乱暴者だ。この分だとこれからのリーグ戦は相当荒れそうだ。

この時、馬場は22歳（38年1月23日、新潟県三条市生まれ）、猪木は17歳（43年2月20日、神奈川県横浜市生まれ）だが、その年齢の差以上に馬場のプロレスの見方が大人っぽいことには驚かされる。

しかも、元プロ野球選手ということもあり、デビュー前にもかかわらず「興味本位でなく、職業ということを意識して観戦するので、ただばく然とは見たくない」と、すでに強いプロ意識を持っている。さらにホンブレ・モンタナの受け身に注目するあたりに、馬場自身がレスラーとしての自分のあり方をすでに模索していたと感じる。

一方の猪木は馬場が切り出した言葉を受けるのに精一杯だが、それでもレオ・ノメリーニとサニー・マイヤースの試合を「オーソドックス」と発言するあたりは、60年代後半に〝若獅子〟と呼ばれた猪木のスタイルの萌芽と見る。

この対談の半年後、9月30日に馬場、猪木は台東体育館で揃ってデビューした。

猪木vs大木の対戦成績

「三羽烏」とは一般に「部下・門弟の中の優れた3人」、もしくは「ある方面で優れた3人」を指す。

実は馬場、猪木、大木が若手時代に「力道山道場三羽烏」という呼ばれ方をされていたかどうかは確認できていない。しかし、この呼び名が後付けであろうが、歴史的に見てもこの3人がそう括られることに異論を挟む余地はないであろう。

では、3人が「三羽烏」だった時期はいつなのか。力道山道場で馬場、猪木、大木が揃うのは60年4月で、馬場がアメリカ武者修行に出る直前の61年6月まで足掛け「1年3ヵ月」がその期間にあたる。

63年3月、馬場は武者修行を一旦切り上げて凱旋帰国した。以後、馬場は力道山と組んでメインに出ることも少なくなく、この時期の猪木、大木と一括りに扱うことはできない。

では、その三羽烏時代の3人の対戦成績はどうなっているのか。まずは猪木と大木の組み合わせから見ていこう。

三羽烏時代に両者のシングルマッチは3回行われ、戦績は大木の2勝0敗1分である。

猪木はデビュー戦で大木の逆腕固めに敗れたが、当時18歳の猪木から見て大木はキャリアで約1年先輩、年齢は14歳も年上だったから、これは当然の結果かもしれない。

両者の2度目の対決は61年5月9日、広島・呉市二河プールで行われ、15分時間切れ引き分けに終わっている。

続く5月28日、栃木・宇都宮スポーツセンターでは大木が勝利した。決まり手は片腕固めで、当時の若手同士の対決では、このように関節技による決着が多かった。

気になるのは、第2戦の引き分けである。会場となった二河プールでの興行は半年ぶり。前回ここで興行が打たれたのは60年10月25日で、前座では馬場vs大木のシングルマッチが組まれた。これについては後述するが、どうも「変な試合」になってしまったようなのだ。

「いいか、客が見ているんだ。冷静にな」

力道山に釘を差された大木が慎重に試合を進めるうちに、時間切れのゴングが鳴ってしまったのではないか。

馬場vs大木の対戦成績

馬場と大木の初対決は60年10月14日、札幌中島スポーツセンターで行われた。この日は、馬場はデビュー2戦目。まず田中に3分11秒で勝利すると、引き続き大木と15分1本勝負を行い、時間切れで引き分けている。

このように両者の初対決は、馬場が1日に2試合続けて戦うという珍しい状況の中で組まれた。この連戦が初めから予定されていたのか、それとも馬場があまりにも短い時間で田中に勝ったため、当日試合が組まれていなかった大木を力道山が急遽リングに上げて馬場と戦わせたのかは定かでない。

両者のシングルマッチは第2戦も引き分けに終わり、第3戦は10月25日に広島・呉市二河プールで行われ、大木が「腕固め」で馬場からギブアップを奪った。先に触れた試合である。

90年代も後半になって、この一戦に関して大木は以下のように語っている。

「試合前、会場には多くの花が届けられた。知名度もあってか、中でも馬場に対するものが多かった。自分へのものはひとつもなかった。〝何で私には花が来ないいんだ！〟。私は怒りがこみ上げてしまい、

馬場を頭突きで滅多打ちにして伸してしまった」

つまり、怒りのあまり馬場にセメントを仕掛けたというのだ。

記録を調べると、大木が馬場に「完勝」しているのは、この日しかない。よって、大木が証言しているのは県の試合しか有り得ない。

その後、11月13日に富山・高岡市体育館で両者の第4戦は30分1本勝負で行われ、14分53秒、体固めで馬場が大木から初勝利を上げた。

三羽烏時代、馬場と大木は通算で13度対戦し、戦績は馬場の5勝2敗6分である。ちなみに大木が馬場に勝ったもうひとつの試合の決まり手は、反則勝ちだった。

馬場VS猪木の対戦成績

「馬場と猪木は、どっちが強い？」

「馬場と猪木、雌雄を決せれば？」

この話題がマスコミやファンを引っ張ったのは、60年代末から80年代初頭のことである。

だが、三羽烏時代、数年後には「夢の夢」となるBI対決は何度も行われている。

初対決は61年5月25日、富山市体育館で行われ、馬場が10分ジャストに「羽交い締め（フルネルソン）」でギブアップ勝ちを収めた。

ここでは勝敗よりも、日付に注目したい。馬場と猪木のシングル初対決は、デビューしてから8ヵ月を要している。これは新人同士ゆえ、試合内容が観客に見せられるレベルだと力道山が判断するまでに、それなりの時間が必要だったということなのであろう。

この一戦を皮切りに同年6月28日までの約1ヵ月間、馬場vs猪木の対戦は6度組まれ、結果は馬場の全勝だった。

最後の6月28日は、大阪府立体育会館2連戦の初日である。2日目は『第3回ワールドリーグ戦』の決勝戦が行われ、力道山がミスター・X（ビル・ミラー）を破って優勝した。

それに先立って馬場は5月1日、東京体育館でのシリーズ開幕戦でミラーに当てられ、惨敗を喫している。馬場自身が後年に何度も述懐していた外国人レスラーと初めて対戦した試合だ。

この一戦は馬場の海外武者修行に向けたテストマッチであり、ミラーおよびグレート東郷により「合格」のジャッジを受けた馬場は大阪2連戦（2日目は桂浜に勝利）を最後に日本を離れ、ロサンゼルスへと飛び立つ。

プロローグⅡ 1960年代のテリトリー制

力道山道場三羽烏がアメリカで武者修行していた当時と今日では、プロレス界の興行システムが大きく異なる。本編ではジャイアント馬場、大木金太郎、アントニオ猪木の順にそれぞれの武者修行について詳しく紐解いていくが、その舞台となる1960年代の北米マット界について予め解説しておきたい。

当時、興行システムの根幹をなしていたのは「テリトリー制」である。この「テリトリー」という言葉を辞書で引けば、「領域、領分、縄張り」を意味する。これに倣えば、「テリトリー制」とは言わばプロモーターごとに縄張りがある状態である。

地理的に各テリトリーは中心となる都市から1週間を自動車で廻り、戻ってこられる範囲になる。中心都市にはテリトリーを統括するプロモーターがいて、そのプロモーターのオフィス（これをブッキングオフィスと呼ぶ）は自ら興行を打つだけではなく、テリトリー内の各都市のローカルプロモーターにレスラーを派遣する。

原則として各都市で興行が打たれるのは週一度で、どの街で興行が打たれるかは曜日で決められている。また、時の流れとともに各テリトリーの境界が変わることもある。

この時代、アメリカの中規模以上の都市全てで興行が打たれていたわけではない。例えば、ニューオーリンズのようにかつては盛況だったが、この時期にはほとんど興行が打たれていない都市もある。

テリトリーを仕切る統括プロモーターを補佐する職務は、「ブッカー」と呼ばれる。ブッカーはレスラーを集め、日本流に言えば、「現場監督」を務める。マッチメークに関してはブッカーが行うこともあれば、別の人間に任せることもあるが、いずれにしても組織の長であるプロモーターの意向が大きく反映される。プロモーターやブッカーを現役レスラーが兼ねることも少なくなかった。どのレスラーを使って興行を打つかはプロモーター、ブッカーの好みが反映するため、試合内容もテリトリーごとに特色が異なる。レスラーは統括プロモーターと契約すると、テリトリー内の決められた都市をサーキットする。したがって、ある街の観客は前週とほぼ同じメンバーによる試合を観ることになる。

それを前提に、ブッカーはリング上のストーリーラインを考えていく。原則的にベビーフェースのトップは長くそのテリトリーに定着し、ヒールは定期的（約3ヵ月であることが多い）に時期をズラして入れ替わっていく。

当時のテリトリー一覧

北米のテリトリーの名称はあくまでも便宜上のものだが、本書においては以下のように統一した。（B）は馬場、（O）は大木、（I）は猪木が武者修行したテリトリーである。太平洋岸、東部などアメリカの地域割はいろいろな方法があるが、ここではアメリカ等のプロレス史家のスタンダードな区分けに従った。

尚、馬場が初渡米した段階で、まだWWWF（現・WWE）は設立されていない。

【太平洋岸】
NAWA＝ロサンゼルス地区（B、O、I）
ハワイ地区（B、I）
オレゴン地区（I）
サンフランシスコ地区＝2団体

【東部】
ニューヨーク地区（B）
ピッツバーグ地区（B）

バッファロー地区（B）
ボストン地区

【中西部】
シカゴ地区（B）
オハイオ地区（B）
セントルイス（B、I）
セントラルステーツ地区（I）
インディアナ地区
オマハ地区
ミルウォーキー地区
AWA＝ミネソタ地区&カナダ・ウィニペグ

【南部】
フロリダ地区（B）
テネシー地区（I）
アトランタ地区
ミッドアトランティック地区

【南西部】
アルバカーキ（B、O）
ヒューストン地区（O、I）
アマリロ地区（O）
オクラホマ地区
アリゾナ地区

【カナダ】
モントリオール地区（B）
トロント地区（B）
マリタイム地区
カルガリー地区
バンクーバー地区

それぞれの地区の詳細については馬場、大木、猪木の武者修行編で最初に出てくる時に触れるが、その前に少し補足しておこう。

前記のうち、セントルイス、アルバカーキは同都市のみで独立しており、ここのリングには隣接テリトリー、場合によっては全米からスポット参戦するレスラーが上がっていた。

デトロイト、シンシナティ（以上、中西部）、デンバー（西部山岳部）、ルイビル（南部ケンタッキー州）はジム・バーネット&ジョニー・ドイル（本書ではバーネット派と記すことが多い）が2～3週間に一度のペースで、配下のレスラーにより興行を打っていた。馬場は63年末から64年に掛けて、このバーネット派のデトロイト、シンシナティのリングに上っている。

NAWAは、馬場が修行中の62年にWWAに改称する。力道山がこのベルトを巻いたこともあり、日本では改称後の名称で知られた。

前記のテリトリーで馬場が初渡米した段階で盛況だったのは、太平洋岸ではNAWA、サンフランシスコ地区（ロイ・シャイアー派）、東部ではニューヨーク地区、ピッツバーグ地区、バッファロー地区、中西部ではシカゴ地区、セントルイス、南西部ではヒューストン地区、カナダではモントリオール地区、トロント地区、さらにはバーネット派の興行である。

前記一覧をご覧いただければおわかりのように、それらは馬場が武者修行中に転戦した地区とほぼ重なる。

これに対し、大木、猪木が回ったテリトリーは馬場ほど盛況だったとは言えないものの、ペンペン草も生えない裏街道というほどではない。

「世界王座」の乱立

馬場がアメリカに渡った61年7月、アメリカマット界には6人の「世界王者」がいた。

NWA＝バディ・ロジャース

NAWA＝フレッド・ブラッシー

AWA＝バーン・ガニア
ボストン地区＝ジャッキー・ファーゴ
オマハ地区＝ドン・レオ・ジョナサン
アトランタ地区＝ディック・ザ・ブルーザー

周知の通り、この中でNWAは団体（プロモーション）ではなく、プロモーターの同業者組合である。発足は48年で、57年までは前述した北米のテリトリーがほぼ全てNWAに加盟していた。

しかし58年以降、ボストン、オマハ、アトランタ、ロス、ミネソタの各地区が独自に世界王者を認定するようになり、ロス地区はNAWA、ミネソタ地区はAWAという名称の組織をタイトル認定団体とした（他都市では、単に「ワールド・チャンピオン」と紹介される）。

それにより馬場がアメリカに入った段階でNWAの勢力圏は、前記一覧からボストン、オマハ、アトランタ、ロス、ミネソタ、アリゾナ、マリタイム、さらにはシスコ2団体を除いたテリトリーになる。全米の大都市を網羅しているとは言えないものの、規模としては「世界一のプロレス組織」であったことは間違いない。

世界王座が乱立するようになった要因は色々あるが、一番大きいのは56年にプロレス中継の全米ネットが廃止され、地域ごとの独自の放映になったことである。これによって、例えば「ワールド・チャンピオンはルー・テーズ」という価値観が全米的に共有されなくなり、大都市のプロモーターは自らの思惑で世界王者を擁立し、主催する興行で独自に「世界タイトルマッチ」を打つようになった。

日本と北米の関係

最後に、この段階で日本において唯一の男子団体だった日本プロレスと北米マットの関係を記しておこう。

日プロ旗揚げ前の52年から54年に掛けて力道山が武者修行したのはハワイ地区、サンフランシスコ地区だけである。

当時のシスコは1団体で、プロモーターはジョー・マルセウィッツ。54年2~3月の日プロ旗揚げシリーズにシャープ兄弟を送り込んだのが、このマルセウィッツだ。以後、日プロは前記2地区との提携を続け、さらにブッカー(外国人レスラー招聘窓口)であるグレート東郷の一本釣りで北米からレスラーを呼んでいた。

これをアメリカ側から見ると、「ジャパン地区」という新たなテリトリーが誕生したことに等しい。説明するまでもなく、統括プロモーターは力道山である。

馬場がアメリカ武者修行をスタートさせた61年7月の段階では日プロとマルセウィッツのラインはほとんど切れており、それに代わって東郷を通じて新たにロス地区との提携が成立したばかりであった。

その記念すべき第1号としてロス地区に送り込まれたのが馬場であり、同行した芳の里、鈴木幸雄（マンモス鈴木）である。

馬場、大木、猪木が武者修行した時期は、このテリトリー制の黄金時代だった。力道山死去以後の日本プロレス界の黄金時代もテリトリー制に依拠したものであり、力道山道場三羽烏の修行はレスラーとしてのスキル向上だけではなく、「未来のプロモーター」として身を持って本場のプロレスビジネスを知ることでもあった。

chapter-1

ショーヘイ・ババのアメリカ武者修行

JAPS INVADE U. S. WRESTLING

From The Land Of The Rising Sun Comes Three Mighty Japanese Mat Warriors

Togo ★ Sato ★ Baba

Story by DICK AXMAN

Every student of wrestling knows that the mat sport goes back to the start of civilization and this not only holds true in Egypt where figures of wrestlers were found on the slabs in the tombs of the mummies, but also in Japan where as the report goes, that thousands of years ago, an Emperor of Japan had his two sons wrestle for a right to the throne.

Japanese wrestlers in the Orient have concentrated on Sumo, Judo and Jiu Jitsu. They have excelled at each of these sports but in the last twenty-five years, mat athletes from the land of the rising sun have been coming to the United States to seek that pot of gold that has been a promising bonanza to every foreigner.

Several years ago a troupe of Japanese behemoths came to the USA on a cross country tour to demonstrate the art of Sumo. The Sumo wrestlers are huge men weighing up to four hundred pounds and having the stomachs of a gourmet who never knew the word 'diet.'

However, the Sumo stars were dismal flops in the USA and the Japs soon found out that Americans do not go for

Left, BABA the GIANT, who stands 6'9" tall and weighs 329 pounds.

3

力道山以来、武藤敬司あたりまでアメリカへ武者修行に出た昭和期のレスラーは枚挙にいとまがないが、修行中の実績でジャイアント馬場に勝る者はあるまい。馬場は「60年代前半の米国」における武者修行でレスラーとして、また未来のプロモーターとして大きな土産を持って帰った。

馬場の武者修行中の活躍ぶりは、自身の才能なのか。それとも単に巡り合わせが良かったのか。いずれにしてもアメリカとカナダをサーキットし続けながら、鉄壁の自信を得たことは間違いない。

1961年7月1日、日本を発った馬場正平は先輩の芳の里、鈴木幸雄とともにロサンゼルス入りした。馬場はここから63年3月の一時帰国の後、63年10月から64年4月まで再びアメリカ、カナダをサーキットするが、本書では一時帰国の前までを「第一次武者修行」、一時帰国後を「第二次武者修行」と記す。

馬場の第一次武者修行期、全米の大都市では興行

61年7月1日、馬場正平は芳の里（左）、鈴木幸雄（右）とともに羽田空港からアメリカに飛び立った。この後、3人はロサンゼルス郊外のグレート東郷宅に滞在する。

戦争、プロモーター同士の対立が日常茶飯事だった。プロモーターの思惑として、いざ興行戦争となれば一人でも多くのスター選手が欲しい。その恩恵を受け、急激に〝格〟を押し上げられたのが他でもない馬場だった。ここが師・力道山、そしてこの後に続く大木金太郎、アントニオ猪木の武者修行と大きく異なる点である。

そのような状況下で、馬場は全米を代表する超一流の対戦相手を通してレスラーとしての自分に磨きをかけ、リング外の光景を見ながらプロモーターとしての素養を蓄積していった。

「馬場はアメリカでトップを取った」

それは揺るぎない事実である。当然、レスラーとしての技術やセンス、日本人としては規格外の肉体も大きくプラスに作用したであろう。

だが、当時のアメリカマットの動向、各地区のプロモーターの人間関係がわからないと、馬場がトップに駆け上がっていった理由や背景がなかなか見えてこない部分がある。

よって、どうしても状況説明やプロモーターに関する記述が多くなってしまうが、お付き合い願いたい。

コーラー派VSバーネット派の対立

60年代前半、アメリカマット界の中心は中西部から東部にかけての一帯であった。馬場の第一次武者修行の地は、この中心地域と西海岸のロサンゼルス周辺で完全に重なる。

遡ること10年前、50年代前半のアメリカのプロレスは、アントニオ・ロッカ人気に沸くニューヨーク地区を除いて不景気の嵐だった。56年にアメリカ司法省から独占禁止法違反の疑いで告訴されたＮＷＡはルー・テーズ以後、世界王者をディック・ハットン、パット・オコーナーに替えても観客動員は伸びず、〝ミスターＮＷＡ〟たるセントルイスのプロモーター、サム・マソニック会長は元気を失っていた。

しかし、60年になってビンス・マクマホン・シニアがプロモートするワシントンDC、フレッド・コーラーがプロモートするシカゴで大入りが続き、動員の原動力となったバディ・ロジャースは翌61年、当然のようにNWA世界王者に就いた。以後、マクマホン・シニア、コーラーとピッツバーグのプロモーター、トゥーツ・モントがNWAを仕切り、王者ロジャースのスケジュールを独占するようになる。

当時、モントはマクマホンとともにニューヨークのプロモーション（後のWWWF）も共同経営していた。以後、本文ではマクマホン＝コーラー＝モントの勢力を「コーラー派」と称す。

西海岸に目を向ければ、戦前から戦中に活躍した有名なインディアンレスラー、ジュリアス・ストロンボーが59年4月にカル・イートン（ジン&マイクのラベール兄弟の義父）と手を組み、ジョニー・ドイルからロサンゼルスの興行権を買収する。

左からトゥーツ・モント、フレッド・コーラー、ビンス・マクマホン・シニア。馬場が武者修行に出た61年の段階で、彼ら「コーラー派」がNWAを仕切っていた。

60年8月になると、フレッド・ブラッシーがこのストロンボーの新団体のためにアトランタからロスに移住してきた。翌61年6月、ブラッシーはエドワード・カーペンティアからベルトを奪い、この世界王座はNAWA（後のWWA）が認定しているものと説明された。

　そして、馬場にとって最初の修行の地となる、このロス地区は人気者のアントニオ・ロッカを〝共有〟するなど東部のマクマホン・シニアと緩やかな提携関係にあった。

　一方、デトロイトを中心にディック・ザ・ブルーザー、ウィルバー・スナイダー、フリッツ・フォン・エリック、バーン・ガニアといったコーラー派に属さない中西部のレスラーをまとめていたのがジム・バーネットである（共同経営者はストロンボーにロスの興行権を買収されたジョニー・ドイル）。

　バーネットは長年フレッド・コーラーのもとでオフィスボーイ、さらにはブッカーを務め、58年に不景気だったシカゴから独立。デトロイトで新たにプロモーションを立ち上げた。

　当初、コーラー派はバーネットの興行にNWA世界王者ロジャースを派遣していたが、61年秋になるとデトロイトのマイナー団体に自派のレスラーをブッキングしたことにより、バーネット派との興行戦争が勃発する。

　この仁義なき戦いは翌年、オハイオ州コロンバスにも飛び火し、馬場もその場に居合わせたカール・ゴッチとビル・ミラーによる有名なバディ・ロジャース殴打事件に発展した（詳細は後述）。

　昭和のアメリカマット界はNWA、AWA、WW

ジム・バーネットは61年の段階では馬場が上がるリングの敵対勢力だったが、64年にはルー・テーズvs馬場のNWA世界戦をプロモートした。70年代には、NWAの重鎮として馬場・全日本プロレスと提携する。

バーネットのパートナーだったジョニー・ドイル。彼はバーネットと組む以前、58年にロサンゼルスで力道山がテーズからインターナショナル・ヘビー級王座を奪取した試合をプロモートしている。

WFの3大メジャーを中心に語られることが多いが、馬場の第一次武者修行期はこのコーラー派とバーネット派によるレスリングウォーを頭に入れておかないと見通しが立ちにくい。

馬場は第一次武者修行のうち、ロス周辺を除くと、他はおおむね東部、シカゴといったコーラー派のプロモーションで過ごした。

つまり、21ヵ月にわたる第一次武者修行のほとんどはコーラー派の息のかかるエリアにいたわけである。そして、馬場は彼らの期待に応え、コーラー派の重要な戦力となっていく。

〝銭ゲバ〟グレート東郷と合流

23歳、キャリア1年足らずの馬場が初渡米する直前、アメリカで2つの〝世界王座〟移動劇があった。

前述のように61年6月12日、ロサンゼルスでNWA世界王座がエドワード・カーペンティアからフレッド・ブラッシーに、同月30日にはシカゴでNWA世界王座がパット・オコーナーからバディ・ロジャースに移動した。馬場にとって、このロスとシカゴは第一次武者修行でのホームリングになる。

最初の修行の地ロスで、馬場を待っていたのはグレート東郷だった。

第二次世界大戦前の38年にデビューした本名・ジョージ・カズオ・オカムラ（日本名は岡村一夫）がブレイクしたのは、戦後にリングネームを「グレート東郷」に変えてからである。

具体的には40年代末期から50年代初頭に掛けて、シカゴ、バッファロー、ミネアポリスなどでの観客動員力には凄まじいものがあった。東郷はロス郊外の高級住宅地に居を構えていたことで知られるが、レスラーとして全盛を過ごしたのはアメリカ中西部や五大湖沿岸、カナダ東部である。

52年には空手の大山倍達（マス東郷）、プロ柔道出身の遠藤幸吉（コウ東郷）を従えて全米を行脚。

59年からは力道山と提携し、日本プロレスの外国人レスラー招聘窓口となっていた。

力道山から東郷に預けられた馬場の武者修行は、西海岸のロサンゼルス地区からスタートする。地区デビュー戦は7月17日、カルフォルニア州パサディナでの前座試合だった。

以後、9月6日までロス周辺で試合をしているが、そのスケジュールを見てみるとスカスカである。7月の試合数は「5」、8月は「9」しかない。その理由として、馬場の著書『王道十六文』（日本図書センター）には東郷が試合を組む努力をしなかったとある。

しかし、それは馬場の思い違いであろう。馬場だけでなく、鈴木も7月は「3」、8月は「5」、芳の里も7月は「3」、8月は「6」しか試合が組まれておらず、いずれも判明分という但し書きがつくものの、同じくスケジュールがスカスカなのだ。これは東郷が試合を組む努力をしなかったというよりも、努力のしようがなかったのではないか。

前項でも記したように、日プロとロス地区の提携が始まったのはちょうどこの時期からで、提携第1弾として来日したのが8月のゼブラ・キッドである。力道山は馬場ら3人を東郷の元に送ったものの、まだロス地区側の受け入れ準備ができていなかったというのが本当のところなのであろう。

早くもNAWA世界王座に初挑戦

さて、3人が入った当時のロス地区は、どんな様子だったのか。

テリトリーを統括するプロモーターは、前述のようにジュリアス・ストロンボーである。同地区の中心はロサンゼルス。この時期のサーキットコースと主力レスラーは、以下の通りである（当時のアメリカでは原則として日曜日には興行を打たない）。

月＝パサディナ
火＝ロングビーチ
水＝ロサンゼルス（TV）
木＝ベイカーズフィールド
金＝サンディエゴ、またはロサンゼルス（ノーTV、月に一度のビッグマッチ）
土＝サンバーナーディーノ

【ベビーフェース】リッキー・スター、ディック・ハットン、アルバート・トーレス、ラモン・トーレス
【ヒール】フレッド・ブラッシー、ザ・プリーチャー（ミスター・アトミック）、ゼブラ・キッド、マイク・シャープ、ミスター・モト

馬場のリングネームは、「ショーヘイ・ババ」。位置づけはベビーフェースの中堅で、滞在期間は9月までの2ヵ月間だった。この時期の主要王座の変遷は、以下の通りである。

［NAWA世界ヘビー級王座］
フレッド・ブラッシー
※後のWWA世界ヘビー級王座

［インターナショナルTVタッグ王座］
トーレス兄弟（アルバート&ラモン）→フレッド・ブラッシー&ミスター・モト
※後のUSタッグ、WWA世界タッグ王座

元レスラーのジュリアス・ストロンボーが真価を発揮したのは引退後、ロスのマッチメーカーとなってからである。彼が仕切った60年代は、ロス地区の黄金時代。プロモーターを引退後、70年代に入り同地区は急速に廃れた。

馬場のメイン初出場は渡米から約1ヵ月半後の8月18日、サンディエゴで組まれたフレッド・ブラッシーとのNAWA世界戦である。日本では「ブラウン管ショック死事件」を引き起こした力道山との抗争（62年）で有名なブラッシーだが、初対決は馬場との方が早かった。

フレッド・ブラッシーはNAWA世界王座を戴冠し、40歳を過ぎて初めて陽の当たる場所に出た。噛みつき攻撃にスポットライトが当たりがちだが、その本質はインサイドワークである。

18年、ミズーリ州セントルイスで生まれたブラッシーは馬場よりも20歳年長で、当時は43歳である。

戦後、まず南部で頭角を現し、南北カロライナやバージニア、ジョージア、テネシーでトップを取ったが、中西部では前座レスラーだった。そんな「ローカルスター止まり」から一歩抜け出たのは、この61年にカーペンティアを破ってNAWA世界王座に就いてからである。

王者となったブラッシーは翌62年3月に力道山にベルトを明け渡すまで、ルー・テーズ、ディック・ハットン、アントニオ・ロッカ、リッキー・スター、エンリキ・トーレスといった全米のベビーフェースのトップを相手に防衛を重ねることになる。

馬場のロス地区最終日も、カードはブラッシーとのNAWA世界戦だった。7月の地区デビューから短期間でブラッシーの世界王座に連続挑戦したわけだが、この急速な格の向上の背景には、ある事情が絡んでおり、それについては後述する。

試合数が少なかったこともあり、同地区での馬場のめぼしい戦績はブラッシー戦以外にはない。9月6日、オリンピック・オーディトリアムでのNAWA世界戦を終えた馬場は翌7日、東郷に連れられて芳の里、鈴木とワシントンDCへ飛び、いよいよ東部デビューする。

「ジャイアント・ババ」が誕生

ニューヨークといえば、WWWF（79年にWWFに改称、現在はWWE）。これはオールドファンに取っては常識である。

しかし、当時はWWWF設立前で、ここニューヨーク地区のプロモーター、ビンス・マクマホン・シニアはNWA会員であり、NWA世界ヘビー級王座の防衛戦は東部の大会場でも行われていた。

このテリトリーのサーキットコースは以下の通りで、さらに水曜日以外にも中小都市で不定期の興行が行われていた。

月＝MSG（マディソン・スクエア・ガーデン＝月に一度）、ワシントンDC、ブルックリン、トレントン（月に一度）

火＝SSD（サニーサイド・ガーデン）、ボルティモア（隔週）、プロビデンス（隔週）

水＝他諸都市

木＝ワシントンDC（TV）

金＝フィラデルフィア（月に一度）、

土＝フィラデルフィア（月に一度）、ブリッジポート

マディソン・スクエア・ガーデンとサニーサイド・ガーデンは、いずれもニューヨーク市内にあり、現在の東京で例えれば、前者が日本武道館、後者が後楽園ホールである。

地区入り当初の馬場は前記のスケジュールでサーキットしていたが、ここをキーステーションとして

次第にマクマホン・シニアが提携する他地区の大都市にブッキング（派遣）されるようになる。

　ところで、アメリカの「東海岸」とは、ニューイングランドの6州（メイン州、ニューハンプシャー州、バーモント州、マサチューセッツ州、ロードアイランド州、コネチカット州）、中部大西洋岸の5州（ニューヨーク州、ニュージャージー州、ペンシルベニア州、デラウェア州、メリーランド州）、コロンビア特別区（ワシントンDC）を指す。これは84年にビンス・マクマホン・ジュニアが全米進出する直前までのWWFのテリトリーに一致する。

　しかし、馬場が来た当時の東部地区の範囲は、ニューイングランドはコネチカット州のみ、他に中部大西洋岸の5州とワシントンDCだけだった。マサチューセッツ州ボストンをはじめとするニューイングランド6州を占領するのは、後にブルーノ・サンマルチノがWWWF世界王者として君臨した時代のことである。

東郷、芳の里、馬場を紹介する『レスリング・ライフ』61年12月号の誌面。終戦からすでに16年も経っていたが、このヒールトリオの風貌は風化しつつあったパールハーバー・アタックの記憶を引き起こすのに十分である。「寝た子を起こす」とは、まさにこのことだ。

馬場が地区入りした時期の主力レスラー、主要王座の変遷は以下の通りだ。

【ベビーフェース】アントニオ・ロッカ、ヴィットリオ・アポロ、ヘイスタック・カルホーン、ジョニー・バレンタイン、ブルーノ・サンマルチノ

【ヒール】ロイ・ヘッファーナン、アル・コステロ、ドン・カーティス、マーク・ルーイン、ボブ・オートン・シニア

これに半レギュラーとして、当時のNWA世界ヘビー級王者バディ・ロジャースが加わる。

［US・TV王座（東部版）］
クラッシャー・リソワスキー↓ジョニー・バレンタイン

［USタッグ王座（東部版）］
ロイ・ヘッファーナン＆アル・コステロ↓ジョニー・バレンタイン＆ボブ・エリス↓バディ・ロジャース＆ジョニー・バレンド

現地での馬場のリングネームはロス地区と同様、最初は「ショーヘイ・ババ」だった。だが、いつの間にか「ババ・ザ・ジャイアント」、「ジャイアント・ババ」とコールされるようになる。

ジャイアント・ババの命名者はマクマホン・シニアで、馬場は63年春以降、日本でも「ジャイアント馬場」を名乗ることになる。ヒールサイドの前座から始まったポジションは徐々に上がり、年末にはメインイベントも務めた。

若き日の〝人間発電所〟と遭遇

9月7日、ワシントンDC。この日、ダグラス・

キンスローを相手にTVマッチで勝利した馬場に運命的な出会いがあった。同じプログラムに、当時売り出し中だったブルーノ・サンマルチノがいたのである。

サンマルチノは59年10月にデビューし、翌年1月には早くもMSGに登場している。「ニューヨークで試合をした」とは言ってもブルックリンやブロンクスの小会場止まりだったレスラーも少なくない中、サンマルチノはエリートであり、馬場と出会ったこの段階ではセミファイナル格の地位を得ていた。

後年、サンマルチノは親友として、ライバルとして常に馬場を支え、99年5月2日、馬場の死去から3ヵ月後に東京ドームで行われた「引退試合」では心温まるスピーチを聴かせてくれた。

前日に続き、9月8日にも運命的な出会いがあった。フレッド・アトキンスである。

力道山はアメリカ武者修行時代、リング上でアトキンスにこっぴどくかわいがられ、その頑固親父ぶりにぞっこん惚れ込む。そこで馬場が渡米するにあたり、アトキンスにコーチ兼マネージャーを要請したのだ。力道山から馬場に与えられた「愛の鞭」である。ホテルのフロアであろうと、いきなりスパーリングを挑むレスリングの虫、それがアトキンスだった。

アトキンスは、ニュージーランド出身の炭鉱夫上

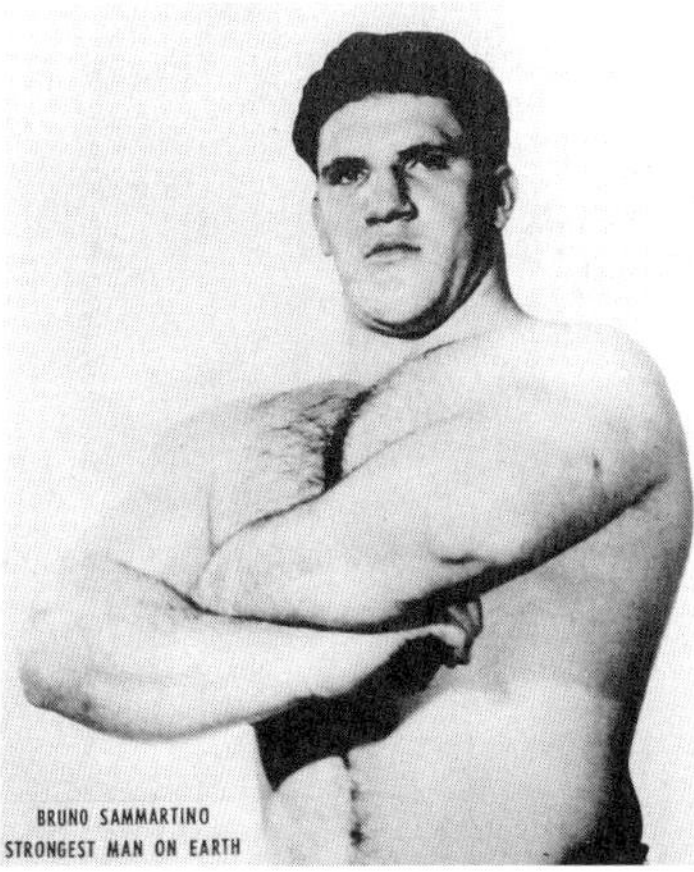

両親がイタリアからの移民だったブルーノ・サンマルチノ。ニューヨーク地区を仕切るマクマホン・シニアとは反りが合わず、馬場が武者修行中の62年4月頃から本拠地をカナダのトロント地区に移した。

左が馬場のコーチ兼マネージャーだったフレッド・アトキンス。この“稽古の虫”に鍛えられたことも馬場にとって武者修行の大きな成果である。

がりである。イギリス・ランカシャー地方のローカルレスリングで、後のアマレス・フリースタイルの原型ともなったキャッチ・アズ・キャッチ・キャンの原初の担い手が炭鉱夫だったことからもわかるように、彼らは頑固で荒っぽい。

　アトキンスはアスレティック・ショー（主に屋外で行われ、観客の中から挑戦者を募る喧嘩マッチ興行）を経て、第二次世界大戦前にオーストラリアでプロレスの世界に入り、同国で活躍。戦後は、戦いの場をアメリカ西海岸に移した。

　53年2月2日には、サンフランシスコ近郊のヴァレホで武者修行中の力道山に土をつける。

　馬場が渡米した61年には、ニューヨーク地区で中堅としてファイトしていた。この時期、力道山も東郷も同地区には縁がなく、馬場らをマクマホン・シニアとつなげたのはアトキンスである。

　これも有名な話だが、馬場を育て上げた後、タイガー・ジェット・シン、さらに70年代に入っても指導熱は衰えずアドリアン・アドニスもアトキンスのしごきを得た。

馬場VS鈴木のスモー・マッチ

　アトキンスとの初対面の場はペンシルベニア州西部に位置する鉄鉱の街、ピッツバーグだった。

　ピッツバーグはニューヨーク地区の隣接テリト

リーで、ここのプロモーターは戦前から海千山千で知られるトゥーツ・モント、業界の酸いも甘いも知り尽くした狸親父である。彼はかつてロサンゼルスやMSGをプロモートしたこともあり、この時期はマクマホン・シニアを補佐していた。

当時、モントはピッツバーグでクラッシャー・リソワスキーをエースに興行を切り盛りしていた。クラッシャーといえば、バーン・ガニアが主宰するAWAの主要メンバーというイメージが強い。しかし、それは翌62年秋以降のことである。馬場がピッツバーグに初出場した日のメインイベントは、クラッシャーがバディ・ロジャースに挑戦するNWA世界戦であった。

当地の新聞記事は、馬場らの試合を「日本から来たスモー・レスラーの世界ツアーの一環」と位置づけている。馬場らの登場に際し、モントは10年前に

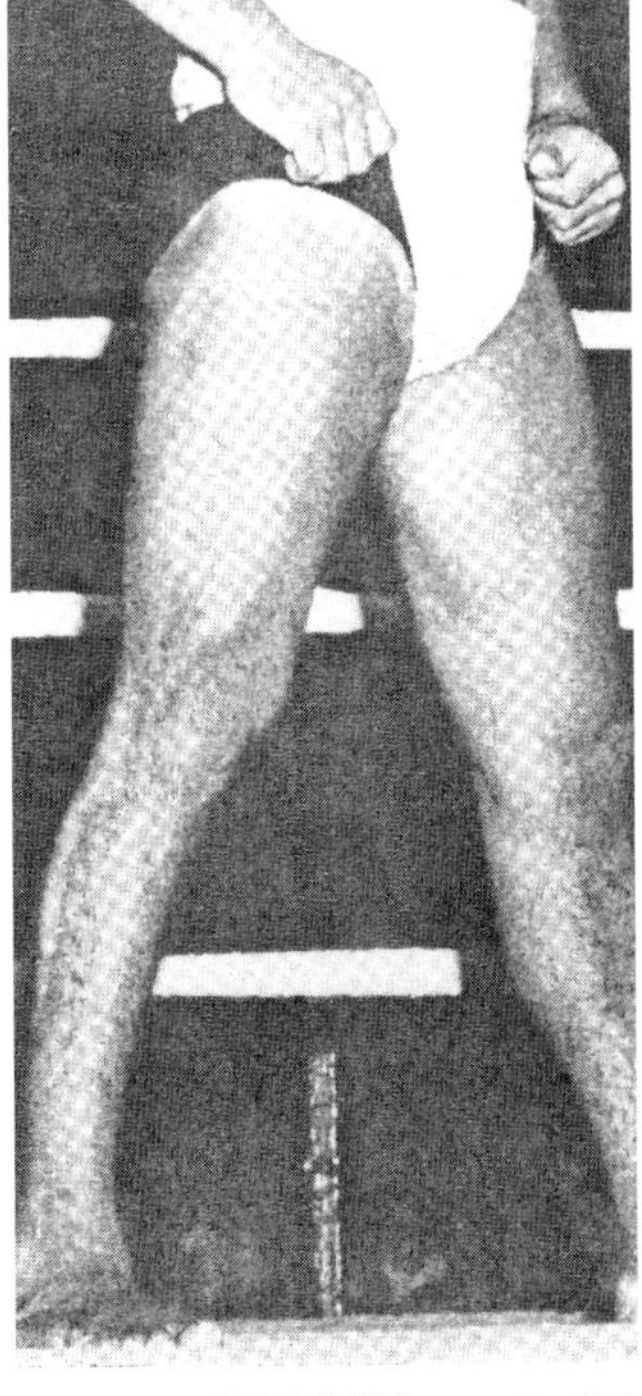

スモー・マッチは19世紀のニューヨークでも行われ、当時のルールは「相手をロープに押し付けたら勝ち」だった。果たして、61年に組まれた馬場vs鈴木戦のルールは？

高砂親方一行がプロレスのリングに上った日本相撲協会普及団のアメリカツアーをモチーフに策を練ったのであろう。

この日、馬場は鈴木との対戦が組まれた。どうしてピッツバーグくんだりまで来て、鈴木とやらなければならないのか。実は試合のルールが「スモー・マッチ」だったのである。

鈴木は大相撲の出羽の海部屋出身で、後に横綱にもなる佐田の山と同期生だ。「スモー・マッチ」なら鈴木の方が有利のはずだが、馬場は勝利を許された。

この武者修行中の馬場の写真に、相撲の廻しを締めているものがある。これが9月8日のピッツバーグの試合かどうかは不明だが、とにかく馬場は「スモー・レスラーとして出場」というプロモーターの要求に答えたということだ。

この興行の新聞広告で大きくフューチャーされていたのは芳の里だったが、柔道ジャケットマッチで東部の渋い中堅レスラー、エース・フリーマンに敗

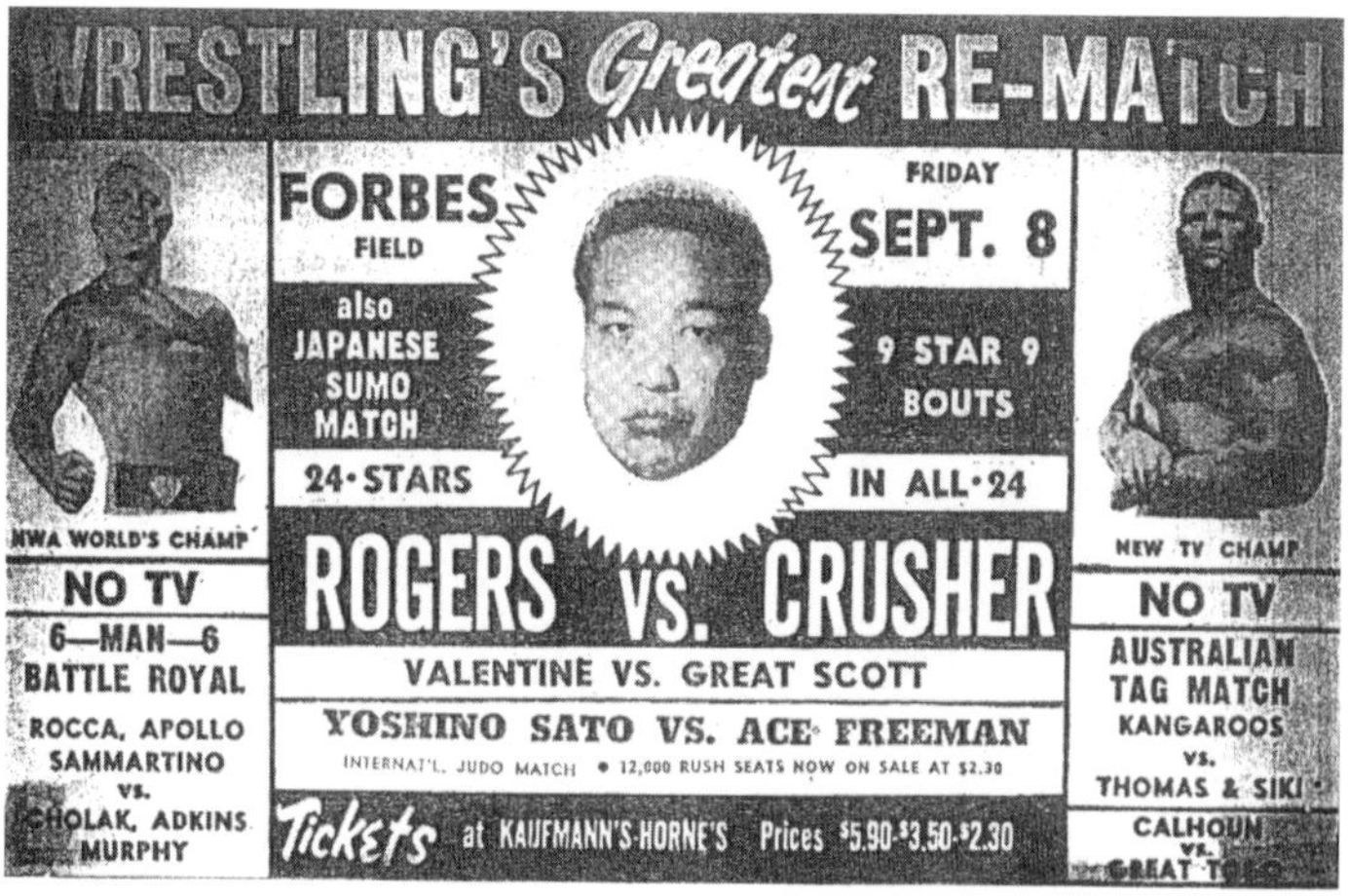

なぜかバディ・ロジャース、クラッシャー・リソワスキーよりも芳の里をフューチャーした59年9月8日の広告。馬場らが初めてピッツバーグに登場した興行で、「SUMO MATCH」の文字も見える。

れている。相撲取りが柔道マッチにチャレンジ。これが現地での設定だったわけだが、元幕内力士である芳の里の柔道ジャケットマッチとは何とも微笑ましい。

馬場が〝殿堂〟MSGに初登場

9月18日、東部入りしてからまだ2週間も経っていなかったが、馬場らはMSGへの出場を許された。ニューヨークで戦っていれば、誰でもMSGに出られるわけではないということはすでに書いた通りだ。つまり、スモー・レスラーご一行は珍重されていたのである。

馬場の相手はガス灯時代の大レスラー、スタニスラス・ズビスコの甥を名乗っていたビリー・ズビスコで、彼は後にビル・ドロモとして日プロに初来日する。

自伝を読む限り、馬場のドロモに対する印象は「底意地の悪さ」だけである。試合中、馬場が新人であるのをいいことに露骨な格下扱い。いなしたり、スカシたりで、まともに相手をしないドロモに対し、馬場もカッとなり、ただ殴り合うだけの試合を見せてしまう。

さらにドロモはあることないこと馬場の悪口を触れ回り、プロモーターに取り入ろうとした。それもあってか後年にアトランタで再会し、本人から売り込みがあったにもかかわらず、馬場は全日本プロレスにドロモを呼ばなかった。

この記念すべき馬場のMSG初登場の翌日、東部のファンにとっては何気ない日常のひとコマが結果的に歴史的な一日となった。

幾度の来日交渉も実らず、一度も日本に来ることがなかったバディ・ロジャースと力道山の2人が同じリングに上がったのだ。力道山は視察と馬場らの激励のために東部を訪れていたが、前日のMSG大会はビジネスビザが間に合わなかったためリング上で挨拶するにとどまった。そして翌日、コネチカット州ブリッジボードの試合に出たのである。

61年９月に、力道山がニューヨーク地区を視察。アトキンスを除き、この４人の黄色人がブロードウェイあたりを闊歩したら、「黄禍論」が再燃したのではないかと心配もしたくなる。

50年代前半の武者修行以来、力道山がアメリカで上がったリングはハワイか西海岸一辺倒だった。したがって、東部登場はこの日が生涯で唯一である。カードは芳の里と組み、ビリー・ズビスコ&カルロ・ミラノに勝利。ロジャースは、アーノルド・スコーランを降した。

ロサンゼルス地区の興行戦争

この顔見世程度の東部サーキットの後、９月末に馬場は西海岸に戻る。

すぐにロサンゼルスへトンボ返りした理由は、同地区での興行戦争に駆り出されたからである。プロモーターのジュリアス・ストロンボーが東部入りを前に馬場をＮＡＷＡ世界王者フレッド・ブラッシーに連続挑戦させたのは、この興行戦争を前に馬場の名前を売っておく必要があったためだ。

この時、ロスに殴り込んできたのはサンフランシスコのプロモーター、ロイ・シャイアーだった。

シャイアーは同年3月、レイ・スティーブンスをエースに押し立てて、サンフランシスコのカウパレスでプロモーターとしてデビューする。

サンフランシスコ地区の旧勢力の中心は、かつて力道山が武者修行時代に世話になったジョー・マルセウィッツだったが、シャイアーはマルセウィッツに観客動員数で圧倒的な差をつけ、その勢いに乗りロス進出を計画した。

まず9月からブラウン管を通してTVマッチで自派の浸透を図り、10月7日にスポーツアリーナで大々的な興行を打つことになっていた。この時、シャイアーは手持ちのスティーブンスに加え、中西部デトロイトのプロモーター、ジム・バーネットからブッキングされたキラー・コワルスキー、ディック・ザ・ブルーザー、ボブ・エリス、ボボ・ブラジル、ドン・レオ・ジョナサン、ウィルバー・スナイダー、バーン・ガニアを投入する。

これに対し、ストロンボーは前日の10月6日に同じ会場で、フレッド・ブラッシー、ルー・テーズ、リッキー・スター、さらには東部から馬場、鈴木、芳の里を呼び戻して対抗した。ピッツバーグでのモントのアイディアを拝借して、馬場には再び鈴木とスモー・マッチを行わせている。

この後、馬場は東郷、芳の里とともに再び東部に戻った。しかし、興行戦争はまだ続くため、その要員として鈴木とアトキンスはロスにそのまま残留する。

10月10日から、馬場はニューヨーク地区に復帰した。そして20日、中西部イリノイ州シカゴのリングに初めて上がり、ジャック・アレンに勝利した。

シカゴのプロモーターは、戦前からここを仕切るフレッド・コーラーである。コーラーは時のNWA世界王者ロジャースの後ろ盾で、この61年の8月からNWA会長の要職にあった。シカゴは66年からAWA圏となるが、この時代はNWAの中心地である。

この時、馬場はマクマホン・シニアのブッキングで中西部のシカゴに飛んだ。ニューヨーク地区でファイトしていても必ずしもMSGのリングに上がれないのと同様に、必ずシカゴにブッキングされるわけではない。馬場は早くもマクマホン・シニアに「銭が取れるレスラー」と判断され、提携先に派遣されたということだ。こうして馬場は一流への階段を順調に上っていく。

馬場とサンマルチノの初対決

11月13日、ニューヨークのMSGで馬場はブルーノ・サンマルチノと初対決し、リングアウト勝ちを収めた。この日のメインはバディ・ロジャースvsアントニオ・ロッカのNWA世界戦で、これは当時の黄金カードである。

サンマルチノは胸には食パンを、肩にはコッペパンを埋め込んだのではないかと思われるほど発達した、しかもナチュラルな上半身を持つ。

61年11月13日、MSGにおけるサンマルチノとの初対決を伝える記事。結果は、「ババ・ザ・ジャイアント」が5分42秒、カウントアウトで勝利。

サンマルチノのベアハッグに、馬場の巨体が反り返る。痛みの中、最後の力を振り絞って脳天にチョップ。その痛さで、サンマルチノは手を離してダウン。同時に、馬場も背骨に受けたダメージによりダウン——。

日本のリング上で何度も見られた名場面だが、おそらく初対決もそんなシーンの繰り返しだったのであろう。ちなみに馬場とサンマルチノの2度目の対決は64年、馬場が第二次武者修行でWWWF世界王座に挑戦した試合だと長年言われてきたが、このカードは第一次武者修行時代に何度も組まれている。

ベアキャット・ライトとの抗争

12月2日、馬場の戦いの場はさらに広がった。中西部の自動車の街、デトロイトである。

この日、馬場は中西部のローカルレスラー、ホセ・ベタンコートに勝利した。これはコーラー派がバーネット派に仕掛けた興行戦争であった。

9月からニューヨーク地区でファイトしていた馬場が一旦ロスに戻った背景にロスでの興行戦争があったこと、10月7日にサンフランシスコのロイ・シャイアーがロスに進出するにあたってジム・バーネットが協力していたことは、すでに述べた。

それらと全く同じ構図で10月7日、コーラー派はアントニオ・ロッカ、ヘイスタック・カルホーン、ブルーノ・サンマルチノを擁してデトロイトに進出したのである。

14日、同じくデトロイトでバーネットはディック・ザ・ブルーザー&キラー・コワルスキーvsバーン・ガニア&ウィルバー・スナイダーとフリッツ・フォン・エリックvsベアキャット・ライトのダブルメインを組み、この戦争を受けて立った。

ところが、この試合の直後にライトがコーラー派に寝返る。そして、12月11日にMSGでライトは馬場とシングルで初対決した。

ライトの父親は、戦前に活躍した有名なプロボクサーである。ライトも父親の跡を継ぎ、その後にプロレスに転向。61年4月、キラー・コワルスキーを破ってボストン版世界ヘビー級王者となった。プロレス史上、これが「黒人初の世界王者」と位置づけられる。

馬場とライトは、ともに2メートル級の長身である。この対戦は黄金カードに化け、年が明けて62年

1月5日にシカゴ、1月13日にデトロイトと連戦している。黒人労働者が多いシカゴやデトロイトといった北部工業都市で絶対的なベビーフェースだったライトに対し、東洋の巨人ヒールはうってつけの相手であったに違いない。

13日のデトロイトは戦前のプロレス界の英雄である〝黄金のギリシャ人〟ジム・ロンドスが特別レフェリーを務めた黄金カード、バディ・ロジャースvsアントニオ・ロッカとの二本立てだった。80年代前半の新日本プロレスになぞらえれば、馬場vsライトは初代タイガーマスクvsダイナマイト・キッドであり、ロジャースvsロッカは藤波辰巳vs長州力である。

馬場と鈴木が巨人コンビを結成

この頃、馬場はNWA世界王者としての遠征により東部を留守にするロジャースに代わり、会場によってはメインイベントに抜擢されるようになっていた。

12月29日、大都市フィラデルフィアでもメインを任され、対戦相手はアントニオ・ロッカである。

イタリア人のロッカは50年代中盤から60年代前半に掛けて、47回連続でMSGのメインを務めたニューヨーク地区のトップ中のトップで、そのほとんどがプエルトリカンのミゲル・ペレスと組んだタッグマッチだった。

イタリアンとプエルトリカン、これが70年代までのMSGの客層の主流だ。説明するまでもなく、ロッカがニューヨークで人気を集めた最大の要因は、イタリア系移民の圧倒的な支持を受けたことにある。

しかし、ロッカは新NWA世界王者ロジャースの登場により、MSGメインの常連ではなくなる。馬場とロッカの対戦が組まれたのは、ちょうどそんな時期だった。

年が明けて62年1月の中旬になると、西海岸にいた鈴木幸雄と彼のマネージャーを務めていたフレッド・アトキンスが東部に戻ってきた（ロスの興行戦争はストロンボーが勝利）。

9月のニューヨーク地区デビュー以来、馬場はシングルマッチがほとんどだったが、ここから鈴木と組んでタッグマッチも多くなる。対戦相手はザ・ファビュラス・カンガルーズ（ロイ・ヘッファーナン&アル・コステロ）、ジョニー・バレンタイン&ボブ・エリス、スカル・マーフィ&ブルート・バーナードといった一流どころが多かった。

ロスから始まった馬場の武者修行はニューヨーク地区へ、そしてそこからブッキングされてシカゴ、デトロイトへ、さらにカナダのモントリオールにも広がっていた。モントリオールもおそらくマクマホン・シニアのブッキングであろうが、かつてここをホームリングにしていたバディ・ロジャースも関わっていたかもしれない。

3月7日、4度目となるモントリオールのリングで馬場は遂に地元のエース、ジョニー・ルージョーと対戦する機会を得た。

ルージョーは元世界王者ユーボン・ロバートらにコーチされて、51年にデビュー。キャリアの大部分を地元モントリオールで過ごし、未来日に終わった。73年11月にタイガー・ジェット・シンとともに猪木を襲ったジャック・ルージョーは弟にあたる。

均整の取れた体躯にオーソドックスなコスチュームから想像すると、ルージョーは正統派のレスラーだったと思われるが、80年代テネシー地区のジェリー・ローラーのような「地元限定のスーパースター」であった。

そのルージョーはキラー・コワルスキー、エドワード・カーペンティア、ハンス・シュミットらとともにモントリオール地区版のいわゆる「エディ・クインの世界王座」の歴代王者に名を連ねており、馬場と対戦した日もベルトを保持していた。

ということは、この試合はタイトルマッチとして行われた可能性が高い。であるならば、馬場が修行時代に挑戦した世界王座にNAWA＝WWA、NWA、WWWFだけではなく、この「エディ・クインの世界王座」も加えなければならなくなる。

さて、同年5月の末（正確な日付は不明）、馬場のタッグパートナーだった鈴木が無断欠場の上、突然帰国してしまった。理由としてはホームシックの他に、現地留学生とのトラブルがあったらしい。

鈴木の離脱、いや脱落で馬場はシングルプレーヤーになることを余儀なくされ、再び連日シングルマッチが組まれるようになるが、6月8日から16日までのシングル8連戦でボボ・ブラジル（4月にニューヨーク地区入り）、ジョニー・バレンタイン、アントニオ・ロッカ、バディ・ロジャースのいずれかとしか対戦していない。

これにより馬場は自らの格を上げるだけでなく、間違いなくプロレスの技術も向上させていったであろう。全く世の中、何が幸いするかわからない。

〝野生児〟バディ・ロジャースの評価

バディ・ロジャースがジョニー・バレンタインを一方的にいたぶるフィルムが動画サイトに上がっている。技から技への動きが正確で早く、思わず見とれてしまった。

粋でいなせ、全身から発散されるオーラ、芸術的な試合の組み立て、たっぷりのケレン味。全盛時のアントニオ猪木と武藤敬司を掛け合わせ、髪の毛を金色に染めればロジャースのようなレスラーになる。

ロジャースは戦中にデビューし、当時から足4の字固めを得意にしていた。50年代から60年代前半に掛けて抜群の観客動員能力を持ち、前述の通り馬場の第一次武者修行が始まる直前にパット・オコーナーを破ってNWA世界王座に就いた。

馬場は著書『王道十六文』で、ロジャースのことを次のように褒めちぎっている。

「ロジャース程素晴らしいレスラーはいない。闘っていて、カーッとファンになってしまった」

　馬場がロジャースとの初対決にこぎつけたのは、62年3月9日のシカゴであった。

　この試合で馬場はNWA世界王座に初挑戦し、10分も持たずに2フォールを取られ、ストレート負けを喫している。しかし、これを皮切りにロジャースvs馬場の戦いの数え唄がスタートする。

　馬場は同書でロジャースについて、こうも綴っている。

「日本ではショーマン派の代表のように言われ、不当な評価を受けていることが、残念でならない」

　では、なぜ評価が不当なのかを考えてみたい。

　馬場とロジャースの試合が行われたのは、62年である。翌63年1月、ロジャースはルー・テーズに敗れてNWA世界王座を失い、5月にはブルーノ・サンマルチノに試合開始後、僅か48秒で敗れ、新設されたばかりのWWWF世界王座を失った。

　そして3ヵ月後、下向きだったコンディションをさらに悪化させ、リングから姿を消す。翌年、英国のジョイント・プロモーションと契約するも体調不良でキャンセルし、67年まで試合を休んだ。

　アメリカではテーズやサンマルチノを引き立てる絶好の機会とばかりに、本人不在の中でロジャースはあることないことを書きまくられた。一例として「63年5月10日にヘロイン中毒で亡くなったビッグ・ダディ・リプスカムに対し、麻薬を教えたのが、その強さを恐れていたフレッド・コーラーとロジャースだった」と書かれたが、そのような事実はない。

　こうした影響は、日本にも波及した。68年夏に発売された月刊少年漫画雑誌『ぼくら』（梶原一騎・原作『タイガーマスク』を連載）の付録「プロレス豆百科」では、覆面レスラーのミスター・X（ビル・ミラー）について、世界王者時代のロジャースが自分の挑戦を受けないことに腹を立て、控室で袋叩きにしたほどの実力者と説明されている。

NWA世界ヘビー級のベルトを締めたヒール王者のパイオニア、バディ・ロジャース。追随者であるニック・ボックウィンクルやリック・フレアーも及ばないオーラがある。

同じく68年、『週刊少年キング』で連載が開始された馬場の評伝的劇画『ジャイアント台風』では主人公・馬場とその友人でライバルのサンマルチノを持ち上げるため、弱いくせにズル賢い王者としてロジャースが描かれた。

皮肉なことに、日本でロジャースの評価を低くしているA級戦犯の一人が実は馬場である。著書『王道十六文』では、以下のように述べている。

「渡米してまる1年の昭和37年（引用者注：1962年）6月、私はオハイオ州コロンバスでロジャースとNWA世界戦5連戦をやることになった。〝えゝいもう、なるようになれ！〟そんな気持ちでぶつかっていったのが良かったのか、何と私はその第1戦で勝った。フロックとしか思えないが、とにかくNWA世界選手権ベルトをこの腰に巻いたのだ。残る4戦は私の防衛戦ということになった」

公式記録に残らないものの、キャリア2年にならない馬場がNWA世界ヘビー級のベルトを巻いたというのだ。

だが、これは事実に反する。馬場とロジャースの対戦は62年に8回組まれ、結果はロジャース組の全勝で、タッグで当たった1試合もロジャースが勝った。

考えてもみてほしい。先ほど触れた3月9日、シカゴでの初チャレンジは10分も持たずにストレート負けだった。つまり、格が段違いだったということである。

そんな馬場が3ヵ月後に、どのような試合内容にせよ、ロジャースから勝ちを拾えるほどプロレス界は甘くない。さらに付け加えると、コロンバスでの馬場vsロジャースは実際には5連戦ではなく、3連戦である。

ハフト派vsバーネット派の戦争

では、この3連戦の背景を違う角度から探ってみよう。

馬場のコロンバス登場は、マクマホン・シニアのブッキングではない。コロンバスのプロモーター、アル・ハフトは20年代からここをプロモートする元レスラーで、シューター（ガチンコ野郎）を周囲に侍らせることを好んだ。その一方、ゴージャス・ジョージ、バディ・ロジャース、アントニオ・ロッカといったショーマンも使った。

62年2月の段階で、ハフトのプロモーションのエースはカール・ゴッチ、ドン・カーティスだった。この頃、ロジャースはハフトの興行会社の株式の一部を購入し、共同経営者となる。それと同時に現場監督も受け持ち、使うレスラーの人選、マッチメークの権限も得た。

62年3月2日、ロジャースはコロンバスでムース・ショーラックを破ってNWA世界王座を防衛しているが、ここから頻繁に同地のリングに登場するようになる。

株式取得と同時にブッカーに就任したロジャースは、前週まで出ていたカール・ゴッチらをコロンバスから追い払った。一方で、自分の配下にいたレスラーを連れてくる。その一人が馬場であり、3月24日以降、コロンバスのレギュラーとなった。

そして、前述のように6月23日、ここでロジャースのNWA世界王座に挑戦する。この試合は相当に荒れたようだが、ロジャースが勝利した。これが3連戦の1試合目、馬場が自伝で勝ったと述べた試合である。

この頃、バーネット派がコロンバスの屋外会場ジェット・スタジアムでの興行を計画していることが判明する。旗揚げは7月7日、メインはフリッツ・フォン・エリックvsディック・ザ・ブルーザーと発表された。

これに対し、ハフト＝ロジャース派は同日にオールド・メモリアル・ホールでロジャースvs馬場のテキサスデスマッチによる再戦をぶつけた。これが3連戦の2試合目である。

デスマッチという邪道なルールにベルトを懸ける必要はないということか、この試合はノンタイトル戦で、スコアの上ではロジャースが勝っている。

結局、バーネット派の旗揚げ戦は雨で流れ、7月25日に順延（会場は変更なし）することが発表された。

すると、ハフト派はこの25日に再びオールド・メモリアル・ホールで興行を打ち、またもロジャースvs馬場をメインに持ってくる。ロジャースはこれに勝利し、馬場との抗争に決着をつけた。

つまり、コロンバスでのロジャースvs馬場の3連戦は、バーネット派との興行戦争の切り札として組まれたのだ。

ちなみに、バーネット派の旗揚げ戦はこの日も大雨に祟られて流れ、最終的に7月29日に行われている。8月12日、バーネット派2度目の興行のメインはドン・レオ・ジョナサンvsカール・ゴッチの世界戦だった（ジョナサンは、いつの間にか世界王者にでっち上げられていた）。

バディ・ロジャース殴打事件の深層

有名なバディ・ロジャース殴打事件が起こった62年8月31日、馬場は同じ会場にいただけで直接は関わっていない。しかし、全く無関係というわけではないので、少し話は横道に逸れるが、ここに詳細を記しておく。

この日はフェアグランド・コロシアムにおけるハ

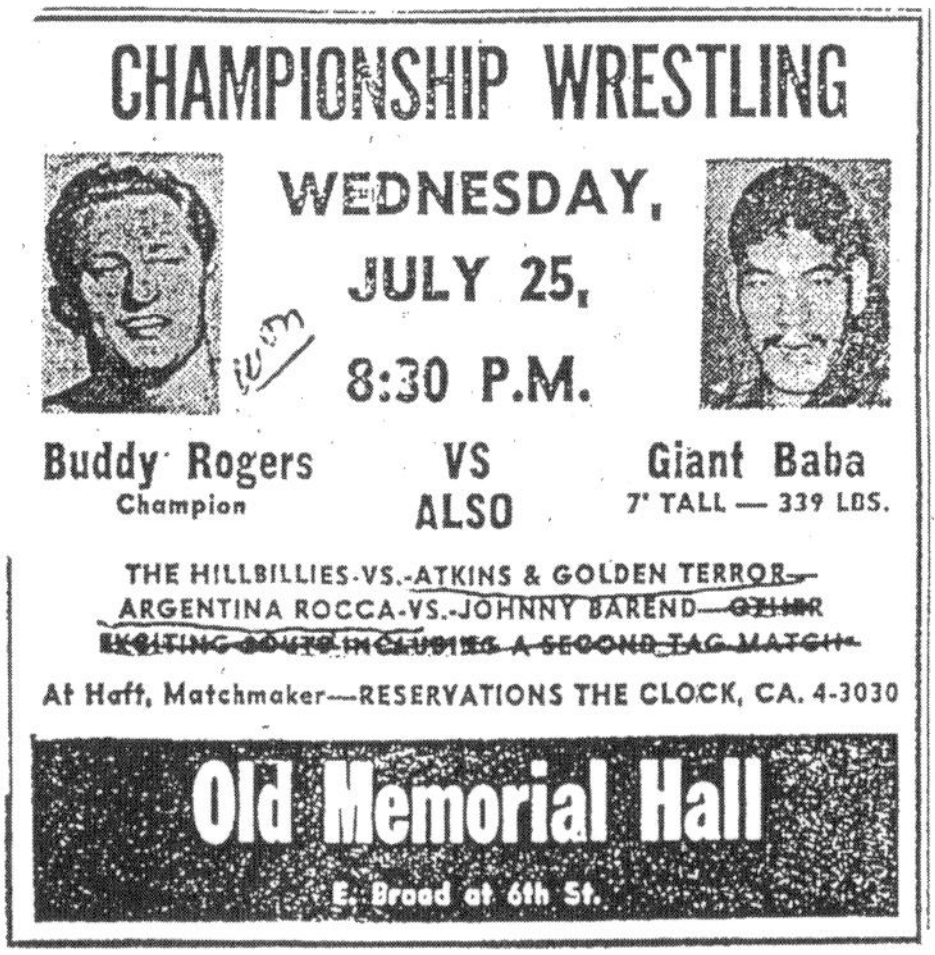

CHAMPIONSHIP WRESTLING
WEDNESDAY,
JULY 25,
8:30 P.M.
Buddy Rogers
Champion
VS
ALSO
Giant Baba
7' TALL — 339 LBS.
THE HILLBILLIES-VS.-ATKINS & GOLDEN TERROR-
ARGENTINA ROCCA-VS.-JOHNNY BAREND
At Haft, Matchmaker—RESERVATIONS THE CLOCK, CA. 4-3030
Old Memorial Hall
E. Broad at 6th St.

コロンバスの興行戦争で組まれたロジャースvs馬場のNWA世界戦の広告。この頃、すでに「ジャイアント馬場」を名乗っていた。マッチメーカーとして、アル・ハフトの名前もある。

フト派の興行で、メインはロジャースvsジョニー・バレンドのNWA世界戦、セミは馬場vsアントニオ・ロッカだった。

試合前、前日のバーネット派による3度目の興行に出ていたビル・ミラー、アート・ネルソン、そして前日の大会は欠場していたカール・ゴッチがフェアグランド・コロシアムの控室に訪ねてきた。

そこにいたロジャースにとって、3人は知らない仲ではない。控室にはつい先ほどまでハフトがいたが、ゴッチらが来る直前に何らかの理由で席を外していた。

この時、彼らはロジャースに「話し合い」を要求した。その中身はおそらく株式、つまり興行を仕切る権限についてであったはずである。

試合前ということもあり、ロジャースは一方的に話し合いを打ち切ろうとした。すると、激怒したゴッチが鉄製のドアを蹴り、そこにロジャースの手が挟まって骨折。実際には、「殴打」はしていない。

このトラブルでロジャースは急遽欠場し、当日のカードは馬場vsジョニー・バレンド、ロッカvsフレッド・アトキンスに変更されて、希望者にはチケット料金を払い戻した。

以上が60年代後半、日本に「ミラーが自分の挑戦を受けないことに腹を立て、控室でロジャースを袋叩きにした」と伝えられた事件の真相である。

馬場自身は後年、この件について自分の方（バーネット派）の興行に客が入らないことでゴッチ、ミラーがカリカリ来ていたことが原因と述べている。また、ジョニー・バレンドは観客動員力があり、各地のプロモーターに可愛がられていたロジャースに対する連中の嫉妬が原因だと語った、しかし、事はそんな単純なものではない。

この日、ゴッチやミラーはハフトからチケットを入手し、会場にすんなりと入っていた。つまり、ハフトがゴッチらを呼び、ロジャースと「話し合い」をさせたということになる。なぜハフトは彼らに依頼したのか。以下は、私の推理である。

おそらく、ハフトは株式の買い戻しも含めてロジャースと手を切りたかったのであろう。ハフトとしては、興行戦争を終えてバーネット派と合同興行を打ちたかった。しかし、株主で現場監督のロジャースはそのプランに応じない。

ならば、現役のレスラー同士で話し合わせようということで、ゴッチらを自らの会場に呼んだ。ところが、結果的に「事件」になってしまった。

事件の真相、いや深層には3人のプロモーターの三角関係がある。ハフト、ロジャースの後ろ盾だったコーラー、バーネットである。

ハフトとコーラーは、かつてシカゴで起きた興行戦争以来、仲が悪かった。その観客動員力ゆえハフトはロジャースと手を組んだが、彼の背後にやり手のコーラーがいるため、「コロンバスを取られてしまうんじゃないか」という不安も抱いていた。

バーネットは、かつてシカゴのコーラーの興行の現場監督だった。しかし、58年にあまり良くない形で独立していた。そして、62年にはバーネットの地盤デトロイトにコーラーが攻め入った。

つまり、ハフトとバーネットにとって、コーラーは「共通の敵」だったということである。しかし、その2人がコロンバスで興行戦争を行っていた。磁場は歪み、話し合いは事件に発展する。

さて、この事件はどう片付いたのか。当初は裁判ということも考えられたが、プロレス界の世界王者が法廷に立つのは好ましくないと見送りになった。

馬場、バレンド、ロッカといったロジャース配下のレスラーは、9月8日を最後にコロンバスのリングから消える。これはロジャースがハフトの興行会社の株式を手放したということである。

そして9月28日、ハフトの興行にバーネット派のレスラーは横滑りし、メインではゴッチがジョナサンを破って世界王座を防衛した（同月11日にバーネット派の興行でジョナサンから奪取）。

フロリダ地区で組まれた巨人対決

9月の中旬から下旬に掛けて、馬場はアトキンスに連れられて2週間のフロリダ地区サーキットに入った。

同地区の中心地はタンパで、統括プロモーターはクラレンス・ルッテロール。この時期のサーキットコース、主力レスラー、主要王座の変遷は以下の通りである。

月＝オーランド
火＝タンパ
水＝フォートマイヤース、レイクランド（2班に
　別れて同日興行だった可能性あり）
木＝サラソタ
金＝マイアミビーチ
土＝ジャクソンビル、タンパ（TV）

【ベビーフェース】ジェイク・スミス、ルーク・ブラウン、マイク・パドーシス、レニー・モンタナ

【ヒール】クルト・フォン・ブラウナー、カール・フォン・ブラウナー、グレート・マレンコ、ラシアン・クラッシャー(トニー・アンジェロ)

[NWA世界タッグ王座(フロリダ版)]

グレート・マレンコ&ラシアン・クラッシャー

[南部ヘビー級王座(フロリダ版)]

グレート・マレンコ

馬場はタッグパートナーのミスター・モトとともに、ヒール陣営のトップとして使われた。フロリダ行きの目的は、ジェイク・スミス&ルーク・ブラウンのザ・ケンタッキアンズと対戦することにあった。

ケンタッキアンズは67年1月、揃って国際プロレスの旗揚げシリーズに初来日した。71年には、別々に日本プロレスに来ている。

身長は公称でスミスは213センチ、ブラウンは203センチの巨人コンビで、これに209センチの馬場を加えれば、まさに「夢の巨人対決」である。デビュー当時にアトキンスの指導を受けているブラウンは、馬場にとって兄弟子にあたる。共通の師アトキンスがいたからこそ、この遠征、このカードは実現したように思う。

ミスター・モトは、このカードに合わせてジョージア地区から南下してきた。馬場とモトは、前年のロス地区以来の再会である。

この時、馬場はモトのホテルを訪ねるとプールサイドで思わず話が弾み、いつしかアトキンスとの稽古のことを忘れ、すっぽかしてしまった。不機嫌になったアトキンスは、しばらく口を利いてくれなくなったという。アトキンスの頑固親父ぶりを物語る

エピソードだ。

抗争相手のケンタッキアンズはこの夏にタッグチームを結成し、売出し中だった。一般人より少し大きい程度の日系のモトがチョコマカ動き回るものの捕まり、ケンタッキアンズが勝利する。そんな試合が多かったようだ。

欲を言えば、モトではなくベアキャット・ライトのような2メートル級の巨人を入れたい。プロモーターなら誰でも考えることだ。

後年、これを実現させたのが馬場である。約30年経った90年11月25日の横浜文化体育館、全日本プロレスは『世界最強タッグ決定リーグ戦』の公式戦として馬場&アンドレ・ザ・ジャイアントvsランド・オブ・ジャイアンツ（ブレード・ブッチ・マスターズ&スカイウォーカー・ナイトロン）というカードを組んだ。身長に関して言えば、この4人の中で馬場が一番低い。

この時、馬場の脳裏には修行時代にフロリダで経験したケンタッキアンズ戦があったに違いない。62年9月の2週間、フロリダは「巨人の国（ランド・オブ・ジャイアンツ）」だった。

馬場がロジャースから学んだもの

本来は全北米（アメリカ、カナダ、メキシコ）のプロモーターが共用するはずのバディ・ロジャースが持つNWA世界ヘビー級王座は、この段階で「ニューヨーク地区の実質的な主要王座」だった。

NWA世界王者は、NWA本部が決めたスケジュールに従うことになっている。しかし、この時期のNWA本部は50年代に連邦裁判所からかけられた独禁法の嫌疑およびその受入れでゴタゴタしており、機能不全に陥っていた。そのドサクサに紛れて、ロジャースのサーキットコースを組んでいたのがトゥーツ・モントである。

モントはニューヨーク地区やシカゴ、ミシシッピ川以東の大都市にロジャースを集中的にブッキングした。この傾向が強まったのは、62年に入ってからである。

NWA世界ヘビー級王者のファイトマネーは興行収入に対するパーセンテージで支払われるので、ロジャースも大都市での試合を喜び、モントに従った。

だが、8月に起きたコロンバスでの「殴打事件」以後、ロジャースは9月25日まで試合を欠場する。ロジャースがどこまでやれるのか不安を感じたビンス・マクマホン・シニアはUSヘビー級王座（東部版）を復活させ、ボボ・ブラジルにベルトを巻かせた。

以上がフロリダ遠征を終えた馬場が62年10月に再びニューヨーク地区に戻った時の状況であり、前年の9月に同地区に入った頃とは、かなりメンバーが変わっていた。

【ベビーフェース】アントニオ・ロッカ、ボボ・ブラジル、エドワード・カーペンティア、ドリー・ディクソン

【ヒール】キラー・コワルスキー、ジョニー・バレンド、マグニフィセント・モーリス、ハンス・シュミット、ロイ・ヘッファーナン、アル・コステロ

馬場はヒールのトップとしてリングに上がったが、対戦相手として目立つのはカーペンティアである。また、同じ巨体同士ということで見栄えのするコワルスキーとの対戦も組まれた（これが翌63年3月、凱旋帰国時の名勝負につながる）。

11月19日には大都市ボルティモアでロジャースのNWA世界王座に挑戦し、敗れている。結果的に、これが最後のロジャースとの対戦となった。

翌々日、馬場はモントリオールにブッキングされ、オヴィラ・アセリンを破った。アセリンは、51年に力道山がプロレスデビューした国連軍慰問団ツアー

のメンバーの一人である。

　この日のメインはロジャースvsコワルスキーのNWA世界戦だったが、試合中にロジャースは足を負傷してレフェリーストップ負けとなる。この負傷は演出ではなく、ロジャースは以後、5週間欠場した。

　ただでさえコーラー派が独占したことで、王者ロジャースはそれ以外のNWA会員のテリトリーに遠征してこない。そこにコロンバスでの事件、モントリオールでの怪我である。

　堪忍袋の緒が切れたとはこのことで、12月14日、ロジャースvsルー・テーズのNWA世界戦を組んでいたヒューストンのプロモーター、モーリス・P・シーゲルは、欠場したロジャースの代わりにキラー・コワルスキーをNWA世界王者とし、テーズとの防衛戦を行わせた。もちろん、コワルスキーの王座をNWAは認定していない。シーゲルが行ったことは滅茶苦茶である。しかし、これがコーラー派以外のNWA会員の気持ちだった。


すでにコーラー派の見えないところで、ロジャース引きずり下ろし策は始まっていた。その中心は、元NWA会長サム・マソニックである。マソニックは62年8月の段階で、テーズにNWA世界王者再登板を打診していた。

　一方、馬場は12月末にコーラー派のスケジュールをフィニッシュし、ロス地区に戻る。最初にニューヨーク地区に入ってから、すでに1年3ヵ月が経っていた。

　馬場がコーラー派のリングに上り始めてから、コーラー派がNWA世界王者ロジャースを独占する度合いは徐々に上っていった。おかげで馬場はロジャースと何度も対戦しただけではなく、彼と同じ興行に幾度となく出た。控室を出て、会場の最後部からロジャースの試合を凝視する若き日の馬場――。そこで学んだものは、尋常ではないくらいに大きかったはずだ。

　ロジャースが出れば、興行収入が上がる。比例して、前座であってもファイトマネーが上がる。それを求めて、一流レスラーが同じ興行に出たがる。その相手を馬場が務める。

　試合運び、メリハリのつけかた、自分の見せ方など馬場は多くを学んだに違いない。あまり語られることはないが、実はロジャースは受け身が巧い。受け身が下手だと、そこで試合が止まってしまう。つまり、受け身は試合作りを支えるのである。

　後年、馬場は若いレスラーに口を酸っぱくして受け身の重要性を解き、全日本プロレスの道場でもその稽古に多くの時間を割いた。合同トレーニングのメニューの中で、受け身が占める割合は新日本に比べて多い。逆に新日本より少ないのがスパーリング（極め合い）である。この割合の違いは馬場の死後、21世紀に入っても語られた。

　馬場は、ロジャースで「プロレス」を学んだ。新日本とは異なる全日本のトレーニング方法の源流に、私はロジャースを見てしまうのだ。

ザ・デストロイヤーとの出会い

　62年12月29日、馬場は3度目のロス地区サーキットに入った。この時期の主要王座は、以下の通りである。

［WWA世界ヘビー級王座］
ザ・デストロイヤー
［インターナショナルTVタッグ王座］
ザ・デストロイヤー＆ドン・マノキャン

　前回のサーキット時、同地区の世界ヘビー級王座の認定団体はNAWAだった。これがWWAに変更された経緯は、以下の通りである。

　62年3月28日、力道山がここロスでブラッシーを破り、NAWA世界王座を奪取した。しかし、ブラッシーはその後もロス地区でNAWA世界王者を名乗り続けた。

そして、ロス地区では力道山がブラッシーから奪った王座はNAWA認定ではなく、WWA認定であると説明された。

7月25日、ブラッシーはロスで力道山を破る。この試合は、NAWA（ブラッシー）とWWA（力道山）の統一戦ということにされた。

勝ったのはNAWA王者ブラッシーだったが、王座認定団体名は翌日からWWAとなった。ザ・デストロイヤーがブラッシーを破るのは、その翌々日の27日のことだ。

前回のサーキットと比べると、主力レスラーも随分と変わっている。


【ベビーフェース】エドワード・カーペンティア、ドン・レオ・ジョナサン、エンリキ・トーレス、リッキー・スター、アーニー・ラッド

【ヒール】ザ・デストロイヤー、フレッド・ブラッシー、ドン・マノキャン

この時のサーキットで、馬場はベビーフェース側のトップに組み込まれた。

この頃の馬場の写真を見ると、61年にサンマルチノと初対決した時と比べて体が出来てきている。身体的には、この頃が全盛期と言っていいであろう。おそらく疲れなんてものは、感じなかったに違いない。伸び盛りの体でノビノビと戦う馬場の第一次武者修行もまとめに入り、3月開幕『第5回ワールドリーグ戦』への凱旋帰国も決まった。

ロス地区滞在中の馬場はほとんど毎日、ザ・デストロイヤーとタッグマッチで対戦している。

シングル対決は計3回。ロスで行われた2試合はWWA世界戦で、結果はというと、同地区特有のウヤムヤ決着であった。

73年から79年まで全日本プロレスに定着することになるデストロイヤーが雑誌を通して日本に紹介されたのは、この時が初めてだ。

デストロイヤーもブラッシーと同様、力道山との抗争が有名である。しかし、初対決は馬場の方が早かった。その正体たるディック・ベイヤーがデストロイヤーに変身したのが前年4月のことで、この時はマスクマンになってまだ1年も経っていなかった。

63年2月になると、ドン・レオ・ジョナサンとエドワード・カーペンティアがロス地区に入ってきた。2人は馬場と同じくベビーフェースサイドに組み込まれ、28日のベイカーズフィールドでは3人のトリオも実現した。

ジョナサンはロジャース殴打事件の頃、コロンバスのバーネット派にいた。片やカーペンティアは、馬場と同じコーラー派のベビーフェースだった。バーネット派とコーラー派のスターが遠く離れた太平洋岸で呉越同舟したわけである。

元NWA世界王者のディック・ハットンがオリンピック・オーディトリアムの控室に馬場を訪ねた。この約1年前、P46の写真と比較願いたい。上半身が出来上がったことが確認できる。

馬場vs元プロボクシング世界王者

2月25日、馬場はニューメキシコ州アルバカーキでムース・ショーラックを破った。

ここアルバカーキは、後年にアマリロ地区に組み入れられる。しかし、当時は東に隣接するアマリロ地区、西に隣接するロス地区から選手の供給を受けたり、プロモーターのマイク・ロンドンがスポットで呼ぶレスラーで構成されるテリトリーを形成しない独立した都市だった。

馬場はロス地区のレスラーとしてスポット参戦した形で、ショーラックとは前年にニューヨークやシカゴでも対戦していた。

Olympic Auditorium
WRESTLING NEWS

Ten Cents　Wednesday, January 30, 1963 - RI 9-5171　Ten Cents

BABA GETS TITLE MATCH; vs. DESTROYER, MON. FEB. 4

Japan's strongman given great chance for upset victory.

Shoehi (Big) Baba, rated by many wrestling experts as the strongest man in the game, gets his big chance Monday night, Feb. 4 at the Olympic Auditorium.

The 6 ft. 8 inch, 320-pounder, meets the masked Destroyer for the latter's world heavyweight wrestling championship.

Because of the importance of this match, Promoter Cal Eaton decided to hold it on Monday, Feb. 4, instead of a regular Wednesday night show.

The Nipponese giant has been ripping through top-notch opposition here in California as well as the Midwest and East.

Baba made a tremendous hit in New York's Madison Square Garden, drawing capacity crowds.

Big Baba looked terrific when he took the measure of the powerful Preacher.

THE DESTROYER

SHOEHI BABA

The Destroyer, as usual, is cocksure of winning.

Never at a loss for words, the hooded roughneck said, "I'll turn that Jap upside down. He will think he ran into a typhoon".

Interest in this great title bout is high., so fans are asked to order their tickets at once.

On page 3 of this "NEW" Olympic Wrestling News are complete details on prices and big savings for DISCOUNT CLUB MEMBERS.

SEE PAGE THREE FOR Big Savings FOR Discount Club Members

62年2月4日のザ・デストロイヤーvs馬場のWWA世界戦を予告するロスのパンフレット。この頃、馬場はデビューしたばかりのアーニー・ラッドのコーチもしていた。

3月11日には再びアルバカーキで再戦が組まれ、この試合はショーラックが持つニューメキシコ版WWA世界王座の防衛戦として行われた。前回の馬場の勝利は、この日に向けての前振りだったのである。

タイトルマッチの特別レフェリーは、プロボクシング元世界ライトヘビー級チャンピオンのアーチー・ムーアが務めた。馬場は武者修行中、ムーアと異種格闘技戦を行ったと語ったことがある。しかし、その記録は発見できていない。馬場とムーアの接点は、この3月11日のアルバカーキだけである。

レフェリーのムーアがショーラックに軍配を上げるが、ミスジャッジだと馬場がクレームをつける。その馬場の顔面に、ムーアが一発パンチをかまし、会場は盛り上がる。おそらく、そのくらいのことはあったのかもしれない。

この日、第1試合に出ていたのは同年1月にアマリロでデビューしたばかりのドリー・ファンク・ジュニアだった。ドリーがNWA世界王者となるのはこの7年後で、73年の陥落直後からはアマリロ地区のプロモーター兼レスラーとして全日本プロレスのアメリカのエージェントとなる。

63年1月からのロス地区滞在は、デストロイヤー、ドリーとの初対面という大きな出来事があった。全日本プロレスの最初の一滴《ひとしずく》である。

凱旋試合で馬場が見せたプロレス

3月15日にサンディエゴでデストロイヤーのWWA世界王座に挑戦すると、馬場は帰国の途につく。

この年のワールドリーグ戦は、同月23日に開幕。翌24日に蔵前国技館で馬場はキラー・コワルスキーと45分1本勝負で対戦し、ノーフォールのまま時間切れで引き分けた。

「コワルスキーは初来日だったが、52年にユーコン・エリックの耳を試合中に削いでしまったことは日本に伝えられていた。実際にはロープ最上段からのニードロップをエリックが中途半端な避け方をしたために生じた偶発的な事件なのだが、その残虐なコワルスキーに対し、凱旋帰国の馬場がどこまでやれるか。日本のファンやマスコミの注目は、この一点に集中していた。

この試合は、名勝負と語り継がれている。馬場は

帰国会見で自信に満ちた笑顔を見せる馬場。力道山の微笑は、「チケットが売れるレスラー」を一人確保できたというプロモーターの貌である。

力道山に以下の言葉で、この順序でねぎらわれたことをはっきりと記憶している。

「おう、お前、ようやったな。疲れたろう。動きっ放しだもんなあ。うん、ようやった」

動画で確認すると、確かに素晴らしい試合である。試合後の歓声、大音量の拍手は観客の素直な評価と見てよい。まさしく「スター誕生」である。

コワルスキーにとっても馬場はこの時、すでに特別な存在だったのではないか。前年に何度も対戦し、またタッグも組んで勝手はわかっている。その際、コワルスキーは「コイツは将来、オレを食わせてくれる存在になるのではないか」と感じたからこそ、意図的に名勝負を作ったとしか思えない。

動画を見る限り、コワルスキー戦以上の名勝負だったのではないかと思わせるのが4月12日、熊本市立水前寺体育館でのパット・オコーナー戦である。45分3本勝負で行われたこの試合、1本目は馬場がサバ折りで揺さぶった後、オコーナーを投げ捨て、そこにニードロップを放ってスリーカウントを奪う。2本目、3本目は連取されて敗れたが、それでも〝マットの魔術師〟と呼ばれたオコーナーとグラウンドでスピーディーに、そして五分に渡り合うのである。

これがこの時期の馬場なのだ。胸板も十分に厚い。後年、「細腕繁盛記」と言われた体型、スローモーな動きの記憶は棚上げしていただきたい。

帰国した馬場が見せたものは、「大きい者同士が

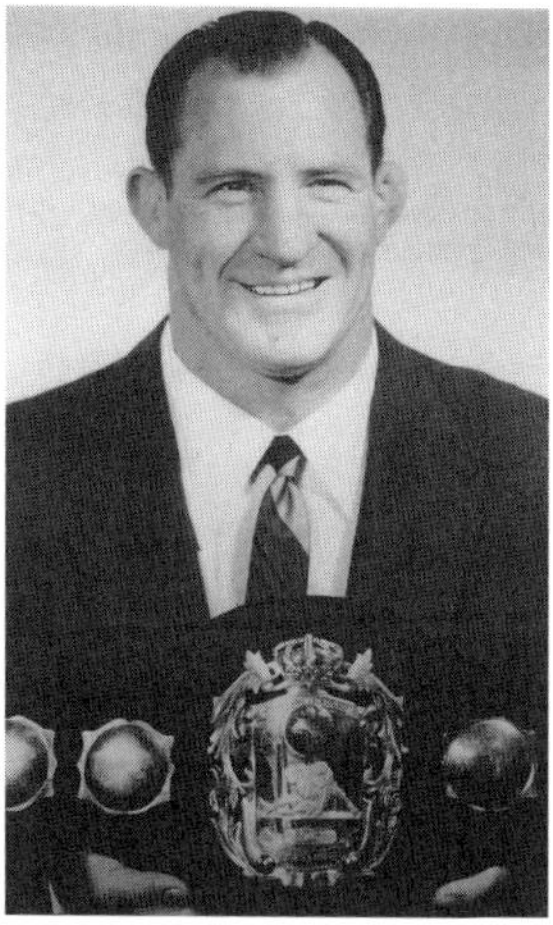

NWA世界王者時代のパット・オコーナー。後継王者ロジャースと比べて決定的に欠けていたのは、「観客動員力」と「アク」であった。

戦うプロレス」である。つまり、力道山の「小さい日本人が大きい外国人をバッタバッタと倒して行くプロレス」とは異なる試合を見せたことになる。

会場の、そしてテレビの前の観客にコワルスキー戦で与えられた満足感が「馬場幻想」を作っていったといっても過言ではない。この頃から、すでに馬場の全盛期は始まっていたと私は思う。

それから半年後、10月2日の栃木・足利市月見ヶ丘体育館でのアントニオ猪木戦を最後に、馬場は第二次武者修行の旅に出る。

翌3日の朝、馬場は力道山に再渡航の挨拶をするため新宿駅に駆けつけた（この晩の試合は松本市長野県営体育館）。これが馬場と力道山のこの世の別れだった。

アメリカマットで起きた大きな変化

第二次武者修行の話に入る前に、時計の針を少し戻して、この時期に起きたアメリカマット界の変動について説明しておきたい。

63年1月24日、馬場が第一次武者修行の末期にロス地区にいた頃、ルー・テーズがトロントでバディ・ロジャースからNWA世界王座を奪った。

これにクレームをつけたのがフレッド・コーラー、ビンス・マクマホン・シニア、トゥーツ・モントのコーラー派である。彼らはタイトルが移動することを知らされていなかったのだ。

このベルト移動劇は、実質的にはNWA内のクーデターである。クレームが受け入れられなかったコーラー派はNWAを離れ、同時に彼らが統括するニューヨーク地区とシカゴ地区はNWAの勢力圏ではなくなった。

彼らは新たな世界王座の樹立を模索し、3月にオハイオ州クリーブランドでWWWAを設立。これをパイロットケースとして、4月にWWWFを設立する。そして、5月にWWWF世界王座は初代王者バディ・ロジャースからブルーノ・サンマルチノに移った。

その頃、裏ではコーラー派が分裂する。前王者ロジャースは、WWWFを設立したマクマホン・シニア&モント側についた。

中西部に目を移すと、ジム・バーネットの本拠地デトロイトでは、3月にルー・テーズがNWA世界王座の防衛戦を行った。これはバーネット派がNWAのフレーム内に入ったことを意味している。

6月7日にはアトランタでテーズが「アトランタ版世界王者」のターザン・タイラーを破り、同王座をNWA世界王座に吸収した。

AWAでも変化が起こった。9月7日、オマハでAWA世界王者バーン・ガニアがオマハ版世界王者フリッツ・フォン・エリックを破って、同王座を吸収する。

また、ボストン版の世界王座は業界内で存在感を失い、実質的に消滅状態となる。これをもって、世界王座認定団体はNWA、AWA、WWA、WWWFに収斂し、「世界4大王座」の時代が始まった。

馬場は第二次武者修行中の64年2月に「世界4大王座」のうちNWA、WWWF、WWA王座に挑戦することになるが、続いてはそこに至るまでの過程を見ていこう。

NWAのリング上の象徴がルー・テーズならば、背広組の象徴はサム・マソニック(左)である。コーラー派がNWAから出ていくと、再び会長職に就いた。

世界3大王座連続挑戦の背景

63年10月、馬場はまずハワイで2週間ファイトする。

その後、10月末からはカナダ・トロントで待っていたフレッド・アトキンスとともに行動した。

第一次武者修行がロス地区とニューヨーク地区を行ったり来たりだったのに対し、第二次武者修行がトロント地区から本格的に始まったのには理由がある。世話をしてくれるアトキンスが拠点をここに戻したからだ。

馬場はトロントから100キロばかり離れたエリー湖の畔にあるアトキンスの自宅に住み込み、しばらくは五大湖沿岸をサーキットする。

この時期の馬場のスケジュールは、以下の通りである。

火＝ハミルトン

水＝ロンドン（カナダ・オンタリオ州）

木＝ウィンザーで昼にTV収録の後、トロント

金＝ニューヨーク州バッファロー

土＝ミシガン州デトロイト、もしくはオハイオ州シンシナティ

当時、五大湖沿岸にはフランク・タニーのトロント地区、ジム・バーネットのデトロイト地区、ペドロ・マルティネスのバッファロー地区と3つのテリトリーがあった。

馬場はそれらをまたいで金曜日にマルティネス、木曜の昼と土曜日にバーネット、残りはタニーのためにファイトした。第一次武者修行で実績を上げた馬場にリクエストが殺到し、それぞれの地区の美味しい興行だけを選んだ形だ。

このスケジュールを組んだのは、アトキンスがブッキング・エージェントを依頼したタニーである。

五大湖沿岸でこのようなスケジュールで試合をして

いたのは馬場の他、ジョニー・バレンタイン、ハンス・シュミットくらいしか見当たらない。この時期、馬場は「ショーヘイ〝ジャイアント〟ババ」などの名でヒールのトップとして、そのバレンタイン、シュミットらと対戦した。

そして、12月も中旬が過ぎた頃、日本から訃報が届く。師・力道山が急逝――。

12月下旬はクリスマス休暇で、興行が少ない。年が明け、64年1月半ばから馬場のサーキットエリアは突如、五大湖沿岸から全米へと広がった。

15日（水）＝西海岸のロサンゼルス
16日（木）＝東海岸のワシントンDC
17日（金）＝中西部のセントルイス
18日（土）＝中西部のデトロイト

どうして、このようなハードスケジュールが組まれたのか。

考えられる理由は、たった一つしかない。前年の12月15日に力道山が亡くなり、それに伴って馬場の帰国予定が早まったからだ。

1月15日に組まれたロサンゼルスの試合の直前、

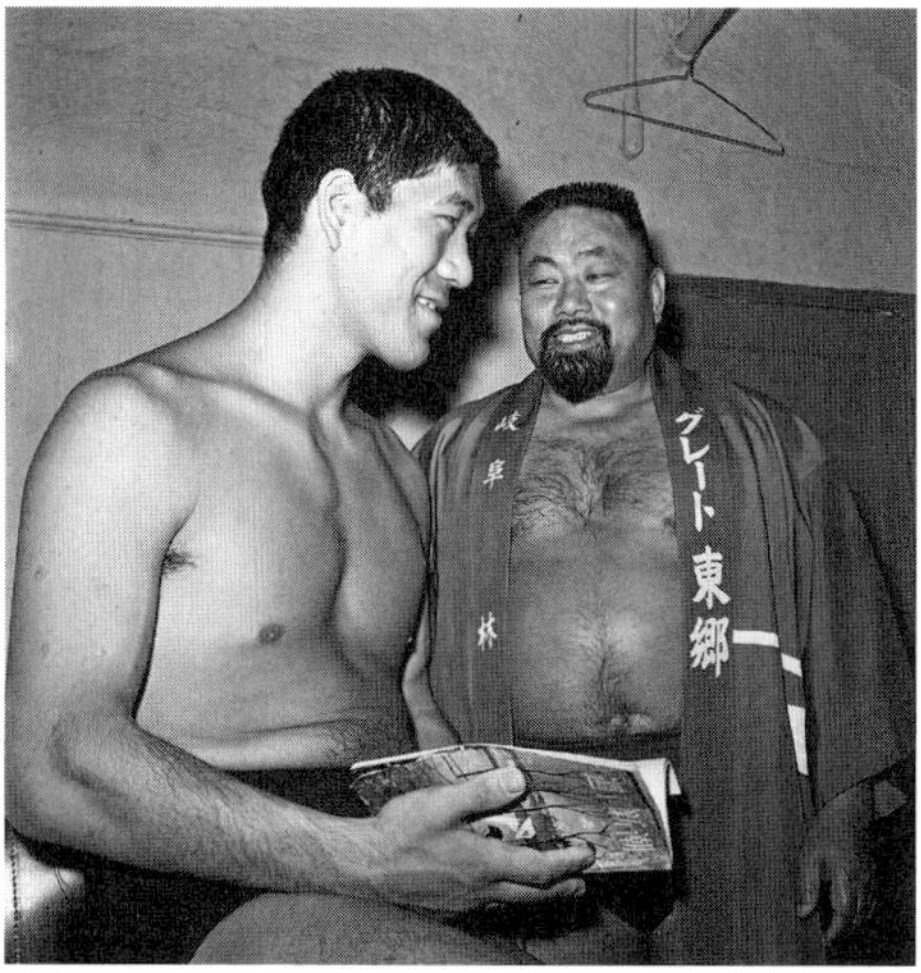

馬場は、東郷やアトキンスのおかげもあってアメリカでトップを取れた。しかし、ファイトマネーのかなりの部分を２人に抜かれたことも事実である。

馬場は数日間、リングに上がっていない。この時期に馬場は力道山の死去に伴い日プロから絶縁されたグレート東郷、アトキンスと三者会談を行い、高額なファイトマネーを提示されると同時にアメリカ残留を勧められた。

同時期、日プロ新幹部の一人、遠藤幸吉が特使としてロスに来て話し合いを持っている。その結果、馬場は「帰国」を選んだ。

馬場の武者修行が3月いっぱいまでとなったのは、4月のドル箱企画『第6回ワールドリーグ戦』に参加することになったからだ。力道山が生きていれば、もう少し修行期間は延びたはずである。なぜなら力道山は内々にワールドリーグ戦を前年の第5回で打ち止めすることを宣言しており、馬場を4月に戻す必然性がないからだ。

おそらく当初、馬場は五大湖沿岸やセントルイス、東部のWWWF、そしてロス周辺のWWAをもう少しゆっくりと数ヵ月単位でサーキットする計画だった。しかし、力道山の死により、武者修行は急遽、「圧縮」されることとなった。

その結果が有名な64年2月の「世界3大王座連続挑戦」である。

NWA世界王者ルー・テーズとの2連戦

日本への帰国が決まった馬場は、短期間で当時のNWA世界王者ルー・テーズ、WWWF世界王者ブルーノ・サンマルチノ、WWA世界王者フレッド・ブラッシーに連続挑戦することになった。

しかし、宣伝不足でいきなりタイトルマッチというわけにはいかない。そのためにプロモーターとしては、顔見せのTVマッチに馬場を出さねばならなかった。

これが1月半ばに組まれた怒濤の転戦の真因であろう。つまり、NWAの各プロモーター、WWWF、WWAは帰国する前に馬場を使い切る必要があったというわけだ。

尚、一説にバーン・ガニアのAWAも馬場のブッキングを要請したものの、スケジュールが取れなかったと言われている。これに関しては、事実かどうか確認できていない。要請の有無はともかく、現実的に無理な話であった。

1月18日、デトロイトで馬場はメインを張った。対戦相手は古くからの地元の英雄で、身長は馬場に及ばないが、リーチはおそらく馬場よりも長いロード・レイトンである。

馬場はレイトンに勝利したが、その憎々しい勝ちっぷりに、ナイフを持った会場のファンに切りつけられた。幸い、手を少し怪我した程度だったが、それよりもこの日の前座の顔ぶれが凄い。ディック・ザ・ブルーザー、ウィルバー・スナイダー、フリッツ・フォン・エリック、ジョニー・バレンタインである。

ブルーザー、スナイダー、エリックは馬場が1年と少し前にコーラー派でバディ・ロジャースのボーイ（取り巻き）だった頃、興行戦争の相手だったバーネット派のメインイベンター達である。バレンタインはロジャースボーイズの中の若者頭で、馬場にとっては頭が上がらない存在だった。

だが、この日、馬場はバーネットに見込まれてメインを務めた。バーネットがここまで馬場を持ち上げたのは、テーズのNWA世界王座に挑戦させようとしていたからである。

2月8日のデトロイト、15日のシンシナティと馬場はテーズのNWA世界王座に挑戦するも敗れた。

しかし、8日はコボ・アリーナに9188人を集めた。これは、この年のデトロイトで動員数が判明している興行の中で2番目の記録である（トップは2月29日のテーズvsバレンタイン＝9940人）。

馬場の観客動員力は、十分な及第点を与えられたであろう。試合内容は不明だが、動画が残っている同時期14日のバッファローでのハンス・シュミット

世界３大王座連続挑戦第１弾は64年２月８日、デトロイト。プロモーターはバーネット&ドイルで、当日のカードにはフリッツ・フォン・エリック、ジョニー・バレンタイン、ザ・シークの名前が見える。

戦における馬場の動きとコンディションを見れば、素晴らしいものであったに違いない。

雑誌『ゴング』創設者で、長い間編集長だった故・竹内宏介氏は晩年、「63年5月の力道山vsザ・デストロイヤー、66年2月の馬場vsルー・テーズ、同年10月の猪木vsジョニー・バレンタインが現在動画で見ることができないベストバウト3です」と語った。64年2月のテーズvs馬場は、66年2月の同カード（馬場がテーズを相手にインターナショナル・ヘビー級王座を防衛）に勝るとも劣らない内容だったのではないか。

異例のＷＷＷＦ世界王座挑戦

当時のＭＳＧの興行は原則として月1回、80年代前半のボブ・バックランドが王者だった時代までメインイベントは原則としてＷＷＷＦ世界戦だった。

その昔、『別冊ゴング』などを読まれていた方々は、ＭＳＧのマッチメークにあるパターンがあったことを憶えておられると思う。ある挑戦者が現れ、初戦で王者を一方的に攻め立てるものの、最後はウヤムヤ決着。第2戦も同じような展開になるが、第3戦で王者が挑戦者を文句なしに破り、観客の溜飲を下げるというものだ。

ところが、この時のサンマルチノvs馬場は3連戦ではなかった。単発の1試合だけなのである。前後のMSGのメインは以下の通り。いずれも王者サンマルチノの防衛戦である。

63年12月16日＝ジェリー・グラハム
64年1月20日＝ジェリー・グラハム
64年2月17日＝ババ・ザ・ジャイアント

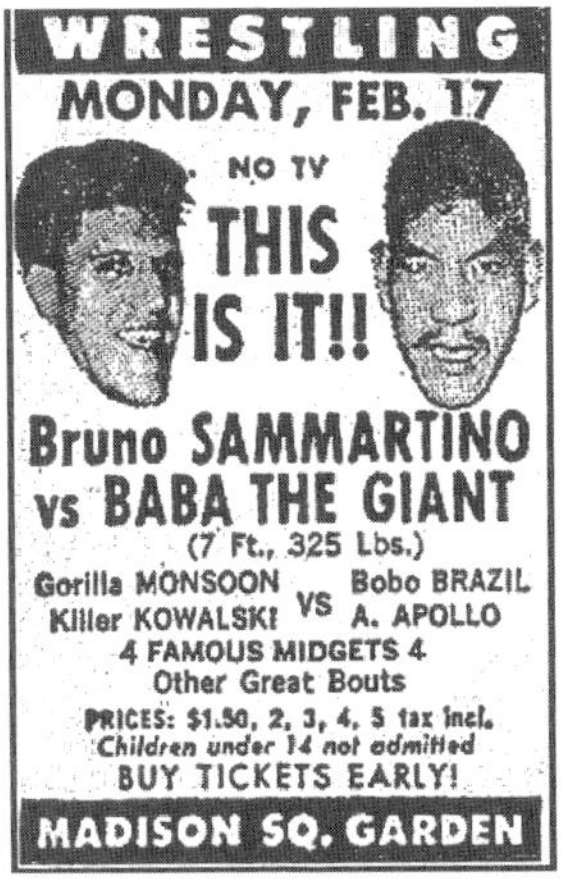

世界３大王座連続挑戦第２弾は64年２月17日、ニューヨークのＭＳＧ。マクマホン・シニアのプロモートにより、異例な形でサンマルチノの持つＷＷＷＦ世界王座に挑戦した。

64年3月16日＝ジェリー・グラハム

これはビンス・マクマホン・シニアがMSGのマッチメークの原則を破ってでも馬場を使いたかったということだ。3月の馬場のスケジュールはロス地区に押えられていて、2月しかサンマルチノとの対戦を組めないことから、異例の「割り込み」が行われたのである。

試合の方は3本勝負で行われ、1本目はサンマルチノがカナディアン・バックブリーカーで先取。2本目の最中にニューヨーク市条令（午後11時以降の興行は禁止）で試合はストップされた。

その2日後、馬場は通算4度目となるロス地区入りを果たす。

「ショーヘイ・ババ」の引き抜きを阻止？

馬場がロス地区に入った様子は、サンマルチノ戦を報道する『東京スポーツ』の片隅に、ひっそりと書かれている。

ストロンボー氏も観戦【ニューヨーク18日発＝芳木（引用者注＝原文ママ、正しくは芳本）栄特派員】

米国太平洋WWAのJ・ストロンボー代表は17日夜（日本時間18日）MSGで行われた馬場－サンマルチノの世界戦を観戦。18日朝（日本時間19日）馬場を帯同してニューヨークセントラル空港からロサンゼルス行PAA機でロサンゼルスに帰った。

この時、なぜ西海岸にあるロス地区のプロモーター、ジュリアス・ストロンボーは、はるばる東海岸のニューヨークまで来たのか。それは何事もないように、馬場を自分のテリトリーへ連れていくためである。

馬場はサンマルチノ戦の直前に、シンシナティでルー・テーズの持つNWA世界ヘビー級王座に挑戦した。この興行をプロモートしていたのがバーネット派である。

つまり、MSGでの試合後、馬場がバーネットに口説かれる可能性があったのだ。1月に馬場がロスに来た時、翌2月にロスへ戻ってくると約束していても、それが守られる保障はどこにもない。第一次UWF設立時の猪木の行動を見てもわかるように、「後で行くから」は「まず来ない」と怪しむのがプロレス業界では古今東西変わらぬ真理である。

しかしながら、なぜストロンボーはそこまで慎重だったのか。それは、この時点でストロンボーがバーネット派の大エースであるディック・ザ・ブルーザーの引き抜きに成功していたからだ。

その報復として、馬場を抜き返されることは十分に考えられる。そもそも、バーネットには61年にロスに侵入したサンフランシスコ地区のロイ・シャイアーにスターレスラーを送り込んでいたという「前科」がある。

若干大袈裟な表現をお許しいただければ、このストロンボーのニューヨーク行きは、「WWWFを舞台にしたWWAとNWAによる馬場争奪戦」だったのである。

さらにストロンボーには、背に腹を変えられぬ事情がもう一つあった。それは64年が明けてから、空前の不入りが続いていたのだ。

その原因は明らかだった。前年の12月13日、フレッド・ブラッシーが王者ベアキャット・ライトに挑戦したWWA世界戦は、ライトが勝ちにこだわり過ぎたため試合がギクシャクし、最後は無理やり防衛。しかも、この一戦はテレビで生中継され、それを観た多くのファンがシラけて会場に足を運ばなくなっていたのである。

ライトは翌日、ロスからベルトの持ち逃げを試みたが、スタッフの一員であるジン・ラベールが空港で水際阻止するという一幕まであった。

そうした状況下で、ストロンボーとしては新たなメンバーで観客を呼び戻したい。そのために一人でも多くのスーパースターが欲しかった。だからこそ必要としたのがブルーザーであり、馬場だった。見方を変えれば、馬場の存在はアメリカ国内でそこまで大きくなっていたのである。

元レスラーのストロンボーは同じ大型ということもあって、馬場のことを気に入っていた。力道山の死去後も日プロとの提携を継続したのは、今後も馬場を招聘するためであろう。

2月19日よりロス地区入りした馬場は、一ヵ月あまりこのテリトリーをサーキットした。リングネームは「ショーヘイ・ババ」で、ベビーフェースのトップである。

ロス地区は、馬場に「ジャイアント」を名乗らせない。61年の最初の来訪で、「ショーヘイ」として有名になってしまったからである。

前年春とロス地区が変わっていた点は、月曜日にネバダ州ラスベガスで興行を打つようになっていたことだ。この時期の主力レスラー、主要王座の変遷は以下の通りである。

【ベビーフェース】エドワード・カーペンティア、アーニー・ラッド、ミスター・モト、ペッパー・マーチン

【ヒール】フレッド・ブラッシー、ロイ・ヘッファーナン、アル・コステロ、ハンス・モーティア

［WWA世界ヘビー級王座］
フレッド・ブラッシー

［WWA世界タッグ王座］
エドワード・カーペンティア&アーニー・ラッド→ロイ・ヘッファーナン&アル・コステロ

滞在中に目立つのはシングル、タッグでのブラッシーとの抗争である。

馬場のWWA世界王座への挑戦は3度行われた。最初は2月28日、ロスのオリンピック・オーディトリアムである（引き分け）。当日のセミファイナルは、ディック・ザ・ブルーザーvsエドワード・カーペンティアで、1年前なら試合順は逆だったであろう。

3月27日、サンディエゴでのロス最終戦（ブラッシーへの3度目の挑戦）を終えた馬場の次の試合は、4月3日のハワイ・ホノルルである。ここでハードボイルド・ハガティを破り、帰国の途につく。そして、凱旋帰国第1戦は4月3日、蔵前国技館で行われた。

「4月3日のホノルル」と「4月3日の東京」。これはキーボードの入力ミスではない。ホノルルと東京との間には、日付変更線と時差があるのだ。ホノ

世界３大王座連続挑戦第３弾の相手は、WWA世界王者ブラッシー。プロモーターはジュリアス・ストロンボーで、こちらは63年３月20日の広告（第二次武者修行時の２度目の挑戦）。

ルのプロモーター、エド・フランシスとロード・ブレアースの「どうしても馬場を使いたい」という思いが、こんな強行スケジュールを生み出したのである。

「救世主」として日本プロレスに帰国

羽田空港で馬場は日プロが差し向けた自動車に乗り込み、車内でトランクスに着替え、リングシューズを履いて蔵前国技館に着いた時、すでに『第6回ワールドリーグ戦』の開幕式は終わっていた。

馬場とカリプス・ハリケーン（サイクロン・ネグロ）との45分3本勝負が始まる。試合開始後、ノーフォールのまま45分が経過した。

しかし、試合終了のゴングが鳴らない。飛行機のトラブルでメインに登場する外国人レスラーがまだ会場に着いておらず、試合が引き延ばされたからである。結局、馬場とハリケーンは45分の試合を70分ほど戦った。

制限時間を過ぎているなんてことは、どうでもよくなってしまうくらいの名勝負だった。ホノルルからの強行スケジュールの後の、この奮闘である。事情を知る各プロレスマスコミの記者はこれを見て、力道山亡き後の日本のプロレスは馬場が存在する限り安泰だと確信したという。

だが、馬場は先輩の豊登を立てて二番手に甘んじた。馬場が晴れてエース、すなわち「日本の馬場」となるのは65年暮れの豊登追放以後である。

馬場は第一次武者修行において、時のNWA世界王者バディ・ロジャースに何度も挑戦した。バーネット派との興行合戦では、コーラー派の先頭になって戦った。

第二次武者修行においては、NWA世界王者ルー・テーズに挑戦した。プロモーターは、かつて敵側だったバーネットである。

これにWWWF世界王者ブルーノ・サンマルチノ、WWA世界王者フレッド・ブラッシーへの挑戦が加わる。この段階で4大世界王者を除けば、アメリカマットのトップは馬場だったと言っても過言ではない。

前座の顔ぶれは第一次武者修行時の興行戦争で敵側＝バーネット派のトップ、フリッツ・フォン・エ

63年のキラー・コワルスキー戦、64年のカリプス・ハリケーン戦と馬場は凱旋試合を外さなかった。この2試合の違いは、力道山が存命か否か。力道山死去後の後者で馬場は好勝負を演じ、「救世主」感が強まった。

リック、キラー・コワルスキー、ディック・ブルーザーである。これほど気持ちのいいことはなかったであろう。

アメリカで馬場はNWA、WWWF、WWAの壁を超え、天衣無縫に駆け巡った。つまり、「日本の馬場」になる前に「世界の馬場」になっていた。

以降、いくら猪木に挑発されようとも悠然と構えていた馬場の言動は、この揺るぎない事実と、それにより生まれた自信に裏打ちされていたのかもしれない。

ショーヘイ・ババの試合記録

- 試合を行った場所は、原則として都市名にとどめた。ただし、ニューヨーク市に関しては会場によって試合の位置づけが異なるため、会場名も掲載した（MSG＝マディソン・スクエア・ガーデン、SSD＝サニーサイド・ガーデン）。
- ニューヨーク市でMSG、SSDの記載がない試合は会場名が不明、もしくはその他の小会場での開催。
- TV＝テレビスタジオでの試合。日付は、特に記載があるもの以外は放映日。当時は生中継が多かったが、録画放送もあったので、日付が必ずしも試合が行われた日とは限らない。
- DQ（Disqualification）＝反則裁定。
- 結果が明記されていない試合はプログラム等で発表されたもので、カードが変更された可能性もある。
- 本書に掲載した試合記録は、すべて2020年5月の時点で判明しているもの。

【第一次武者修行】

■1961年7月

17日【パサディナ】○馬場vsマット・マーフィ●
19日【ロサンゼルス】○馬場&鈴木幸雄vsマイク・シャープ&パット・フレイリー●（DQ）
22日【サンバーナーディーノ】○馬場vsムスタファ・パーシャ●
29日【サンバーナーディーノ】○馬場vsムスタファ・パーシャ●
不明【ロサンゼルス】○シュレイン&ウルフvs馬場&鈴木幸雄●（DQ）

■8月

2日【ロサンゼルス】○馬場&芳の里vsマイク・シャープ&ゼブラ・キッド●
4日【サンディエゴ】○馬場vsムスタファ・パーシャ&アル・マーシャル●（ハンディキャップマッチ）
9日【ロサンゼルス】○馬場vsムスタファ・パーシャ●
15日【ロングビーチ】○馬場vsパット・フレイリー●
16日【ロサンゼルス】○馬場vsエルド・ボグニ●
18日【サンディエゴ】○馬場vsフレッド・ブラッシー●（NAWA世界ヘビー＝DQ）
22日【ロングビーチ】○馬場vsエルド・ボグニ●
23日【ロサンゼルス】○馬場vsマット・マーフィ●
25日【サンディエゴ】○フレッド・ブラッシー&ミスター・モトvs馬場&鈴木幸雄●

■9月

4日【ロサンゼルス】馬場vsムスタファ・パーシャ
6日【ロサンゼルス】○フレッド・ブラッシーvs馬場●
7日【ワシントンDC】○馬場vsダグラス・キンスロー●
8日【ピッツバーグ】○馬場vs鈴木幸雄●（相撲マッチ）
8日【ホワイトプレーンズ】馬場&グレート東郷vsスカッフリン・ヒルビリーズ（リップ・コリンズ&チャック・コンレー）
9日【ブリッジポート】○馬場vsビリー・ズビスコ（ビル・ドロモ）●
11日【ノーウォーク】○馬場vsジ・エンジェル（ジーン・バイラージョン）●
12日【ニューヨーク・SSD】○馬場vsアーノルド・スコーラン●
13日【ブリッジポート】○馬場vsジ・エンジェル●
14日【ワシントンDC】○馬場vsピート・サンチェス●

15日【ホワイトプレーンズ】○馬場vsジ・エンジェル●
16日【パターソン】馬場vsカルロス・ミラノ
18日【ニューヨーク・MSG】○馬場vsビリー・ズビスコ●
19日【ブリッジポート】○馬場vsダグラス・キンスロー●
25日【パサディナ】○馬場vs鈴木幸雄●

■10月

2日【パサディナ】○馬場vsフリッツ・フォン・ゲーリング●
6日【ロサンゼルス】○馬場vs鈴木幸雄●（相撲マッチ）
7日【サンバーナーディーノ】○馬場vs鈴木幸雄●
9日【パサディナ】○芳の里vs馬場●
10日【ロングアイランド】○馬場&マイティ・アトラスvsレッド・ベリー&ヘイスタック・カルホーン●
14日【ニューヨーク・SSD】○馬場vsトミー・オトール●
14日【ブリッジポート】○馬場vsハーブ・ラーソン●
16日【ニューヨーク・MSG】○馬場&マイティ・アトラスvsレッド・ベリー&ヘイスタック・カルホーン●
17日【ロングアイランド】○馬場vsビリー・ズビスコ●
18日【エリザベス】○馬場vsピート・サンチェス●
19日【ワシントンDC】○馬場vsアーノルド・スコーラン●
20日【シカゴ】○馬場vsジャック・アレン●
21日【ブリッジポート】○馬場vsカルロス・ミラノ●
23日【ワシントンDC】○ベアキャット・ライト&スウィート・ダディ・シキ&アート・トーマスvs馬場&グレート東郷&芳の里●
24日【ニューヨーク・SSD】○馬場vsトニー・アルティモア●
25日【ホワイトプレーンズ】○馬場vsカルロス・ミラノ●
26日【ワシントンDC】○馬場vsトミー・オトール●
27日【ハイランドパーク】○馬場vsミゲル・トーレス●
28日【ブリッジポート】○馬場vsダグラス・キンスロー●

30日【トレントン】○馬場vsカルロス・ミラノ●
31日【ニューヨーク・SSD】○馬場vsアンジェロ・サボルディ●
不明【ワシントンDC】馬場vsピーター・サンチェス

■11月

1日【コマック】○馬場vsビリー・ズビスコ●
2日【ワシントンDC】○馬場vsルー・アルバーノ●
3日【ウェストヘムステッド】○馬場vsトーマス・マリン●
4日【ブリッジポート】○馬場vsトニー・コンセンザ●
6日【不明】○馬場vsフランク・コンセンザ●
7日【ニューヨーク・SSD】○馬場vsピート・サンチェス●
9日【ケノーシャ】馬場vsミゲル・ペレス
10日【シカゴ】○馬場vsスウィート・ダディ・シキ●
11日【フィラデルフィア】○馬場vsビリー・ダーネル●
13日【ニューヨーク・MSG】○馬場vsブルーノ・サンマルチノ●（カウントアウト）
15日【ウォーターバリー】○馬場vsスティーブ・スタンレー●
16日【ワシントンDC】○馬場vsピート・サンチェス●
17日【ハイランドパーク】馬場vsダグラス・キンスロー
18日【ブリッジポート】○馬場vsミゲル・トーレス●
23日【フィラデルフィア】○アントニオ・ロッカ&ビットリオ・アポロ（アルゼンチン・アポロ）&ミゲル・ペレスvs馬場&グレート東郷&芳の里●
25日【ホワイトプレーンズ】○馬場vsジ・エンジェル●
27日【ワシントンDC】○馬場vsマンマウンテン・キャンベル（ルーク・ブラウン）●
28日【オタワ】○馬場vsピート・サンチェス●
29日【モントリオール】○馬場vsトミー・オトール●
30日【ワシントンDC】○アントニオ・ロッカvs馬場●

■12月

1日【バウンドブロック】○馬場vsトミー・オトール●
1日【ブルックリン】○アントニオ・ロッカ&ミゲル・ペレスvs馬場&芳の里●
2日【デトロイト】○馬場vsホセ・ベタンコート●
4日【ブロンクス】○馬場vsアーノルド・スコーラン●
5日【ニューヨーク・SSD】○馬場vsマンマウンテン・キャンベル●
6日【モントリオール】○ブルーノ・サンマルチノ&アントニオ・ロッカvs馬場&芳の里●
7日【ワシントンDC】○馬場vsグレッゴリー・ジャック●
8日【シカゴ】○ベアキャット・ライト&スウィート・ダディ・シキ&アート・トーマスvs馬場&グレート東郷&芳の里●
9日【ニューアーク】○ベアキャット・ライト&スウィート・ダディ・シキ&アート・トーマスvs馬場&グレート東郷&芳の里●
11日【ニューヨーク・MSG】△馬場vsベアキャット・ライト△
12日【オタワ】○アントニオ・ロッカvs馬場●（カウントアウト）
14日【ワシントンDC】○馬場&芳の里vsカルロス・ミラノ&ピート・サンチェス●
15日【ウェストヘムステッド】○ベアキャット・ライト&スウィート・ダディ・シキvs馬場&芳の里●
16日【ブリッジポート】○馬場vsアーノルド・スコーラン●
18日【ブルックリン】○ドン・カーティス&フレッド・アトキンスvs馬場&芳の里●（DQ）
20日【ヘイガーズタウン】○馬場&芳の里vsレッド・バスチェン&アーノルド・スコーラン●
21日【ワシントンDC】△馬場&芳の里vsジョニー・バレンタイン&ビットリオ・アポロ△
25日【ワシントンDC】○馬場&ザ・ファビュラス・カンガルーズ（ロイ・ヘッファーナン&アル・コステロ）vsベアキャット・ライト&スウィート・ダディ・シキ&アート・トーマス●
26日【ニューヨーク・SSD】○馬場&芳の里vsジョニー・バレンタイン&ビットリオ・アポロ●
27日【コマック】○馬場vsアーノルド・スコーラン●
28日【ワシントンDC】○馬場vsカルロス・ミラノ●
29日【フィラデルフィア】○アントニオ・ロッカvs馬場●
30日【ニューヘブン】○馬場&芳の里vsミゲル・ペレス&ビットリオ・アポロ●

■1962年1月

1日【ブロンクス】○馬場&芳の里vsマンマウンテン・キャンベル&レッド・バスチェン●
2日【ニューヨーク・SSD】○馬場vsレッド・バスチェン●
5日【シカゴ】△馬場vsベアキャット・ライト△
6日【ロングアイランド】馬場vsミスター・プエルトリコ（サミュエル・リベラ）
9日【ボルティモア】○馬場vsマンマウンテン・キャンベル●
12日【ウェストヘムステッド】○ジョニー・バレンタイン&ボブ・エリスvs馬場&芳の里●
13日【デトロイト】○ベアキャット・ライトvs馬場●
15日【トレントン】○馬場vsスウィート・ダディ・シキ●
16日【ブリストル】○アントニオ・ロッカ&ビットリオ・アポロvs馬場&芳の里●
18日【ワシントンDC】○馬場&鈴木幸雄vsグレゴリー・ジャック&カルロス・ミラノ●
19日【不明】○馬場vsビリー・ズビスコ●
20日【ブリッジポート】○ボブ・オートン&グレート・スコットvs馬場&鈴木幸雄●

20日【ホワイトプレーンズ】○アントニオ・ロッカ&ビットリオ・アポロvs馬場&芳の里●
22日【ニューヨーク・MSG】○馬場&鈴木幸雄vsブルーノ・サンマルチノ&ビットリオ・アポロ●
23日【ボルティモア】○ジョニー・バレンタイン&ベアキャット・ライトvs馬場&芳の里●
25日【ワシントンDC】○馬場&鈴木幸雄vsジム・ラロック&ピート・サンチェス●
26日【シカゴ】○ベアキャット・ライトvs馬場●
27日【ブリッジポート】○馬場&鈴木幸雄vsグレゴリー・ジャック&カルロス・ミラノ●
29日【ブルックリン】○馬場&鈴木幸雄vsゴードン・ネルソン&マンマウンテン・キャンベル●
30日【ニューヨーク・SSD】△馬場&鈴木幸雄vsザ・ファビュラス・カンガルーズ△

■2月

1日【ワシントンDC】○馬場vsブルーノ・サンマルチノ●
3日【ピッツバーグ】○馬場vsラリー・ギャグナー●
5日【ピッツバーグ】○馬場vsフレッド・アトキンス●
6日【ロングアイランド】△馬場vsミゲル・ペレス△
8日【ワシントンDC】馬場vsジョニー・バレンタイン
9日【ブルックリン】○ミゲル・ペレス&ビットリオ・アポロvs馬場&鈴木●（DQ）
10日【ブリッジポート】△馬場&鈴木幸雄vsザ・ファビュラス・カンガルーズ△
10日【ロングアイランド】○馬場&鈴木幸雄vsマンマウンテン・キャンベル&ビットリオ・アポロ●
12日【ブロンクス】○馬場vsビリー・ダーネル●
13日【オタワ】○馬場vsトニー・ランザ●
15日【ワシントンDC】馬場vsジム・ラロック
17日【ブリッジポート】○馬場vsルイス・トーレス●
17日【ブリッジポート】○馬場vsスカイハイ・クルーガー（ボブ・スタンレー）●
19日【ケベックシティ】○馬場vsフレッド・アトキンス●
20日【オタワ】○馬場vsブルーノ・サンマルチノ●
22日【チェリーヒル】馬場&鈴木幸雄vsゴードン・ネルソン&マンマウンテン・キャンベル
23日【シカゴ】○馬場&スカル・マーフィ&ブルート・バーナードvsジョニー・バレンタイン&ビットリオ・アポロ&ミゲル・トーレス●
24日【ブリッジポート】○馬場&鈴木幸雄vsグレゴリー・ジャック&スカイハイ・クルーガー●
26日【ニューヨーク・MSG】○馬場vsビリー・ダーネル●
27日【オタワ】△馬場vsブルドッグ・ブラワー△

■3月

1日【ワシントンDC】○馬場vsグレゴリー・ジャック●
2日【ニューヘブン】馬場vsボブ・エリス
3日【ホワイトプレーンズ】馬場&鈴木幸雄vsビットリオ・アポロ&ビリー・ダーネル
5日【ピッツバーグ】○馬場vsフランク・マコーニ●
7日【モントリオール】○ジョニー・ルージョーvs馬場●（DQ）
8日【ワシントンDC】馬場vs不明
9日【シカゴ】○バディ・ロジャースvs馬場●（NWA世界ヘビー）
10日【パターソン】○ジョニー・バレンタイン&ボブ・エリスvs馬場&鈴木幸雄●
12日【ワシントンDC】○バディ・ロジャースvs馬場●（NWA

世界ヘビー）
14日【ホワイトプレーンズ】○アントニオ・ロッカvs馬場●
14日【モントリオール】馬場&鈴木幸雄vsザ・ファビュラス・カンガルーズ
16日【エリザベス】○馬場vsアンジェロ・サボルディ●
17日【デトロイト】○馬場vsフレッド・アトキンス●
19日【ニューヨーク・MSG】△馬場&鈴木幸雄vsボブ・オートン&グレート・スコット△
20日【トトワ】馬場vsエドワード・カーペンティア
20日【ロングアイランド】○馬場&鈴木幸雄vsルイス・トーレス&ウィリー・ニーヴス●
21日【ヘイガーズタウン】○アントニオ・ロッカ&ボブ・エリスvs馬場&鈴木幸雄●
22日【ワシントンDC】○ジョニー・バレンタイン&ボブ・エリスvs馬場&鈴木幸雄●
24日【コロンバス】○馬場vsフレッド・アトキンス●
25日【スチューベンビル】馬場vsフレッド・アトキンス
26日【ブルックリン】○馬場vsジョニー・コスタス・パパァゾロス●
27日【ロングアイランド】○馬場&鈴木幸雄vsジム・ラロック&グレゴリー・ジャック●
30日【ハイランドパーク】○スカル・マーフィ&ブルート・バーナードvs馬場&鈴木幸雄●
31日【コロンバス】○馬場vsジム・モンタネロ&ボブ・アレン（ハンディキャップマッチ）●

■4月

2日【ピッツバーグ】○クラッシャー・リソワスキーvs馬場●
3日【プロビデンス】馬場vsジム・ラロック
4日【イーストン】○アントニオ・ロッカvs馬場●
6日【ブルックリン】○アントニオ・ロッカ&ビットリオ・アポロvs馬場&鈴木幸雄●（DQ）
7日【ブリッジポート】馬場vsアーノルド・スコーラン
7日【ブリッジポート】○馬場vsデューク・リビングストン●
9日【ジョンズタウン】○クラッシャー・リソワスキーvs馬場●
11日【コマック】○スカル・マーフィ&ブルート・バーナードvs馬場&鈴木幸雄●
13日【シカゴ】○ザ・ファビュラス・カンガルーズvs馬場&鈴木幸雄●（DQ）
14日【コロンバス】○馬場vsゼブラ・キッド●
16日【トレントン】○馬場&鈴木幸雄vsマーク・ルーイン&ビリー・ダーネル●
17日【プロビデンス】○馬場vsアンジェロ・サボルディ●
19日【モントリオール】△馬場&鈴木幸雄vsジョン・トロス&クリス・トロス△
20日【ピッツバーグ】馬場vs不明
23日【ホワイトプレーンズ】○馬場vsカルロス・ミラノ●
27日【ニューヘブン】○馬場vsバド・コディ●
28日【コロンバス】○馬場vsムース・ショーラック●
29日【スチューベンビル】馬場&鈴木幸雄vsブルーノ・サンマルチノ&カルロス・ミラノ
30日【トトワ】○馬場vsエドワード・カーペンティア●（DQ）
不明【不明】○馬場vsアル・コステロ●

■5月

1日【プロビデンス】○馬場&鈴木幸雄vsカルロス・ミラノ&エスポシート●
4日【シカゴ】○馬場vsビリー・ダーネル●
7日【ピッツバーグ】○馬場&鈴木幸雄vsフレッド・アトキンス

&ルイス・トーレス●（DQ）
8日【ニューヨーク・SSD】△馬場vsジョニー・バレンタイン△
9日【コマック】△馬場vsエドワード・カーペンティア△
10日【ワシントンDC】○アントニオ・ロッカvs馬場●
12日【コロンバス】馬場vsボブ・オートン
14日【ブルックリン】○馬場&鈴木幸雄vsルー・アルバーノ&トニー・アルティモア●
15日【プロビデンス】馬場&鈴木幸雄vsミゲル・ペレス&ユージニオ・マリン
16日【ホワイトプレーンズ】○ジョニー・バレンタイン&ボボ・ブラジルvs馬場&鈴木幸雄●
17日【モントリオール】○ボブ・オートン&グレート・スコットvs馬場&鈴木幸雄●
18日【シカゴ】○馬場vsアート・トーマス●
19日【フィラデルフィア】○馬場vsフレッド・アトキンス●
21日【ワシントンDC】馬場vsボボ・ブラジル
22日【ロングアイランド】○馬場&鈴木幸雄vsパンペロ・フィルポ&カール・フォン・ヘス●
23日【キングストン】△馬場&鈴木幸雄vsザ・ファビュラス・カンガルーズ△
24日【ワシントンDC】○馬場&鈴木幸雄vsバド・コディ&ジャック・デービス●
25日【ニューヨーク・MSG】○アントニオ・ロッカ&エドワード・カーペンティアvs馬場&鈴木幸雄●
26日【ブリッジポート】○馬場&鈴木幸雄vsグレゴリー・ジャック&ルイス・トーレス●
28日【ブルックリン】○ボボ・ブラジル&アントニオ・ロッカvs馬場&鈴木幸雄●
29日【プロビデンス】○エドワード・カーペンティアvs馬場●
31日【ワシントンDC】馬場&鈴木幸雄vsアントニオ・ロッカ&ジョニー・バレンタイン

■6月

1日【ホワイトプレーンズ】馬場&鈴木幸雄vsボブ・オートン&グレート・スコット
2日【ニューアーク】○ボボ・ブラジルvs馬場●
4日【ワシントンDC】○馬場vsカルロス・ミラノ●
5日【ロングアイランド】○馬場&カール・フォン・ヘスvsマーク・ルーイン&ビリー・ダーネル●
8日【シカゴ】○ボボ・ブラジルvs馬場●
9日【ジョーンズタウン】○ジョニー・バレンタインvs馬場●
10日【コマック】馬場vsボボ・ブラジル
11日【トレントン】○ボボ・ブラジルvs馬場●（DQ）
12日【ブリッジポート】△馬場vsボボ・ブラジル△
13日【ウォーターベリー】○アントニオ・ロッカvs馬場●
15日【ボルティモア】馬場vsアントニオ・ロッカ
16日【フィラデルフィア】○バディ・ロジャースvs馬場●（NWA世界ヘビー）
18日【パースアンボイ】○アントニオ・ロッカ&ミゲル・ペレスvs馬場&カール・フォン・ヘス●
19日【ブリッジポート】○馬場vsバド・コディ●
20日【コマック】馬場vsボボ・ブラジル
20日【ロングアイランド】ボボ・ブラジルvs馬場
21日【ワシントンDC】○馬場vsポール・ジョーンズ●
22日【ニューヨーク・MSG】○馬場vsゴールデン・テラー（ムース・ショーラック）●（DQ）
23日【コロンバス】○バディ・ロジャースvs馬場●（NWA世界ヘビー）

25日【ブロンクス】○ボボ・ブラジルvs馬場●
26日【プロビデンス】馬場vsアントニオ・ロッカ
27日【プーキープシー】○バディ・ロジャースvs馬場●（NWA世界ヘビー）
28日【ワシントンDC】○ビリー・ダーネル&レッド・バスチェンvs馬場●（ハンディキャップマッチ）
29日【ボルティモア】○馬場vsタイニー・ハンプトン●

■7月

2日【ピッツバーグ】○ブルーノ・サンマルチノvs馬場●
2日【ピッツバーグ】○ブルーノ・サンマルチノ&アントニオ・ロッカvs馬場&スカル・マーフィ●
3日【ブリッジポート】馬場vsエドワード・カーペンティア
4日【ラインバック】馬場vsフレッド・アトキンス
5日【ワシントンDC】○バディ・ロジャース&ジョニー・バレンドvs馬場&ゴールデン・テラー●
6日【ニューヘブン】○ジョニー・バレンタインvs馬場●
7日【コロンバス】○バディ・ロジャースvs馬場●（テキサスデスマッチ）
9日【フリーポート】△馬場vsジョニー・バレンタイン△
11日【ウォーターベリー】○アントニオ・ロッカvs馬場●
13日【ニューヨーク・MSG】○ゴールデン・テラーvs馬場●（DQ）
14日【フィラデルフィア】馬場vsジョニー・バレンタイン
17日【ワシントンDC】△馬場vsハンス・シュミット△
18日【ノーウォーク】△馬場vsハンス・シュミット△
19日【ワシントンDC】○馬場vsヴィック・クリスティ●
20日【ニューヘブン】○エンリキ・トーレス&レッド・バスチェンvs馬場&ハンス・シュミット●
21日【アトランティックシティ】△馬場vsジョニー・バレンタイン△
23日【トレントン】○アントニオ・ロッカvs馬場●
24日【ニューヨーク】○ムース・ショーラックvs馬場●（DQ）
24日【プロビデンス】○馬場vsカルロス・ミラノ●
25日【コロンバス】○バディ・ロジャースvs馬場●（NWA世界ヘビー）
27日【シカゴ】○馬場vsタイニー・ハンプトン●
28日【アトランティックシティ】馬場vsアントニオ・ロッカ
30日【パースアンボイ】馬場vsアントニオ・ロッカ
31日【ブリッジポート】○馬場vsポール・ダイアモンド●
不明【ロングアイランド】馬場&スカル・マーフィvsカルロス・ミラノ&ピーター・センチャース（この日に16文キックを初公開）

■8月

2日【ワシントンDC】○スカッフリン・ヒルビリーズvs馬場&ミゲル・トーレス●
3日【ニューヨーク・MSG】○ジョニー・バレンタインvs馬場●
4日【フィラデルフィア】○ボボ・ブラジルvs馬場●（DQ）
6日【ブルックリン】○エドワード・カーペンティアvs馬場●
8日【不明】○馬場vsカルロス・ミラノ●
9日【ワシントンDC】○馬場vsアーノルド・スコーラン●
9日【ワシントンDC】馬場vsジョニー・バレンド
10日【ピッツバーグ】○ヘイスタック・カルホーンvs馬場●（DQ）
11日【コロンバス】○馬場&ジョニー・バレンドvsスカッフリン・ヒルビリーズ●
14日【ブリッジポート】○スカッフリン・ヒルビリーズvs馬場&ミゲル・トーレス●
15日【ヘイガーズタウン】○エドワード・カーペンティアvs馬場

16日 ●（DQ）
16日【ワシントンDC】○馬場vsポール・ダイアモンド●
16日【ワシントンDC】馬場&カール・フォン・ヘスvsスカッフリン・ヒルビリーズ
17日【シカゴ】○キラー・コワルスキーvs馬場●（DQ）
18日【アトランティックシティ】馬場&ゴールデン・テラーvsジョニー・バレンタイン&ビリー・ダーネル
20日【ケベックシティ】○オヴィラ・アセリンvs馬場●（DQ）
23日【モントリオール】○エドワード・カーペンティアvs馬場●
24日【ニューヨーク・MSG】○アントニオ・ロッカ&ミゲル・ペレスvs馬場&グレート東郷●
25日【ピッツバーグ】○馬場vsジョン・キャロウェイ●
27日【トレントン】○スカッフリン・ヒルビリーズvs馬場&グレート東郷●
28日【ブリッジポート】○スカッフリン・ヒルビリーズvs馬場&グレート東郷●
28日【ブリッジポート】○馬場vsユージニオ・マリン●
29日【ノーウォーク】○スカッフリン・ヒルビリーズvs馬場&グレート東郷●
30日【モントリオール】○馬場vsフランク・バロア●
31日【コロンバス】○馬場vsジョニー・バレンド●（DQ）

■9月

1日【アクロン】○ボボ・ブラジルvs馬場●（DQ）
5日【モントリオール】○馬場vsエディ・ジャクソン●
6日【ワシントンDC】○スカッフリン・ヒルビリーズvs馬場&トミー・オトール●（DQ）
7日【マイアミ】○ザ・ケンタッキアンズ（ジェイク・スミス&ルーク・ブラウン）vs馬場&ミスター・モト●
8日【コロンバス】○馬場vsジョニー・バレンド●
8日【ホワイトプレーンズ】○スカッフリン・ヒルビリーズvs馬場&グレート東郷●
10日【ピッツバーグ】○ブルーノ・サンマルチノ&ビットリオ・アポロvs馬場&フレッド・アトキンス●
11日【パースアンボイ】馬場&フレッド・アトキンスvsスカッフリン・ヒルビリーズ
13日【モントリオール】○馬場vsビリー・ダーネル●
14日【ニューヘブン】○スカッフリン・ヒルビリーズvs馬場&フレッド・アトキンス●
15日【ジャクソンビル】○馬場&ミスター・モトvsザ・ケンタッキアンズ●（DQ）
17日【オーランド】○馬場vsフレッド・アトキンス●
18日【タンパ】○ザ・ケンタッキアンズvs馬場&ミスター・モト●（DQ）
21日【マイアミビーチ】○レン・モンタナvs馬場●（DQ）
22日【ジャクソンビル】○ザ・ケンタッキアンズvs馬場&ミスター・モト●
22日【タンパTV】○レニー・モンタナvs馬場●（DQ）
24日【オーランド】○ザ・ケンタッキアンズvs馬場&ミスター・モト●（DQ）
25日【タンパ】○クルト・フォン・ブラウナー&カール・フォン・ブラウナーvs馬場&ミスター・モト●（DQ）
26日【フォートマイヤース】馬場&フレッド・アトキンスvsザ・ケンタッキアンズ
27日【マイアミビーチ】○ザ・ケンタッキアンズvs馬場&ミスター・モト●
29日【ジャクソンビル】○ジェイク・スミスvs馬場●（DQ）

■**10月**
3日【モントリオール】○馬場vsグレゴリー・ジャック●
5日【ニューヨーク・MSG】○アントニオ・ロッカvs馬場●（DQ）
6日【パターソン】△馬場vsビットリオ・アポロ△
6日【リースバーグ】馬場vsアントニオ・ロッカ
9日【アッパーマルボロ】馬場vsボボ・ブラジル
10日【ヘイガーズタウン】○ボボ・ブラジルvs馬場●
11日【ワシントンDC】○馬場vsフランク・バロア●
12日【スパータ】○馬場vsトミー・オトール●
13日【アクロン】○馬場vsボブ・ブルース●
15日【ピッツバーグ】○ブルーノ・サンマルチノvs馬場●（DQ）
16日【モントリオール】○馬場vsレイ・ゴードン●
18日【ケベックシティ】○馬場vsテリー・タレンス●
19日【ハイランドパーク】○馬場vsアーノルド・スコーラン●
20日【ジャージーシティ】○エドワード・カーペンティア&ボボ・ブラジルvs馬場&キラー・コワルスキー●
22日【ボルティモア】○馬場vsフレッド・アトキンス●
23日【トレントン】○ボボ・ブラジルvs馬場●
23日【モントリオール】○馬場vsエディ・ジャクソン●
24日【ニューヨーク・MSG】○馬場vsジーン・ケリー●
25日【ワシントンDC】○馬場vsグレゴリー・ジャック●
26日【ニューヘブン】○馬場vsジーン・ケリー●
26日【ブリッジポート】○馬場vsジーン・ケリー●
27日【チェサピークシティ】馬場vsアントニオ・ロッカ
29日【ワシントンDC】馬場vsミゲル・ペレス
31日【ホワイトプレーンズ】○ボボ・ブラジルvs馬場●

■**11月**
1日【モントリオール】○エディ・オーガー（ジャック・ルージョー）vs馬場●（DQ）
1日【ケベックシティ】○エドワード・カーペンティアvs馬場●（DQ）
2日【ハリソンバーグ】馬場vsビットリオ・アポロ
3日【フィラデルフィア】○ボボ・ブラジル&ミゲル・ペレスvs馬場&キラー・コワルスキー●（DQ）
5日【ケベックシティ】○エドワード・カーペンティアvs馬場●（DQ）
7日【モントリオール】○馬場vsジノ・マレラ（ゴリラ・モンスーン）●
9日【シカゴ】○キラー・コワルスキーvs馬場●
10日【ジャージーシティ】○馬場vsフランク・バロア●
12日【ニューヨーク・MSG】△馬場vsビットリオ・アポロ△
13日【ブリッジポート】△馬場vsアントニオ・ロッカ△
13日【ブリッジポート】○馬場vsアンジェロ・サボルディ●
15日【モントリオール】△馬場vsブルーノ・サンマルチノ△
15日【ワシントンDC】○馬場vsボブ・ボイヤー●
16日【ニューヘブン】△馬場vsボボ・ブラジル△
17日【ティーネック】馬場vsカール・フォン・ヘス
19日【ボルティモア】○バディ・ロジャースvs馬場●（NWA世界ヘビー）
20日【オタワ】○馬場vsフランク・バロア●
21日【モントリオール】○馬場vsオヴィラ・アセリン●
23日【ウェストハムステド】○馬場vsアーノルド・スコーラン●
24日【フィラデルフィア】馬場vsキラー・コワルスキー
24日【ロングアイランド】○ボボ・ブラジルvs馬場●（DQ）
26日【ワシントンDC】馬場vsキラー・コワルスキー
30日【バウンドブルック】馬場vsジーン・ケリー

■12月

1日【ニューアーク】○ビットリオ・アポロ&ミゲル・ペレスvs馬場&スカル・マーフィ●（DQ）
3日【ブルックリン】馬場vsアントニオ・ロッカ
7日【ニューヘブン】○馬場vsスカル・マーフィ●
8日【ホワイトプレーンズ】○馬場vsパット・ケネディ（ボビー・グラハム）●
10日【ニューヨーク・MSG】○エドワード・カーペンティアvs馬場●
11日【ブリッジポート】○馬場vsジーン・ケリー●
14日【ロングアイランド】○エドワード・カーペンティアvs馬場●
15日【ウェストヘムステッド】○エドワード・カーペンティアvs馬場●
15日【フィラデルフィア】△馬場vsエドワード・カーペンティア△
27日【ニューブリテン】○アントニオ・ロッカvs馬場●
28日【シカゴ】○ムース・ショーラックvs馬場●
29日【サンバーナーディーノ】○馬場vsレオン・キリレンコ●

■1963年1月

2日【ロサンゼルス】○馬場vsレオン・キリレンコ●
3日【ベイカーズフィールド】○馬場vsテリブル・ターク●
4日【サンディエゴ】○馬場vsテリブル・ターク●
5日【サンバーナーディーノ】○馬場vsジャック・テリー●
8日【ロングビーチ】○馬場&エンリキ・トーレスvsドン・マノキャン&ザ・プリーチャー（ミスター・アトミック）●
9日【ロサンゼルス】○馬場&エンリキ・トーレスvsドン・マノキャン&ザ・デストロイヤー（ディック・ベイヤー）●
10日【ベイカーズフィールド】○馬場vsザ・プリーチャー●
11日【サンディエゴ】○馬場vsザ・プリーチャー●
12日【サンバーナーディーノ】○馬場vsレオン・キリエンコ●
15日【ロングビーチ】○馬場vsザ・プリーチャー●
16日【ロサンゼルス】○馬場vsザ・プリーチャー●
17日【ベイカーズフィールド】○馬場vsレオン・キリエンコ●
18日【サンディエゴ】○馬場vsザ・プリーチャー●
19日【サンバーナーディーノ】○馬場vsザ・プリーチャー●
22日【ロングビーチ】○馬場&ミスター・モトvsドン・マノキャン&ザ・デストロイヤー●
23日【ロサンゼルス】○馬場vsムスタファ・パーシャ●
24日【ベイカーズフィールド】○馬場&エンリキ・トーレスvsドン・マノキャン&ボビー・デュラントン●
25日【ロサンゼルス】○馬場vsテッド・クリスティ●
26日【サンバーナーディーノ】○馬場vsアート・マハリック●
29日【ロングビーチ】○馬場&ミスター・モトvsザ・デストロイヤー&ボビー・デュラントン●
30日【ロサンゼルス】馬場vsディック・ハットン&ミスター・モト&アート・マハリック&ブロードウェイ・ビーナス（ワークアウト=公開スパーリング）
31日【ベイカーズフィールド】○ドン・マノキャン&ザ・デストロイヤーvs馬場&ミスター・モト●（カウントアウト）

■2月

2日【サンバーナーディーノ】○馬場&ディック・ハットンvsドン・マノキャン&ザ・デストロイヤー●
4日【ロサンゼルス】○馬場vsザ・デストロイヤー●（WWA世界ヘビー=1本目は反則勝ち、2本目は時間切れ）
5日【ロングビーチ】○ドン・マノキャン&ザ・デストロイヤーvs馬場&ミスター・モト●（インターナショナルTVタッグ）

6日【ロサンゼルス】○馬場vsジェリー・ベンソン●
7日【ベイカーズフィールド】○ドン・マノキャン&ザ・デストロイヤーvs馬場&ミスター・モト●（DQ）
7日【ベイカーズフィールド】○馬場vsザ・デストロイヤー●
9日【サンバーナーディーノ】○馬場&ディック・ハットンvsドン・マノキャン&ザ・デストロイヤー●（インターナショナルTVタッグ=DQ）
11日【ラスベガス】○馬場vsオックス・アンダーソン●
12日【ロングビーチ】○馬場vsオックス・アンダーソン●
13日【ロサンゼルス】○馬場vsオックス・アンダーソン●
14日【ベイカーズフィールド】○馬場&ドン・レオ・ジョナサンvsドン・マノキャン&ザ・デストロイヤー●
15日【サンディエゴ】△馬場vsディック・ハットン△
16日【サンバーナーディーノ】○ドン・マノキャン&ザ・デストロイヤーvs馬場&ディック・ハットン●（インターナショナルTVタッグ）
21日【ベイカーズフィールド】○ドン・マノキャン&ザ・デストロイヤーvs馬場&ミスター・モト●（インターナショナルTVタッグ）
22日【ロサンゼルス】○ザ・デストロイヤーvs馬場●（WWA世界ヘビー）
23日【サンバーナーディーノ】馬場&ディック・ハットン&ドン・レオ・ジョナサンvsボビー・デュラントン&ドン・マノキャン&ザ・デストロイヤー
25日【アルバカーキ】○馬場vsムース・ショーラック●
28日【ベイカーズフィールド】○馬場&エドワード・カーペンティア&ドン・レオ・ジョナサンvsザ・デストロイヤー&ドン・マノキャン&ボビー・デュラントン●

■3月

1日【サンディエゴ】○馬場vsアート・マハリック●
2日【サンバーナーディーノ】○馬場&ドン・レオ・ジョナサンvsドン・マノキャン&ザ・デストロイヤー●（DQ）
4日【ラスベガス】△馬場&ミスター・モトvsドン・マノキャン&ザ・デストロイヤー△
5日【ロングビーチ】○ドン・マノキャン&ザ・デストロイヤーvs馬場&エドワード・カーペンティア●
7日【ベイカーズフィールド】○馬場&ドン・レオ・ジョナサンvsドン・マノキャン&ザ・デストロイヤー●
8日【サンディエゴ】○馬場&アーニー・ラッドvsドン・マノキャン&ザ・デストロイヤー●
9日【サンバーナーディーノ】○ドン・マノキャン&ザ・デストロイヤーvs馬場&ドン・レオ・ジョナサン●（インターナショナルTVタッグ=DQ）
11日【アルバカーキ】○ムース・ショーラックvs馬場●（ニューメキシコ版WWA世界ヘビー）
12日【ロングビーチ】△馬場&エドワード・カーペンティアvsドン・マノキャン&ザ・デストロイヤー△
13日【ロサンゼルス】○馬場vsドン・ジャーディン●
14日【ベイカースフィールド】○ボビー・デュラントン&ザ・デストロイヤーvs馬場&ドン・レオ・ジョナサン●
15日【サンディエゴ】○ザ・デストロイヤーvs馬場●（WWA世界ヘビー）

【第二次武者修行】

■1963年10月

9日【ホノルル】バトルロイヤル（優勝：馬場、参加：カーティ

ス・イヤウケアなど）
16日【ホノルル】○馬場vsカーティス・イヤウケア●
30日【ロンドン】○馬場vsグレート・メフィスト●
31日【トロント】○馬場vsアート・トーマス●
不明【ハワイ州】馬場vsドン・ジャーディン
不明【ハワイ州】馬場&ディーン樋口vsカーティス・イヤウケア&ルー・ニューマン
不明【マウイ】馬場vsタイガー・トラピス

■11月
6日【ロンドン】○馬場vsトミー・オトール●
14日【トロント】○馬場vsトニー・パリシ●
18日【キッチナー】馬場vsユーコン・エリック
19日【ハミルトン】○馬場vsアート・トーマス●
21日【ウィンザー】○馬場vsレス・マラディ●
21日【トロント】○馬場vsユーコン・エリック●
30日【デトロイト】馬場vsイワン・カルミコフ（カーフューにより試合前に中止）

■12月
5日【トロント】○馬場vsユーコン・エリック●
12日【トロント】○馬場vsユーコン・エリック●
13日【バッファロー】○馬場vsグレート・メフィスト●
14日【デトロイト】馬場vsイワン・カルミコフ
16日【不明】○馬場vsジョニー・バレンタイン●
17日【ハミルトン】○馬場vsジョニー・バレンタイン●
18日【ロンドン】○馬場vsイリオ・デ・パウロ●
19日【ウィンザー】○馬場vsジャック・ウィルソン●
26日【トロント】○馬場vsイリオ・デ・パウロ●
28日【デトロイト】○馬場vsトニー・パリシ●

■1964年1月
1日【ハミルトン】○馬場vsジョニー・バレンタイン●
2日【ウィンザー】○馬場vsジャック・ウィルソン●
3日【バッファロー】○馬場vsロッキー・ボウレー●
9日【トロント】○馬場vsリー・ヘニング●
10日【バッファロー】○馬場vsジョニー・フォティ●
11日【シンシナティ】○馬場vsデニス・ホール●
15日【ロサンゼルス】○馬場vsフリッツ・フォン・ゲーリング●
16日【ワシントンDC】○馬場vsアーノルド・スコーラン●
16日【ワシントンDC】△馬場vsゴリラ・モンスーン△
17日【セントルイス】○馬場vsアンジェロ・ポッフォ●
18日【デトロイト】○馬場vsロード・レイトン●
21日【ハミルトン】○馬場vsイリオ・デ・パウロ●
23日【ワシントンDC】○馬場vsクリス・ジャラヴァラス&ウンベルト・メルカノ●
24日【バッファロー】○馬場vsムース・ショーラック●
25日【シンシナティ】○馬場vsジョー・ブランチャード●
25日【セントルイスTV】○馬場vsコルシカ・ジョー●
30日【ワシントンDC】馬場vsマヌエル・ソト&ロッキー・クックソン
31日【バッファロー】○馬場vsムース・ショーラック●（カウントアウト）

■2月
1日【セントルイスTV】○馬場vsジ・アラスカン●
5日【ロンドン】△馬場&フレッド・アトキンスvsジョニー・バレンタイン&ジム・ヘイディ△

6日【トロント】○ジョニー・バレンタインvs馬場●（DQ）
7日【セントルイス】△馬場vsロニー・エチソン△
8日【デトロイト】○ルー・テーズvs馬場●（NWA世界ヘビー）
12日【ロンドン】○馬場vsジョニー・バレンタイン●
13日【トロント】○ジョニー・バレンタイン&ビリー・ワトソンvs馬場&フレッド・アトキンス●
14日【バッファロー】○ハンス・シュミットvs馬場●
15日【シンシナティ】○ルー・テーズvs馬場●（NWA世界ヘビー）
17日【ニューヨーク・MSG】○ブルーノ・サンマルチノvs馬場●（WWWF世界ヘビー＝1－0のままカーフュー）
19日【ロサンゼルス】△馬場vsK・O・マーフィ（マット・マーフィ）△
20日【ベーカーズフィールド】○馬場vsプリンス・アバ●
21日【サンディエゴ】○馬場vsザ・マミー●
22日【サンバーナーディーノ】○馬場vsザ・プリーチャー●
24日【ラスベガス】○馬場vsザ・プリーチャー●
25日【ロングビーチ】○馬場vsザ・マミー●
27日【ベーカーズフィールド】△馬場vsK・O・マーフィ△
28日【ロサンゼルス】△フレッド・ブラッシーvs馬場△（WWA世界ヘビー）
29日【サンバーナーディーノ】○馬場&アーニー・ラッド&ミスター・モトvsフレッド・ブラッシー&ザ・ファビュラス・カンガルーズ●

■**3月**

2日【ラスベガス】○馬場vsザ・プリーチャー●
3日【ロングビーチ】○馬場vsドン・ダフィ●
4日【ロサンゼルス】○馬場vsドン・ダフィ●
5日【ノースハリウッド】○馬場vsザ・マミー●
6日【サンディエゴ】馬場vsドン・ダフィ
7日【サンバーナーディーノ】△ザ・ファビュラス・カンガルーズvs馬場&ミスター・モト△（WWA世界タッグ）
9日【ラスベガス】○ザ・ファビュラス・カンガルーズvs馬場&ミスター・モト●
10日【ロングビーチ】○ザ・ファビュラス・カンガルーズvs馬場&アーニー・ラッド●
11日【ロサンゼルス】△馬場&ミスター・モトvsザ・ファビュラス・カンガルーズ△
12日【ベーカーズフィールド】○馬場vsテッド・クリスティ&ブロードウェイ・ビーナス●（ハンディキャップマッチ）
13日【サンディエゴ】○馬場vsザ・プリーチャー●
14日【サンバーナーディーノ】○ザ・ファビュラス・カンガルーズvs馬場&アーニー・ラッド●（WWA世界タッグ）
17日【ロングビーチ】○馬場vsザ・プリーチャー●
19日【ベーカーズフィールド】△馬場&ザ・プリーチャーvsザ・ファビュラス・カンガルーズ△
20日【ロサンゼルス】○フレッド・ブラッシーvs馬場●（WWA世界ヘビー＝カウントアウト）
25日【ロサンゼルス】○馬場vsザ・マミー●
26日【ベーカーズフィールド】○馬場vsプリンス・アバ●
27日【サンディエゴ】○フレッド・ブラッシーvs馬場●（WWA世界ヘビー）

■**4月**

3日【ホノルル】○馬場vsハードボイルド・ハガティ●

chapter-2

キンタロウ・オオキのアメリカ武者修行

SAM HOUSTON COLISEUM

★ **Wrestling Program** ★

MORRIS P. SIGEL, Promoter　MRS. SHIRLEY CARRIGER, Assistant Promoter

No. 980 — FRIDAY, OCTOBER 2, 1964 — HOUSTON, TEXAS — PHONES CA 2-2388-89 — PRICE 20 CENTS

SIGEL'S DECISION: WINNER WILL MEET THESZ! KILLER AND KINTARO OUT AFTER THE PRIZE!

OKI KINTARO

Wrestling promoter Morris Sigel has notified both Killer Karl Kox and Oki Kintaro that their match tonight will be more than the settlement of an old argument; more than the possibility of recouping money lost on a previous winner take all match; more than a scramble behind the hurricane fence.

It will be an elimination to see which of the two top stars will get a chance at world's heavyweight champion Louis Thesz here in the very near future.

Both men look on tonight's tilt as the really big opportunity and there is little doubt that they will throw everything they have into reaching for the victory. Each man had a different reaction to the announcement.

Killer Karl Kox growled: "I don't see why an elimination is necessary at all. I actually beat Thesz twice and I scared him so bad they had to search to find the hole he was hiding in. I ought to be given that chance without even asking. I consider myself the champ and I consider that title to be mine."

Oki Kintaro was delighted: "I think it is very fair and I appreciate the chance I am getting. I will prove to the people of the United States that I can win when I go against the champion of the world. This is Japan's year with the Olympics and with Hiro Matsuda the world's junior heavyweight champion, arigata, arigata."

No matter who wins tonight the chips are down and although the title shot was not a prize when the men signed for tonight's tilt behind the hurricane fence, it is the big chance and the big incentive now!

KILLER KARL KOX

CHAMPION REACTS TO NATIONWIDE PRESSURE IN DECISION

Reluctantly Agrees To Kox or Oki!

There was no joy in Theszville when the mighty champion swung the pen that landed on the dotted line and bound him to meet the man who wins the main event here tonight. It could be said with a great deal of accuracy that there was much gloom as the champion agreed to the not too happy prospect of meeting either one of the challengers!

Thesz was angry. He was angry at all of the people around the nation who had called him and pressured him into signing.

"They all seem to think that I was ruining the wrestling game and giving the championship a bad name because I refused to meet Kox again," said Thesz, "well, I have a lot of respect for the game If I have none for Kox and I guess agreeing to meet the winner of this match I have not signed directly to meet Kox and it gives me at least a feeling of having kept my promise to myself."

It would not be foolish to suspect that Thesz will be hoping that Kox loses tonight . . . but how would he fare against a man who beat the man he couldn't beat! That's the reason a champion's brow has wrinkles!

この項では便宜上、大木金太郎のアメリカ武者修行に関して1963年9月から64年1月までを「第一次」、64年9月から65年6月までを「第二次」と分別した。その中でハイライトとなるのは第二次武者修行中、テキサス州ヒューストンでNWA世界ヘビー級王者のルー・テーズにセメントを仕掛け、返り討ちに遭った試合である。

本題に入る前に、まずは若手だった大木が日本プロレス内で格を上げていき、初渡米するまでの過程を記しておきたい。

馬場がアメリカに出たのは、61年の『第3回ワールドリーグ戦』決勝の直後である。大木が初めて外国人レスラーと対戦したのもその頃で、同年6月11日に高知県民ホールでカール・クライザーに敗れた。初来日のクライザーが後にカール・ゴッチと改名し、日本のプロレス史に多大なる足跡を残したのは、ご存知の通りである。

61年下半期に入ると、大木は遠藤幸吉、吉村道明といったセミファイナル格の選手にも当てられるようになった。当然、彼らに勝つことはできなかったが、単なる前座を脱し、徐々に中堅としての存在感が認められていく。

翌62年には『第4回ワールドリーグ戦』への参加が許され、公式戦は全敗だったものの、ルー・テーズ、フレッド・ブラッシー、ディック・ハットン、バディ・オースチンといった一流外国人レスラーと対戦して経験を積んだ。

当時の日プロは、判で押したようにメインイベントは日本側vs外国人側というカードであった。メインに出る力道山の試合はタッグマッチがほとんどで、63年に大木は2度パートナーに選ばれている。初タッグは63年1月20日、水戸市・茨城県営体育館でカードは力道山&大木vsジェス・オルテガ&トニー・マリノ。大木は3本目、決勝のフォールをマリノに奪われ、日本側が1－2で敗れた。

続いては1月27日、愛知・一宮市立体育で力道山

高速道路網がなかった力道山の時代、巡業の移動手段は鉄道に限られていた。先頭を歩くのは当然、力道山。右後方の大木は「三尺下がって師の影を踏まず」を地でいっている。

&大木&マンモス鈴木vsオルテガ&マリノ&ミスター・ブルート（クロンダイク・ビル）の6人タッグが組まれ、この試合も大木、鈴木が1本ずつ取られて敗れている。

この年の3月、馬場が第一次武者修行を終えて凱旋帰国した。大木は馬場とともに『第5回ワールドリーグ戦』に出場し、馬場は公式戦で勝ち星を上げることができたが、大木は前年と同様に全敗だった。

当時、日本人選手との対戦が組まれないのは鉄板のメインイベンター、力道山だけである。したがって、この時期も馬場vs大木というカードが組まれた。同年9月に大木が第一次武者修行に出るまでの間に行われた馬場とのシングルマッチは6回で、戦績は馬場の4勝2分である。

最後の対戦は同年8月30日、リキ・スポーツパレスで行われ、結果は30分時間切れ引き分けだった。この一戦は武者修行のため日本を発つ大木にとって国内最後の試合でもあり、ドローという結果は

「餞《はなむけ》」の意味も込められていたのであろう。
ここまで馬場vs大木のシングルマッチは計19試合行われ、馬場の9勝2敗8分に終わっている。次に馬場vs大木戦が行われたのは12年後の75年10月、全日本プロレスのリング上である。

「WWA世界タッグ王座」を獲得

63年9月、大木は米国ロサンゼルス地区に入った。プロモーターのジュリアス・ストロンボーが仕切っていた同地区はカリフォルニア州の南半分をテリトリーとし、独自の世界王座認定団体としてＷＷＡを据えていた。

前の章でも触れたように、このロス地区と日本との関係は61年に始まった。グレート東郷を仲介役に、馬場、芳の里、鈴木幸雄が現地をサーキット。翌62年、力道山とフレッド・ブラッシーの太平洋を股にかけた世界ヘビー級王座を巡る抗争で「ＷＷＡ」の名は日本に浸透した。こうした外交関係に乗っかる形で、大木のロス登場も実現する。

リングネームは、そのまま「キンタロウ・オオキ」を名乗った。同地区はアジア系住民が多いことからベビーフェース側に組み入れられ、最終的にはトップとして扱われている。

この時期の同地区のサーキットコース、主力レスラー、主要王座の変遷は以下の通りである。

月＝パサディナ
火＝ロングビーチ
水＝ロサンゼルス（ＴＶ）
木＝ベイカーズフィールド、ノースハリウッド
金＝サンディエゴ、またはロサンゼルス（ノーＴＶ、月に一度のビッグマッチ）
土＝サンバーナーディーノ

【ベビーフェース】ベアキャット・ライト、エドワー

ド・カーペンティア、レッド・バスチェン、ビリー・バルガ

【ヒール】フレッド・ブラッシー、ドン・レオ・ジョナサン、スタン・ネルソン、アート・ネルソン

［WWA世界ヘビー級王座］
ベアキャット・ライト→エドワード・カーペンティア

［USタッグ王座（ロサンゼルス版）］
ベアキャット・ライト&ミスター・モト→フレッド・ブラッシー&ドン・レオ・ジョナサン→ベアキャット・ライト&レッド・バスチェン→大木&ミスター・モト→ネルソン兄弟（アート&スタン）
※63年7月に名称をインターナショナルTVタッグ王座から変更。

大木のロス地区デビュー戦は9月9日、パサディナでのブロードウェイ・ビーナス戦だった。しかし、この一戦に勝利した後、大木には約1ヵ月あまりのブランクがある。これはコミッション・ドクターによる健康チェックに引っかかったためだ。そして、10月14日のパサディナから本格的にサーキットを始める。

その4日後、オリンピック・オーディトリアムでのビッグマッチで大木は1万4００人札止めの観衆の前に日系のミスター・モトと組んで登場し、ドン・レオ・ジョナサン&フレッド・ブラッシーに敗れた。試合順は全6試合中、セミファイナル前の第4試合である。

この日のメインイベントは「黒人初の世界ヘビー級チャンピオン」と持て囃されたベアキャット・ライトvsビリー・バルガのWWA世界戦、セミファイナルはザ・デストロイヤーvsヘラクレス・コーテッツだった。大木の「セミ前」という試合順は、メイン、

セミに上がったレスラーが大物だっただけの話。しかも、相手は単独でもメインを取れるジョナサンとブラッシーのコンビである。扱いとしては悪くない。

以後、大木&モトはメイン、セミへの登場も増えるなど順調にサーキットを続け、11月29日にはサンディエゴでジョナサン&ブラッシーに雪辱。12月10日、ロングビーチで同じベビーフェース側のライト&レッド・バスチェンが持つUSタッグ王座に挑戦し、これを奪取した。大木の師匠・力道山が東京・赤坂で暴漢に腹部を刺された2日後の出来事である。

タッグ王者としてロス地区のサーキットを続けていた大木&モトは年が明けて64年1月9日、ベーカーズフィールドでスタン&アートのネルソン兄弟に敗れ、ベルトを失う。

ベースボール・マガジン社発行の『プロレス&ボクシング』64年2月号には、大木&モトが前年12月にライト&バスチェンからベルトを奪った試合のレポートが掲載されているが、その記事では「WWA

『プロレス&ボクシング』64年2月号（ベースボール・マガジン社）に掲載された大木&ミスター・モトの「WWA世界タッグ王座」奪取の報。当時のタッグ王座の象徴はベルトではなく、トロフィーだった。

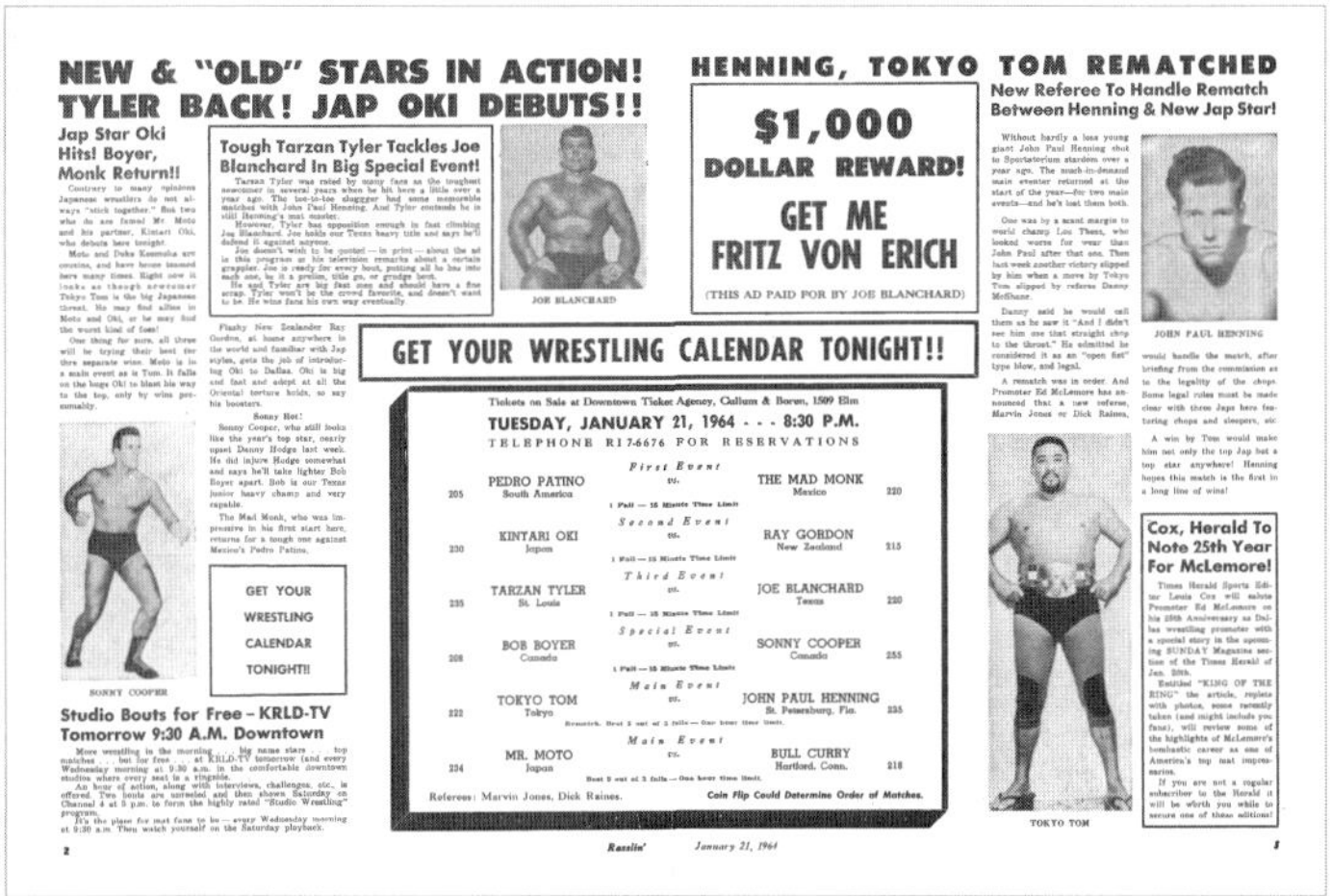

NEW & "OLD" STARS IN ACTION! TYLER BACK! JAP OKI DEBUTS!!

Jap Star Oki Hits! Boyer, Monk Return!!

Contrary to many opinions Japanese wrestlers do not always "stick together." But two who do are famed Mr. Moto and his partner, Kintari Oki, who debuts here tonight.

Moto and Duke Keomuka are cousins, and have been teamed here many times. Right now it looks as though newcomer Tokyo Tom is the big Japanese threat. He may find allies in Moto and Oki, or he may find the worst kind of foes!

One thing for sure, all three will be trying their best for thre separate wins. Moto is in a main event as is Tom. It falls on the huge Oki to blast his way to the top, only by wins presumably.

Tough Tarzan Tyler Tackles Joe Blanchard In Big Special Event!

Tarzan Tyler was rated by many fans as the toughest newcomer in several years when he hit here a little over a year ago. The toe-to-toe slugger had some memorable matches with John Paul Henning. And Tyler contends he is still Henning's mat master.

However, Tyler has opposition enough in fast climbing Joe Blanchard. Joe holds our Texas heavy title and says he'll defend it against anyone.

Joe doesn't wish to be quoted — in print — about the ad in this program or his television remarks about a certain grappler. Joe is ready for every bout, putting all he has into each one, be it a prelim, title go, or grudge bout.

He and Tyler are big fast men and should have a fine scrap. Tyler won't be the crowd favorite, and doesn't want to be. He wins fans his own way eventually.

JOE BLANCHARD

Flashy New Zealander Ray Gordon, at home anywhere in the world and familiar with Jap styles, gets the job of introducing Oki to Dallas. Oki is big and fast and adept at all the Oriental torture holds, so say his boosters.

Sonny Hot!

Sonny Cooper, who still looks like the year's top star, nearly upset Danny Hodge last week. He did injure Hodge somewhat and says he'll take lighter Bob Boyer apart. Bob is our Texas junior heavy champ and very capable.

The Mad Monk, who was impressive in his first start here, returns for a tough one against Mexico's Pedro Patino.

SONNY COOPER

GET YOUR WRESTLING CALENDAR TONIGHT!!

Studio Bouts for Free – KRLD-TV Tomorrow 9:30 A.M. Downtown

More wrestling in the morning . . . big name stars . . . top matches . . . but for free . . . at KRLD-TV tomorrow (and every Wednesday morning at 9:30 a.m. in the comfortable downtown studios where every seat is a ringside.

An hour of action, along with interviews, challenges, etc., is offered. Two bouts are unreeled and then shown Saturday on Channel 4 at 5 p.m. to form the highly rated "Studio Wrestling" program.

It's the place for mat fans to be — every Wednesday morning at 9:30 a.m. Then watch yourself on the Saturday playback.

HENNING, TOKYO TOM REMATCHED

$1,000 DOLLAR REWARD!

GET ME FRITZ VON ERICH

(THIS AD PAID FOR BY JOE BLANCHARD)

GET YOUR WRESTLING CALENDAR TONIGHT!!

Tickets on Sale at Downtown Ticket Agency, Callum & Boren, 1509 Elm

TUESDAY, JANUARY 21, 1964 - - - 8:30 P.M.

TELEPHONE RI 7-6676 FOR RESERVATIONS

		First Event		
205	PEDRO PATINO South America	vs.	THE MAD MONK Mexico	220
		1 Fall — 15 Minute Time Limit		
		Second Event		
230	KINTARI OKI Japan	vs.	RAY GORDON New Zealand	215
		1 Fall — 15 Minute Time Limit		
		Third Event		
235	TARZAN TYLER St. Louis	vs.	JOE BLANCHARD Texas	220
		1 Fall — 15 Minute Time Limit		
		Special Event		
208	BOB BOYER Canada	vs.	SONNY COOPER Canada	255
		1 Fall — 15 Minute Time Limit		
		Main Event		
222	TOKYO TOM Tokyo	vs.	JOHN PAUL HENNING St. Petersburg, Fla.	235
		Rematch. Best 2 out of 3 falls — One hour time limit.		
		Main Event		
234	MR. MOTO Japan	vs.	BULL CURRY Hartford, Conn.	218
		Best 2 out of 3 falls — One hour time limit.		

Referees: Marvin Jones, Dick Raines. Coin Flip Could Determine Order of Matches.

New Referee To Handle Rematch Between Henning & New Jap Star!

Without hardly a loss young giant John Paul Henning shot to Sportatorium stardom over a year ago. The much-in-demand main eventer returned at the start of the year—for two main events—and he's lost them both.

One was by a scant margin to world champ Lou Thesz, who looked worse for wear than John Paul after that one. Then last week another victory slipped by him when a move by Tokyo Tom slipped by referee Danny McShane.

Danny said he would call them as he saw it "And I didn't see him use that straight chop to the throat." He admitted he considered it as an "open fist" type blow, and legal.

A rematch was in order. And Promoter Ed McLemore has announced that a new referee, Marvin Jones or Dick Raines, would handle the match, after briefing from the commission as to the legality of the chops. Some legal rules must be made clear with three Japs here featuring chops and sleepers, etc.

A win by Tom would make him not only the top Jap but a top star anywhere! Henning hopes this match is the first in a long line of wins!

JOHN PAUL HENNING

TOKYO TOM

Cox, Herald To Note 25th Year For McLemore!

Times Herald Sports Editor Louis Cox will salute Promoter Ed McLemore on his 25th Anniversary as Dallas wrestling promoter with a special story in the upcoming SUNDAY Magazine section of the Times Herald of Jan. 26th.

Entitled "KING OF THE RING" the article, replete with photos, some recently taken (and might include you fans), will review some of the highlights of McLemore's bombastic career as one of America's top mat impresarios.

If you are not a regular subscriber to the Herald it will be worth you while to secure one of these editions!

2 Rasslin' January 21, 1964 3

大木の名前がカード表に入っている64年1月21日、ダラスのプログラム。ロスでは同格だったモトがメインに出ているが、知名度が全米的ではない大木は第2試合にラインナップされている。

世界タッグ王座」を獲得したとある。なぜ「USタッグ王座」の名で伝えられなかったのかは、現在のところ不明のままだ。

また、王座陥落後の64年1月20日から25日までの大木の動向にも謎がある。ロス地区、テキサス州のヒューストン地区双方の試合記録に「キンタロウ・オオキ」の名前が存在するのだ。

大木のパートナーだったモトは、同時期にヒューストン地区にいた。それを考えると、おそらく大木はモトとともに同地区に行ったのではないかと思う。おそらくヒューストン地区のサーキットが急遽決まったものの、一方でロス地区でも大木の試合は予定されていた。そのため大木に代わって誰かが試合に出たが、試合結果は大木の名前のまま伝わってしまったのではないか。

だが、確証はなく、推測の域を出ないので別掲の試合記録には双方を記載した。

なぜ大木は無断帰国したのか？

前述の『プロレス&ボクシング』64年2月号の記事には、大木のスケジュールに関して「カリフォルニアでの契約は六カ月になっており、三月からはテキサスに転戦が内定している」とある。つまり、もし1月下旬に大木がヒューストン地区にいたのなら、それは3月に予定されていたスケジュールが繰り上がったということであろう。

ここで唐突に大木の第一次アメリカ武者修行は終了し、2月16日から日本プロレスの巡業に合流する。『プロレス&ボクシング』同号には前年暮れの力道山の死後に収録したと思われる日プロの新幹部、豊登、芳の里、遠藤幸吉、吉村道明による座談会の模様が掲載されている。以下、引用する。

本誌　向こうに行っている馬場君と大木君をワールド・リーグ戦の前にもどすというのは考えないですか。

豊登　馬場はワールド・リーグ戦には参加してもらいます。大木はまだまだ……。

芳の里　大木はまだ若いですよ。行った以上、うんと苦労してきてもらって、日本のお客さんによくなったと喜んでもらった方がいい。行って、まだ一年にもならんうちに帰るんなら、行かない方がいいですよ。三年くらい行っていた方がいい。

遠藤　それはほんとうですね。

本誌　本人をのばすためには、それが一番の方法だということですね。

吉村　結局、そうです。

本誌　吉ちゃんなんかでも一年以上行っていたんじゃないの。

吉村　一年半くらいだったですかね。

芳の里　大木がどうしてもだめだったら呼びますが、日本にもいい選手が大勢いますから、せっかく行ったんだから、うんと勉強して帰ってきてもらいたい。

本誌　そうすると、二年後ということを一つのポイントとすると、二年後、三年後に馬場、大木、猪木、そこらあたりが、あなたがた四人に代わって新しい時代になるんだ、それまでおれたちはどんなことがあっても頑張るんだというようなことがいわれるわけですね。

豊登　そうです。それは自分たちが決めたことでなく、力関が決めたことは、大木は二年か三年おいておく。だけれども、馬場はワールド・リーグ戦まで、ちょっと行ってこい。そういうふうに決めてくれていたことだから、その線を守っていこうと思う。

（中略）

本誌　大木君の場合は未完成だから。

芳の里　まだ一カ所だけですからね。大木は三年くらい帰ってくるなといわれていますね。

豊登　それが本人のためであるし、大きくいえば日本プロ・レスリングのためにここで頑張ってもらわねばならぬですね。

大木が早々に武者修行を切り上げて64年2月に帰国したことは、この座談会で日プロ幹部たちが述べている考えと大きく矛盾する。

実は、これは大木の「無断帰国」だった。つまり、会社側が描いていた計画に反し、大木が勝手に日本に戻ってきてしまったのである。

しかし、大木は翌月から日プロのリングに上がった。ということは、帰国から巡業合流までの間に幹部たちが大木の背信行為を許したことになる。当時の大木は、リングに上がってチケットの売上増が見込めるレスラーではない。本来ならば、何らかのペナルティーを科せられるか、最悪の場合は除名処分も有り得たであろう。

では、なぜ大木の無軌道な行動は許されたのか。この無断帰国はこれまで力道山の急死が理由とされることもあったが、それが本当なら急逝した前年暮れに戻ってきたはずだ。

同じくアメリカ武者修行中だった馬場は、自分のスケジュールを全て消化した上で帰国している。ここから「第二次武者修行」に出発するまでの間に日プロ側と大木の間である約束が交わされるが、その件は本稿のメインテーマであるルー・テーズ戦に関連するので詳細は後述する。

第二次武者修行を開始

無断帰国から約7ヵ月後の64年9月、大木は再び渡米する。

まずは同月10日、ロスのオリンピック・オーディトリアムに現れたが、大木のカードは組まれておらず、リトル・トーキョー（猪木）&モトvsニキタ・マルコビッチ&ジ・アラスカン戦を観戦。試合後には、マルコビッチと乱闘を展開した。

しかし、大木はロス地区では試合をすることなく、ヒューストン地区に入る。

SAM HOUSTON COLISEUM

★ Wrestling Program ★

MORRIS P. SIGEL, Promoter　MRS. SHIRLEY CARRIGER, Assistant Promoter

No. 977 — Friday, September 11, 1964 — Houston, TEXAS — PHONES CA 2-2288-89 — PRICE 20 CENTS

NEXT FRIDAY — RECREATION CENTER

DOWNTOWN BUILDING WHERE EVERY SEAT IS A RINGSIDE SEAT TO OFFER A SPECTACULAR CARD WITH NEW FACES IN ACTION!

GEETING THERE IS SIMPLE:

To those of you who drive to the Downtown Recreation Center on Friday night getting there is no problem. To say it in as few words as possible, just drive right past the front door of the Coliseum. Stay to the right, just a short distance and you will see a sign indicating the direction to the Rec Center. You bear right, go over the bridge that spans the Bayou and in one short block you are there.

The Downtown Recreation Center is actually within walking distance of the Coliseum. There is parking surrounding the building. There are other ways of getting there but if you have never been to the Rec Center, try this method and once you see where you are you can select your own route.

SPECIAL BUS:

To those of you who will go to the Downtown Recreation Center by bus a special bus will leave the corner of Travis at Capitol every 14 minutes starting at 7:00 P.M. Friday. After the matches the bus will be in front of the Rec Center to take you back to the same spot so that you can connect with your regular bus.

PRICES: $1.20 — $2.20 — $3.00

ABOUT TICKET RESERVATIONS:

Ticket reservations will still be made at the Wrestling Ticket Office at 707 Texas Ave. CA 2-2727, starting on Tuesday morning of each week. Then, at 5:00 P. M. Friday night the tickets will be moved to the box office at the Recreation Center. Those who hold permanent reservations will be given comparable seats in the Rec Center but please remember that the personnell at the ticket office, or the box office, are always pleased to discuss your reservations with you and give you whatever information you desire. Permanent reservations or reservations for one night, Call CA 2-2727.

Oki Kintari!

GREAT JAP STAR TO DEBUT AT REC CENTER!
AGREES TO TOSS KOX TWICE IN 60 MNUTES!

Oki Kintari, the greatest wrestler in all Asia, will step into the main event at the Downtown Recreation Center next Friday night in a handicap match against Killer Karl Kox. Oki agrees to beat Kox 2 straight falls within a one hour time limit or forfeit the decision and his purse to the Killer from Omaha, Nebraska.

If Oki was coming here on his own and making such a rash bet it could be attributed to sheer lack of knowledge of Kox, his record, his style, his toughness and his viciousness. But Kintari has a spokesman who knows Kox well, who has met Kox in a wild brawl here and who wants nothing less than Kox's head on a pike!

That man is Duke Keomuka.

The Duke has brought Oki here for the express purpose of putting a stop to Kox's rapid rise in the ratings and he believes that his old country Oriental friend will accomplish the task in fast fashion. And there is no one who can deny that Keomuka knows a tough wrestler when he sees one!

Don't miss this sensational scrap, next Friday night at the Downtown Recreation Center.

大木のヒューストン登場1週間前のプログラム。記事にはキラー・カール・コックスの名前もある。「ジャップ」の大木売出し、コックスとの因縁作りはすでに始まっていた。

話を進める前に、この時期のヒューストン地区について補足しておこう。当時の同地区のサーキットコースには、ダラスも含まれていた。

日本のファンにとってダラスといえば、まず〝鉄の爪〟フリッツ・フォン・エリックの顔が目に浮かぶ。だが、当時エリックは他のテリトリーにいた。エリックがヒューストン地区に定着するのは翌65

年からで、ダラスとフォートワースのプロモーターも兼ねるのは66年からである。後にこのテリトリーの中心地はヒューストンからダラスに移り、通称「ダラス地区」となる。

大木が入った当時のヒューストン地区のサーキットコース、主力レスラー、主要王座の変遷は以下の通りである。

月＝フォートワース、キリーン
火＝ダラス
水＝サンアントニオ
木＝オースティン
金＝ヒューストン
土＝ボーモント

【ベビーフェース】ディック・スタインボーン、デューク・ケオムカ、トルベリーノ・ブランコ
【ヒール】キラー・カール・コックス、ロニー・ボーン、ザ・レッカー

［テキサスヘビー級王座］
ペッパー・ゴメス
※王者のまま他地区に出ており、タイトルは稼働していなかった。

［テキサス・タッグ王座］
※空位

当時、この地区を統括していたプロモーターはモーリス・P・シーゲル。この人物は問題のテーズvs大木のNWA世界戦にも深く関係してくるので、名前を憶えておいていただきたい。

ベビーフェースの中堅として、このテリトリーに入った大木は9月15日にダラスでデューク・ケオムカと組み、キラー・カール・コックス＆アーノル

ド・スティールに勝利して地区デビュー戦を白星で飾る。

「ヒューストンの惨劇」

地区入りして1ヵ月後の10月16日、大木はヒューストンで当時のNWA世界王者ルー・テーズに挑戦した。

ヒューストンのプロモーター、モーリス・P・シーゲル。コーラー派が跋扈していた時代もNWA世界王者バディ・ロジャースを呼ぶことができた大物プロモーターである。

THOMAS & MILLER vs TORRES!

Torres Brothers vs. Tough Foes!!

TORRES BROTHERS

Free Studio TV Tickets Tonight!

Comfortable KRLD-TV Studio Is Scene of Mat Bouts Weds. 9:30 a.m.

Special Show! Bigtime Entertainment
CHET ATKINS
FLOYD CRAMER
BOOTS RANDOLPH & MORE!
FT. WORTH'S WILL ROGERS AUDITORIUM
FRIDAY OCT. 2nd 7:45 & 10 P.M. SHOWS
$2.50 Advanced Tickets At Sportatorium

PRO BOXING!!
Monday September 21st at 8:30 P. M.
SPORTATORIUM

Tickets on Sale at Downtown Ticket Agency, Cullum & Boren, 1509 Elm
TUESDAY, SEPTEMBER 15, 1964 - - - 8:30 P.M.
TELEPHONE RI 7-6676 FOR RESERVATIONS

First Event
215 JERRY MILLER Minneapolis vs. ALBERTO TORRES Santa Monica, Calif. 220
1 Fall — 15 Minute Time Limit

Second Event
250 SAILOR ART THOMAS Madison, Wisc. vs. RAMON TORRES Santa Monica, Calif. 225
1 Fall — 15 Minute Time Limit

Special Event
220 TIGER TONY BORNE Pendleton, Ore. vs. DICK STEINBORN Miami, Fla. 218
1 Fall — 20 Minute Time Limit

Semi Final Event
250 KILLER COX Omaha and 220 ARNOLD STEELE W. Germany VS DUKE KEOMUKA Honolulu 219 and OKI KINTARI Japan
Tag-team match, one fall — 20-minute time limit.

Main Event
229 RAY GUNKEL Atlanta, Ga. vs. FRITZ VON ERICH Lake Dallas 260
COX Fenced Ring. Best 2 out of 3 falls — 90-minute time limits.

Referees: Marvin Jones, Paul Boesch.
Coin Flip Could Determine Order of Matches.

JAPANESE STARS vs ROUGH DUO!
BORNE & STEINBORN TO BATTLE!

Borne & Newman Still Want The Very Best & Get It! Steinborn!

OKI KINTARI　DUKE KEOMUKA

Kox And Steele To Tackle Japs!!

ONLY IN TEXAS!
By Leo The Lion

2　Rasslin'　September 15, 1964　3

64年9月、大木のヒューストン地区デビュー戦（ダラス）のプログラム。この時代の全米他地区と比べてもかなり良いメンバーが揃う中、大木はセミファイナルに登場した。

この一戦は大木がセメントを仕掛け、それにテーズが対応したことで有名な試合である。試合の模様は現地の専門誌『レスリング・レビュー』や東京スポーツにも掲載され、それを元に高森朝雄（梶原一騎）・原作の漫画『ジャイアント台風』でも取り上げられた。

当時のプロレス少年がマニアに成長していく上で、この「ヒューストンの惨劇」は必修科目であった。まずは『激録 馬場と猪木』（原康史・著、東京スポーツ新聞社）から、試合経過を引用する。

〝オレはアメリカで実績を残して2年後に力道山を襲名する〟という大木の野望と闘魂がリングで爆発した。セコンドのデューク・ケオムカが「冷静にいけ、勝つと思うな。グッドファイトを」と注意したが、はやる大木の闘魂にブレーキをかけることはできなかった。

激しい投げ技、グラウンドでの足技の応酬からテーズのパンチ攻撃で、一気に試合はラフに展開する。大木が空手チョップの乱打。10分過ぎには、ついにヘッドバットを爆発させた。頭を抱えてダウンするテーズ。

「カマン、テーズ」大木はテーズを引きずり起こして狂ったように〝原爆頭突き〟の乱打。6発、7発。ダウンしては起き上がるテーズの表情に怒気が走る。ヘッドロックでぐいっと締めあげた大木の頭を、左腕で抱えて右の拳でガツーンと顔面を一撃。恐るべき一発、大木の顔面が切れてバーッと血が飛んだ。鼻骨が折れたのか？ 物凄い血がほとばしる。

超満員の大観衆が恐怖に戦慄する。寂として声なし。テーズは大木の顔面に2発、3発とパンチを叩きこんでどさっと放り出す。大木は血だるまで立ち上がった。フラフラとテーズに接近、血しぶきをあげてヘッドバット。だがもう威力はない。

テーズはフラフラの大木を抱え上げると、ガーンとバックドロップで叩きつけた。血の海。大の字に伸びて動かない大木。気絶したのだ。なぜかテーズはフォールに行かない。レフェリーもカウントしない。

リングサイドからセコンドのデューク・ケオムカが駆け上がってレフェリー、マービン・ジョーンズにレフェリーストップを要請する。テーズが大木を引きずりおこして〝もう一発〟という気迫を見せたからだ。

18分40秒、レフェリーストップ。大木の打倒テーズの野望は凄惨な〝血海地獄〟で粉砕された。リングからタンカで運び出され救急車で病院に直行した大木の顔面は、24針も縫う重傷だった。恐るべき〝鉄人〟テーズ。大木はそれを骨の髄まで知らされた。

当時の東京スポーツの報道によると、試合は60分3本勝負。であれば、引用した試合経過は1本目で、2本目は大木の試合放棄ということになる。

この一戦で大木の頭突きに怒ったテーズは顔面にパンチの雨あられを振らせて相手をノックアウトし、敗れた大木は大怪我を負ったが、なぜこのような展開になったのか。

ここからは「ヒューストンの惨劇」について、様々な角度から私なりに分析してみたい。

まずは1本目の「18分40秒」という試合時間である。普通、一線を超えたと言われる試合は膠着して時間がイタズラに長くなるか、「秒殺」と呼ばれるような短時間で終わる場合が多い。引用文の試合経過を見ると、最初の10分は「普通の試合」だったように読み取れる。

後にテーズは、こう証言している。

「リングに上がってくる大木に殺気を感じたので、すべきことをしたまでだよ」

つまり、テーズ自身は開始前から「普通の試合」にならない可能性を感じていたのだ。

開始のゴングから10分後に頭突きを繰り出すまで、

大木は戦いながら「行くべきか、とどまるべきか」と逡巡していたのではないかと思う。

大木の「力道山」襲名計画

では、なぜ大木は10分過ぎに一線を超えたのか。

引用文の最初にあるように、「アメリカで実績を残して2年後に力道山を襲名する」という大木の野望が、この事件の原因とされてきた。ここで大木の力道山襲名問題について詳しく説明しておこう。

大木が第二次武者修行に発つ直前の64年8月31日、日本プロレスの役員会が行われた。この日は『日本プロレスリング興業株式会社』の役員である豊登、芳の里、遠藤、吉村、馬場の5名に加え、『日本プロレスリング協会』の会長・児玉誉士夫、監査役・町井久之、さらに力道山未亡人の百田敬子さんが出席していた。

本書でもそうだが、一般に「日本プロレス」は日本プロレスリング興業株式会社を指す。だが、タイトルマッチなどの管理は別組織『日本プロレスリング協会』の名で行い、権威付けのため、その上部にコミッショナーを置いていた（原則として自民党副総裁）。

この段階で、馬場はすでに日プロの役員になっている。馬場は武者修行時代、北米の大都市にドルの雨を降らせた「初代レインメーカー」であり、ニューヨークなど美味しい受け入れ先はいくらでもあった。この役員昇格は、日プロ幹部がそんな馬場を日本に引き止めておくための方策でもあった。

この日の役員会で協会側の児玉と町井は日プロの役員たちに対し、大木に「力道山」を襲名させることを要求する。大木より1年後輩の馬場が取締役になっていることも、「えこひいき」として交渉の材料にされた。

米国ＣＩＡのエージェントとも言われ、後年にロッキード事件で大きく名前が出た児玉は、60年代初期に15万人以上の会員がいたとされる日本最大の右翼団体『全日本愛国者団体会議』の指導者の一人。右翼や任侠団体との「人脈」、表・裏社会の様々な資金源から得る「金脈」によって政財界の黒幕にのし上がった人物としても有名だ。

児玉は、後に合同結婚式で話題となる統一教会と関連の強い『国際勝共連合』設立に力添えした反共産主義者であった。60年の日米安全保障条約改正に対する日本国内の反対運動拡大を暴力団や右翼を使って阻む世話役としても行動し、時の政権与党であった自民党に大きな貸しを作ったとされている。

一方の町井久之こと本名・鄭建永（チョン・ゴニョン）は後に民団（在日本大韓民国民団）の要職にも就いた在日韓国人で、当時は東声会の会長だった。この東声会は、そもそも『在日朝鮮人連盟』（朝鮮総連の前身）の勢力拡大を阻止する目的で結成された反共産主義の思想団体である。

この日の役員会には出席しなかったが、町井とともに協会副会長に就いていたのが山口組3代目組長の田岡一雄である。

児玉は62年頃から日本を共産主義から守る手段として全国の博徒による強固な組織『東亜同友会』の結成を試みた。このプランは実現しなかったものの、その準備過程で関東と関西の任侠団体の手打ちを進め、山口組組長・田岡と東声会会長・町井の「兄弟盃」を実現させる。

本稿のメインテーマと逸れるのでこれ以上の詳細は省くが、こうして日本の右翼勢力、裏社会、在日韓国人などが「反共」をキーワードにつながりを深めていき、政財界を裏からバックアップしていた当時の時代背景を頭に入れて読み進めていただきたい。

この3人はいずれも力道山が生前に懇意にしていた「実力者」で、当時のプロレス興行はそういった人脈の協力なしには成り立たなかったのは周知の通りだ。日プロの社長・豊登は、「世界、もしくはそれに準ずる王座奪取のあかつきには」と付帯条件を付け、児玉らの要求をしぶしぶ認める。

後になって、豊登は「半強制的に約束させられた」と証言。この付帯条件は3年後の67年、大木が韓国のソウルでマーク・ルーインを破り、WWA世界ヘビー級王座を奪取したことで達成された。

しかし、当時の日プロ社長・芳の里は「前の社長が勝手に決めたこと」と約束を反故にする。警察が暴力団壊滅に乗り出した64年からの「第一次頂上作戦」の影響で、すでに児玉らも65年に日プロから身を引いていたため、大木が力道山を襲名する計画は幻となった――。

こうした経緯を見ると、「力道山を襲名したかった大木が〝世界、もしくはそれに準ずる王座奪取〟を急いだ結果、テーズとのタイトルマッチで一線を超えてしまった」という論理は成り立つ。

しかし、大木がテーズと対戦するのは、この時が初めてではない。遡ること2年半前、62年春の『第4回ワールドリーグ戦』公式戦で大木はテーズに敗れている。つまり、大木は肌を合わせてテーズの何たるかを知っていたはずだ。

であれば、ヒューストンでテーズに行った行為がいかに危険か理解していたはずである。キャリア5年の大木が業界の掟を、そしてテーズのシューターとしての実力を知らなかったわけはない。

では、なぜ無謀にもテーズにセメントを仕掛けたのか。その理由が「力道山襲名を焦った」というだけでは、弱いような気もする。

なぜヒューストンだったのか?

そもそも、なぜ大木はヒューストンでテーズに挑戦できたのか。つい前年まで日プロの中堅レスラーだった大木が自力でNWA世界王座挑戦を組むことは不可能である。

前述のように大木がヒューストン地区に入ってからテーズ戦まで、たった1ヵ月しかない。地区デビューからNWA世界王座挑戦に至るまでの期間としては、当時のアメリカマット界の基準に照らし合わせると明らかに短すぎる。

普通であれば、それなりに実績を重ね、観客の大木への関心や期待が高まったタイミングで王者テーズに挑戦させるはずだ。この短さの中に、何かあるのではないか。そう思って、試合記録を細かく追ってみた。

ヒューストン地区はテキサス州内のヒューストン、ダラス、フォートワース、サンアントニオなどをエリアとしたテリトリーである。先ほど名前を挙げたモーリス・P・シーゲルが同地区を統括していたボスなのだが、彼が直接プロモートしていたのは惨劇の舞台となったヒューストンとサンアントニオだった。ダラスとフォートワースのプロモーターはエド・マクレモアという人物で、彼はシーゲルからレスラーを回してもらっていた。

つまり、テーズvs大木戦を組んだのはヒューストンの興行を仕切るシーゲルということとなる。

そこで地区入り以降、ヒューストンという都市限定で大木の戦績を追ってみたい。ちなみに、当時の地区のトップはキラー・カール・コックスとディック・スタインボーンである。

大木のヒューストンでの初戦は9月18日でコックスに敗れ、2週間後の10月2日にフェンスマッチで雪辱している。

このコックスとの金網戦は、次の週にヒューストンに来る予定だったNWA世界王者テーズへの挑戦者決定戦も兼ねていた。しかし、テーズのスケジュール変更でタイトルマッチは延期され、惨劇が起きた10月16日を迎える。

「NWA世界王者は、そのテリトリーのトップレスラーの挑戦を受ける」

これが当時の常識である。試合記録を見る限り、大木は「ヒューストン地区のトップ」ではなく、「ヒューストンという都市限定のトップ」であった。

実際にエド・マクレモアがプロモートするダラスでは、大木はコックスに敗れたまま雪辱の機会を与えられていない。

ここで、王者テーズのサーキットを重ね合わせてみよう。同地区に入ったテーズは10月13日にダラスでコックス、14日にサンアントニオでウイルバー・スナイダー、15日にオースチンでスタインボーンを退け、16日にヒューストンで大木の挑戦を受ける。

この中でスナイダーはスポット参戦だが、全米レベルの知名度を誇っていたのでテーズに挑戦しても不思議ではない。

尚、17日、18日はカードが不明で、興行自体がなかったのかもしれない。そして19日、テーズはフォートワースで再びスタインボーンの挑戦を退けて同地区を去った。

続いて「ヒューストン限定」でテーズの試合記録を見ると、この64年は7月と9月にここでコックスの挑戦を受けている。さすがに、10月もまた相手がコックスではファンに飽きられるだろう。

だが、挑戦者は大木ではなく、同地区のもう一人のトップであるスタインボーンでも良さそうだ。事実、スタインボーンは9月にヒューストン地区に入って以来、ここまで1試合を引き分けた以外に黒星なしの存在だった。

しかし、プロモーターのシーゲルは大木を挑戦者

SAM HOUSTON COLISEUM

★ Wrestling Program ★

MORRIS P. SIGEL, Promoter　MRS. SHIRLEY CARRIGER, Assistant Promoter

No. 981 — FRIDAY, OCTOBER 9, 1964 — HOUSTON, TEXAS — PHONES CA 2-2388-89 — PRICE 20 CENTS

Big International Battle

ALL ASIA CHAMPION VS WORLD'S CHAMPION

— HERE NEXT FRIDAY NIGHT! —

World's heavyweight champion Louis Thesz, who has had a lot of tough matches and rugged opponents during the times he has held the world's heavyweight title, faces a man with a tremendous International reputation and ability that has been proven in the toughest kind of competition when he faces Oki Kintaro here next Friday night.

Not only has the match been sanctioned by the State of Texas and the NWA but the governing board of the All Asia tournament headquartered in Tokyo has granted their seal of approval.

It is truly an International match of spectacular proportions and should test both men to the limit as it gives fans a look at a battle that would have filled any stadium in the Orient and which was sought after by every major city in this country.

Kintaro earned the right to meet Thesz the hard way, by handing Killer Karl Kox the only defeat, other than a disqualification, that he has suffered since coming to Texas. Kintaro survived the hold that put the champion on a stretcher when he wrestled Kox and he came through with the sensational maneuver that won the third fall last week.

And Thesz could not claim that in a pair of matches with Kox.

Kox was after a return match and while Thesz avoided him he may have backed into a buzz saw and Kintaro could prove to be just that. It looks like a great International struggle here next Friday night.

LOU THESZ
WORLD'S CHAMPION

LOUIS THESZ with MOOLAH, the world's girl's champion who will defend her belt and her title here next Friday night against one of the brightest girl stars to come along in years, Bette Boucher. That makes two world's title at stake on next Friday night's card and it should be an action packed bill long to be remembered.

TICKET SALES START MONDAY

707 TEXAS AVE — CA 2-2727

PRICES: $1.50 — $2.50 — $3.00 — $4.00

TWO WORLD'S TITLES AT STAKE

THE BOUT TOKYO WANTED . . .
AND HOUSTON GETS!

OKI KINTARO
ALL ASIA CHAMPION

DUKE KEOMUKA, who has guided Kintaro on his Texas tour, is delighted over the signing of next week's world's title match. "This is Japan's year with Matsuda as junior heavyweight champion, the Olympics in Tokyo and now this match. This will prove the superiority of Oriental wrestlers beyond the shadow of a doubt. Kintaro will win."

ルー・テーズvs大木戦の決定を伝えるヒューストンのプログラム。大木は「オール・アジア王者」として紹介されている。左下は、テーズと“世界女子王者”ファビュラス・ムーラの２ショット。

に選んだ。それには理由がある。背後で大木を手助けした人間がいたのだ。

グレート東郷による裏工作

その名はグレート東郷。これは東郷自身、そして対戦相手だったテーズの証言でも明らかにされている。

東郷はシーゲルに裏工作を行い、大木の「早期挑戦」を実現させた。その工作とはマッチメークもだが、テーズvs大木の一戦が観客動員につながらず興行収入が上がらなかった場合の損失補填、つまり金銭的な保証も含まれていたのではないか。

プロモーターであるシーゲルの立場に立ってみよう。

私が推測する通り、東郷から彼に対して損失補填の保証が行われていたとすれば、もし観客動員が振るわなくても収益的には満員と同じ金額を手にできる。こんなに美味しい話をダラスとフォートワースを仕切るエド・マクレモアに回すはずがない。

東郷は力道山の死から1週間も経たないうちに、日プロから外国人レスラー招聘窓口の役割を奪われ、絶縁された。理由は、レスラーをブッキングする際に莫大な手数料を取るからである。日プロ側は本人が「力道山に貸している」と主張する借用書のない5万ドルを払うことで、東郷を切った。文字通り、手切れ金である。

そして、新たな外国人招聘窓口をミスター・モトに変更した。前述の通り、この時のモトはロス地区における大木のタッグパートナーでもあった。

そんな東郷が大木のテーズ挑戦工作を無償で行うはずがない。この時、東郷は大木の手から莫大な額の金を受け取っていた。これはテーズも証言しており、間違いない。おそらく、そこにはシーゲルへの工作料に加え、自分の手数料も上乗せされていたと思われる。

では、その金の出所はどこなのか。当然、日プロではないだろう。当時の日プロは馬場の売り出しに躍起であり、嫌っている東郷に渡る金を用意するはずはない。

ということは、大木自身の資産から捻出されたのか。おそらく、これも違うはずだ。この謎解きは、後ほど行う。

ここでは、東郷の役割を明確にしておきたい。惨劇の背景には「力道山襲名」という名のニンジンがあっただけでなく、「東郷が大木をそそのかしたのではないか?」と私は推測したことがあった。

しかし、ビジネスとして考えれば、テーズvs大木というカードを何度も組むことで東郷は多額の手数料を得ることができる。つまり、このカードを一回きりで終らせない方が東郷にとっては有益なのだ。

したがって、東郷の役割は大木がテーズに挑戦できるように裏で工作しただけにとどまる。では、「ヒューストンの惨劇」の黒幕は誰なのか。

大木が「力道山」を襲名するリスク

大木がテーズにセメントを仕掛けた理由が「力道山襲名」にあったとしよう。だが、この計画はそもそも無理があった。しかし、それを承知で推し進めた。これが事を大きくしたのではないか。

言うまでもなく、力道山は戦後日本における最大のヒーローである。大木の襲名プランが出た64年当時、日本は東京オリンピックを迎えようとしていた。

この時の五輪招致は、第二次世界大戦の敗戦で惨憺たる状況になった日本の復興を世界に見せつける試みでもあった。〝夢の超特急〟新幹線の開業も五輪開催に間に合わせ、高速道路網も急速に整備。日本がここまで復興する過程で、貧しかった日本人を元気づけたのが力道山であった。

当時、関係者や親しい友人以外に力道山の出自が朝鮮半島にあることを知っていた日本人は、それほどいなかったと思われる。多くの人間が大相撲時代から通していた長崎県出身だと思い込んでいたはずだ。

日本で「天皇の次に有名」と言われた力道山の名前を、韓国人であることを公言していた大木が継承する――。これが実際に行われていたら、観客が会場に足を運ばなくなっていた可能性がある。つまり、大木の力道山襲名は「プロレス人気の低迷」という大きなリスクを伴っているのだ。

今から約50年以上前の日本には「韓流」などという言葉はなく、韓国に対する差別意識も現在の比ではなかった。大木が力道山を襲名していたら、日本国内で反韓感情が渦巻き、大袈裟な話ではなく近い将来に予定されていた日韓国交正常化の妨げになっていた可能性もある。

しかし、なぜそんな無理なプランが推し進められたのであろうか。前記のリスクは承知の上だったであろう。しかし、そんなリスクを冒してまでも大木の「力道山襲名」を推し進めたい勢力が存在した。

逆に言えば、だからこそこのプランが生れ、その勢力が大木のＮＷＡ世界王座挑戦を切望し、東郷を金の力で動かした。

そして、結果的にテーズにセメントを仕掛けるという無謀な行為に走らなければならないほど大木自身を追い込んだ。

朴大統領 射殺される

韓国全土に非常戒厳令

きのうＫＣＩＡ夕食会で

金部長が短銃乱射

車警護室長ら五人も死ぬ

18年の「朴体制」に

日韓友好

強引な独裁者として知られる朴正熙（パク・チョンヒ）の大韓民国大統領在任期間は63～79年。写真は暗殺されたことを報じる79年10月27日付の毎日新聞夕刊の１面記事。

では、その勢力とは何なのか。当然、大木が力道山を襲名することが自分たちのメリットとなる勢力である。

私は当時の韓国の大統領・朴正煕と睨んでいる。以後、彼の周辺にいたであろう人物も含め、その勢力を「朴側」として話を進めよう。

韓国の国家的プロジェクト

朴正煕は、韓国の第18代大統領・朴槿恵（パク・クネ）の父親にあたる。

韓国が日本に併合されていた17年に生まれ、42年に満州国軍軍官予科を卒業。その後、日本陸軍士官学校に入学し、45年8月の第二次世界大戦終了時には「高木正雄」という日本名で満州国中尉であった。

朴は韓国陸軍少将だった61年、「反共・親米」を旗印とした『5・16軍事クーデター』を起こし、国家再建最高会議議長に就任した。翌年に大統領権限代行の地位に就き、63年になって正式に大統領の座に就く。「ヒューストンの惨劇」が起きた翌年に日本との国交を回復し、日韓基本条約を締結したことでも知られる。

ここで改めて、大木が初めてアメリカ武者修行に出て以降の「プロレス界の常識では有り得ない動き」をさらってみたい。

まずは64年1月に大木がアメリカでのスケジュールに穴を開け、無断帰国したこと。これは現地のプロモーター、自身が所属する日プロ双方に対する二重の背信行為である。

しかしながら、日プロ幹部は大木を受け入れ、翌月からリングに上げたこと。まだ若手の中堅である大木の格を考えれば、この処置はあまりにも寛容すぎる。

8月末、日本プロレスリング協会の児玉、町井から大木の「力道山襲名」を要求され、不本意ながら日プロ側が条件付きで認めたこと。これも先ほど述べたように、実現していたらプロレス人気の低迷を引き起こしていた可能性が高い。

9月に大木がヒューストン地区に入り、たった1ヵ月の「インスタントプッシュ」でテーズの持つNWA世界王座に挑戦したこと。これも何度も述べたように、常軌を逸した早さだ。

その一戦で大木がセメントを仕掛けたこと。これが業界の掟破りであることは言うまでもなく、大木自身がそれを知らなかったということは考えられない。

この「点」の集まりに、大木が自伝『伝説のパッチギ王』（講談社）でさりげなく触れている事柄を加えると、一連の出来事が「線」になって見えてくる。以下、自伝の文庫版からそのまま引用する。

1964年6月中旬のことだった。彼は自分を韓国中央情報部（KCIA）の要員だと名乗った。

彼はいきなり「韓国に来ることはできませんか？」と祖国訪問の話題を切り出した。

彼は「韓国でもあなたは大変有名です。閣下（朴正熙大統領）も日本での活躍のようすをよくご存知です。韓国でプロレス試合を見せてほしいのです」と申し入れてきた。

（中略）私は1週間後に韓国を訪問した。当時の韓国は、政治・社会的にとても不安定で騒々しかった。最も大きな争点は日韓関係だった。前年の1963年10月、朴正熙氏が大統領選挙に当選すると、韓国と日本のあいだでは国交正常化問題が急速に議題にあがっていた。日韓国交正常化が実現すれば私にもうれしい出来事だった。

ここで重要なのは、韓国政府の情報機関であるKCIAが大木に接触した64年6月という時期である。一連の流れに64年6月下旬の大木の祖国訪問を加え、私の推測も加えて「点」を「線」にしてみる。

以下のように推論を進めれば、当時のプロレス界の常識では有り得ない大木周辺の動きの辻褄が合う。

　同年2月、大木は無断で帰国した。おそらく、これ以前に朴側は何らかの形でアメリカにいる大木に接触していたのではないか。その後、大木にリスクある行動を取らせたのは、すでに朴側が「身分保障」をしていたからであろう。

　当然、大木の無断帰国は日プロ幹部たちの怒りを買った。しかし、大木の背後にいた児玉、町井の取り成しで、それは不問とされた。両者はかつて力道山の後ろ盾でもあったので、日プロ幹部たちも「NO」とは言えない。そして、この時期から大木の韓国訪問の準備が始まったのではないか。

　ここで朴側と児玉がなぜ繋がっているかを説明しておく必要がある。61年11月、日韓国交正常化に向けての地ならしとして朴正熙は国家再建最高会議議長として来日し、この前後にも多くの韓国政府高官が日本を訪れている。

　この時、自民党副総裁で日本プロレスリング・コミッショナーでもあった大野判睦ら日本の政界の大物と会えるように、韓国側高官をサポートしたのが児玉であった。この頃、児玉自身もしばしば訪韓し、朴の側近らと会っている。児玉と朴側の共通項が「反共産主義」であることは改めて説明するまでもない。

　64年6月下旬、大木は韓国を訪れ、朴側からの支援を正式に取り付けた。その一例として、後にソウル青瓦台（大統領官邸）の裏にあった朴大統領の剣道練習場がプロレスの「キム・イル道場」に転用されたことを挙げておく。

　さらに大木はアメリカに再度武者修行に行き、そこで韓国に招聘できる現地のレスラーとコネクションを作るように要請された。そして、もし可能ならば「世界チャンピオン」として韓国で凱旋興行を打つことも提案された。

　遅くともこのあたりから、大木はグレート東郷と連絡を取り始めたと思われる。業界での経験が長い

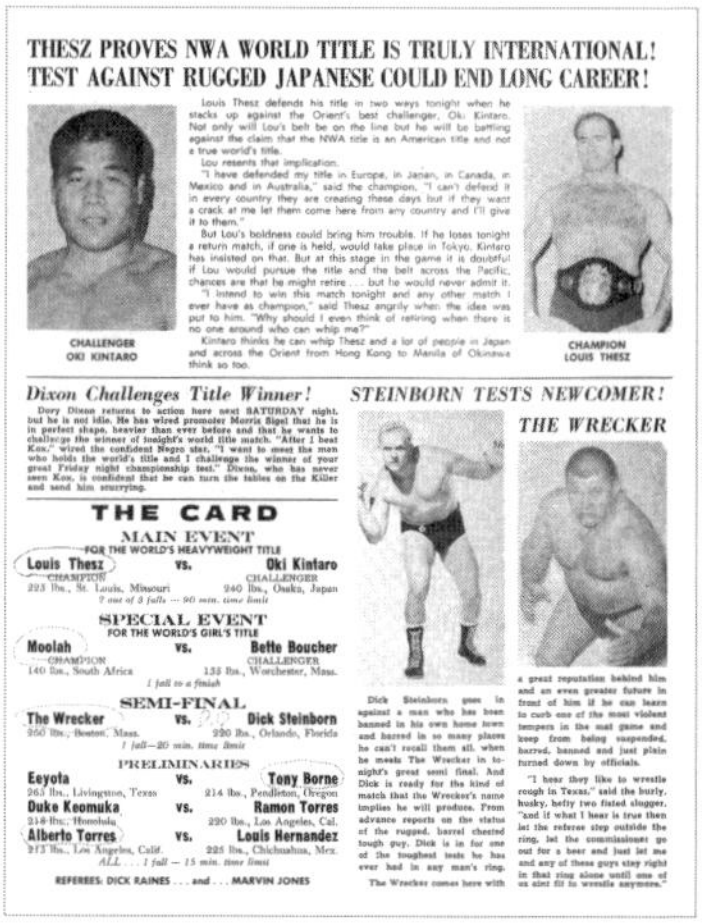

THESZ PROVES NWA WORLD TITLE IS TRULY INTERNATIONAL! TEST AGAINST RUGGED JAPANESE COULD END LONG CAREER!

Louis Thesz defends his title in two ways tonight when he stacks up against the Orient's best challenger, Oki Kintaro. Not only will Lou's belt be on the line but he will be battling against the claim that the NWA title is an American title and not a true world's title.

Lou resents that implication.

"I have defended my title in Europe, in Japan, in Canada, in Mexico and in Australia," said the champion. "I can't defend it in every country they are creating these days but if they want a crack at me let them come here from any country and I'll give it to them."

But Lou's boldness could bring him trouble. If he loses tonight a return match, if one is held, would take place in Tokyo. Kintaro has insisted on that. But at this stage in the game it is doubtful if Lou would pursue the title and the belt across the Pacific, chances are that he might retire . . . but he would never admit it.

"I intend to win this match tonight and any other match I ever have as champion," said Thesz angrily when the idea was put to him. "Why should I even think of retiring when there is no one around who can whip me?"

Kintaro thinks he can whip Thesz and a lot of people in Japan and across the Orient from Hong Kong to Manila of Okinawa think so too.

CHALLENGER OKI KINTARO

CHAMPION LOUIS THESZ

Dixon Challenges Title Winner!

Dory Dixon returns to action here next SATURDAY night, but he is not idle. He has wired promoter Morris Sigel that he is in perfect shape, heavier than ever before and that he wants to challenge the winner of tonight's world title match. "After I beat Kox," wired the confident Negro star, "I want to meet the man who holds the world's title and I challenge the winner of your great Friday night championship test." Dixon, who has never seen Kox, is confident that he can turn the tables on the Killer and send him scurrying.

THE CARD

MAIN EVENT
FOR THE WORLD'S HEAVYWEIGHT TITLE

Louis Thesz CHAMPION 223 lbs., St. Louis, Missouri	vs.	**Oki Kintaro** CHALLENGER 240 lbs., Osaka, Japan

2 out of 3 falls — 90 min. time limit

SPECIAL EVENT
FOR THE WORLD'S GIRL'S TITLE

Moolah CHAMPION 140 lbs., South Africa	vs.	**Bette Boucher** CHALLENGER 135 lbs., Worchester, Mass.

1 fall to a finish

SEMI-FINAL

The Wrecker 260 lbs., Boston, Mass.	vs.	**Dick Steinborn** 220 lbs., Orlando, Florida

1 fall—20 min. time limit

PRELIMINARIES

Eeyota 265 lbs., Livingston, Texas	vs.	**Tony Borne** 214 lbs., Pendleton, Oregon
Duke Keomuka 218 lbs., Honolulu	vs.	**Ramon Torres** 220 lbs., Los Angeles, Cal.
Alberto Torres 213 lbs., Los Angeles, Calif.	vs.	**Louis Hernandez** 225 lbs., Chichuahua, Mex.

ALL . . . 1 fall — 15 min. time limit

REFEREES: DICK RAINES . . . and . . . MARVIN JONES

STEINBORN TESTS NEWCOMER!

THE WRECKER

Dick Steinborn goes in against a man who has been banned in his own home town and barred in so many places he can't recall them all, when he meets The Wrecker in tonight's great semi final. And Dick is ready for the kind of match that the Wrecker's name implies he will produce. From advance reports on the status of the rugged, barrel chested tough guy, Dick is in for one of the toughest tests he has ever had in any man's ring.

The Wrecker comes here with a great reputation behind him and an even greater future in front of him if he can learn to curb one of the most violent tempers in the mat game and keep from being suspended, barred, banned and just plain turned down by officials.

"I hear they like to wrestle rough in Texas," said the burly, husky, hefty two fisted slugger, "and if what I hear is true then let the referee step outside the ring, let the commissioner go out for a beer and just let me and any of these guys stay right in that ring alone until one of us aint fit to wrestle anymore."

テーズvs大木戦のプログラム。現地での発表は「90分1本勝負」で、大木の出身地は「大阪」になっている。当日はムーラの世界女子王座防衛戦も行われた。

東郷は「金銭」というガソリンを注入すれば、よく走る車であった。シーゲルに対する工作資金は、朴側から大木の手を経て東郷に渡されたのであろう。

さらにもう一点、朴側が児玉に対しても「それ相応のメリット」を与えた上で、大木が力道山を襲名できるように工作を依頼した。これが8月末の日プロ役員会である。この会合が開催された時期も偶然ではなく、大木の再渡米に間に合わせるように行われたものだと思われる。

そして9月半ば、大木はヒューストン地区に入り、東郷の工作によって1ヵ月の短期間でテーズの持つNWA世界王座への挑戦が実現した。

これが「無断帰国」と「テーズ戦」を結ぶ1本の線である。しかし、この程度ではまだ惨劇発生の理由を説明できない。

朴正熙大統領の真意とは？

先ほどの線（ストーリー）に、「朴大統領」という名の補助線を引く。以下も私の推測が含まれることを予めご了承願いたい。それら2本の線によってできる「面」の上に、惨劇の真実がおぼろげながら見えてくるような気がするのだ。

韓国のプロレスは60年に誕生し、張永哲（チャン・ヨンチョル）、千圭徳（チョン・ギュドク）の

2大エースを中心にフリーランスの日本人レスラーや駐留米軍のアルバイト白人レスラーがリングに上がっていた。

張が中心となって設立した大韓プロレス協会は、朴正熙による軍事クーデター後に日本で言う財団法人化されるなど政府の厚い保護を受けており、こうしたプロレスに対する支援は79年10月に朴大統領が暗殺されるまで続く。

しかし、この時点で朴側にとって韓国マット界の現状は満足できるものではなかったのであろう。日本から聞こえてくる盛況振りとは、月とスッポンのように映っていたはずだ。そこで大統領代行だったプロレス好きの朴正熙は動いた。

「力道山に、韓国で試合をさせられないものか」

北朝鮮出身の力道山を自分のフレーム内に入れられれば、南北統一を文化面から推進することにつながり、政治的な人気を得る上で究極の切り札にもなりうる。

また、朴側は以前からこうも考えたはずだ。

「日本のプロレスの熱狂を直輸入することで、国民の愛国心を増強することもできようし、軍の戦意を高揚させることもできるだろう」

すでに朝鮮戦争は53年に休戦状態となったものの、北朝鮮の存在は常に脅威であった。

当時の世界情勢はアメリカを中心とする資本主義諸国とソ連を中心とする社会主義諸国が対立する「冷戦」の中にあり、朝鮮半島は世界的に見てもその冷戦の最前線の一つである。

日本海を挟んで隣国になる日本もアメリカから見れば、「東アジアの共産主義化を防ぐ防波堤」と位置づけられていた。

実際に朴正熙が韓国を支配していた時代、軍人向けの慰問プロレス興行が何度も開催されている。しかし、慰問をするにも「しょっぱいレスラー」では逆効果だ。韓国のプロレス界を背負って立つに相応しいレスラーはいないものか――。

63年1月8日、力道山が秘密裏に韓国に訪問する。しかし、日本人として日本で国民的ヒーローとなっている力道山に韓国で試合をさせることは、当時は無理な相談であった。

話が少し横道に逸れてしまうが、朴大統領が大木を支援していく流れをよりクリアに見通すために、力道山の韓国訪問についても記しておこう。

この訪韓は正式には韓国の教育相イル・ギョンパクからの招待だったが、自民党筋の非公式の特使としての役割もあった。

第二次世界大戦が終わったのが45年。ここで日本による朝鮮半島統治が終わり、半島は南北に分裂した。

朝鮮戦争が休戦したのが53年。しかし、南北分断は維持される。日本にとって新たな半島の国家との交わり、それはまずは同じ資本主義国である韓国との国交回復ということになる。

政界では、水面下で交渉の日々。その過程で、様々な外交ラインも生まれた。おそらく時の自民党副総裁で日本プロレスリング・コミッショナーの大野伴睦を通して、力道山に複数の筋から親書が託されるくらいのことはあったであろう。

しかし、力道山は伝書鳩ではない。韓国を訪問するにあたって、自身の目的があったはずだ。

軍事境界線が引かれている板門店は北朝鮮と韓国の国境であり、南北の政治交渉はここで行われることが多い。韓国での短い滞在期間、力道山はその板門店に赴いた。

板門店から故郷・北朝鮮を凝視した力道山は上着、シャツを脱ぎ捨て上半身裸になり、北に向けて叫んだ。回りにいた人物には、それが「お父さん!」とも「お兄さん!」とも聞こえたという。

韓国に行ったら板門店を訪れようと、力道山は常々思っていたに違いない。しかし、これも真の目的ではない。

この頃、力道山の年齢は公称で38歳。すでに実業家として引退後の自分を見据えており、一例として相模湖のレジャー施設建設プランに動き出していた。

日プロの春の本場所ワールドリーグ戦はこの63年で打ち止めにし、可能ならば現役のNWA世界王者を、そしてここ数年に誕生した何人もの世界王者を招いて「世界統一戦」的なリーグ戦も考えていた。

翌64年には、一大国家プロジェクトである東京オリンピックが控えている。日プロは、いや力道山は多額の寄付金を東京オリンピックのために提供しただけでなく、五輪開幕前までに「世界統一リーグ戦」を終わらせ、期間中は興行を打たずに全面協力するというプランを周辺に漏らしていた。

この時期の力道山の目論見は、2つあった。

ひとつは自身の引退である。「世界統一リーグ戦」優勝を引退の花道とし、直後の東京オリンピック開会式に来賓として招かれる。可能なら天皇陛下、総理大臣と同じ列に座席が用意され、一緒に写真に収まりたい——。もちろん、これはプロレス以外の事業を行っていく上で大きな宣伝になる。多額の寄付金には、そんな思いが込められていたはずだ。

オリンピック終了後は、日プロには経営者として関わって集金マシーンとし、プロレス以外の事業を進めていく。リング上のエースは豊登、いや馬場か。数年後には猪木もエース格の選手に成長しているに違いない。

もうひとつは、韓国に進出することである。東京オリンピックの記憶新しい時期に日米のレスラーを連れていき、「韓国版ワールドリーグ戦」を開催するのだ。レスラーが実際にどこの国籍を持つかは関係ない。アメリカ代表、ソ連代表、ドイツ代表、フランス代表、イギリス代表、満州代表——。59年以来、日本でのワールドリーグ戦と同じ手法である。

こちらの主軸には大木金太郎を据える。もちろん、背後で仕切るのは力道山自身である。その頃には日韓の国交も正常化し、近代化に向けてソウル中心部のビル群、高速道路、レジャー施設など建設ラッシュが始まるはずだ。プロレスだけでなく、そういった事業にも深く関わり、自らのビジネスを広げていく。

力道山の韓国訪問の真の目的は、後者の目論見に向けての地ならし以外に考えられない。

事実、力道山の訪問中には政財界、スポーツ界の大物が一同に会して大パーティーが行われている。女性アイドルデュオ、キムチ・シスターズ（日本でもビクター・レコードから61年にシングル盤「京城の夜／アリラン」を発売）も力道山の両手にぶら下がり、花を添えた。

朴側は力道山を韓国のリングに上げたい。力道山も韓国に進出したい。その思惑が一致したからこそ、力道山は韓国を訪問したはずである。

この段階で、韓国プロレス界のエースは張永哲だった。張も前述のパーティーに招かれ、力道山に駆け寄って握手を求めた。力道山も強く握り返したが、既存勢力の張は商売敵でしかない。

力道山が韓国を訪問する際、東声会の会長・町井久之も同行する約束になっていた。

町井は23年生まれ、力道山とは同世代の同胞である。東声会は当時、力道山のボディガードであり、町井はこの63年に児玉誉士夫が間に入る形で山口組3代目組長・田岡一雄と兄弟分になった。

しかし、力道山は「韓国の近代化」の手伝いを事業としていきたい。ゆえに、人目の集まる場所に裏社会の人間を連れて行くわけにいかないのである。

半島出身という出自を隠していた力道山の韓国行きには箝口令が敷かれており、町井にも「ハワイに行く」と嘘をついていた。

しかし、本当は韓国を訪問するという情報が町井の耳に入り、出発前と帰国後に力道山との間で一悶着が起きた。しかし、力道山から詫びを入れたのであろう。その後も、東声会は力道山のボディガードを続けた。

力道山が東京・赤坂のラテン・クオーターで暴漢

に刺され、その傷が元でこの世を去るのは、同年暮れのことのである。暴漢は山口組、東声会とは系統が異なる住吉会系の組員だった。

力道山を刺した直後、その暴漢は東声会によってボコボコにされている。しかし、東声会が力道山を守りきれず、喧嘩で刺されるに至る背景には、和解はしたものの韓国訪問によって力道山と町井の間に吹き始めた隙間風があったように思う。

63年10月15日、朴は正式に大統領に就任した。そして12月15日、力道山が死去した。ここで場面は変わる。

死んだ人間は生き返らない。しかし、時間はどんどん進んでいく。朴側の韓国国内で本格的なプロレスを開催したいという思いは変わらない。そこで浮上したのが大木であった。

ここまで述べてきたように、大木の力道山襲名を日プロに約束させた「圧力集団」、その先頭に立っていたのは町井であった。町井が、そして町井の背後で田岡組長が、なぜ大木のために動いたのか。それは日本プロレスリング協会長の児玉の背後に、「大木の後援者」の朴大統領がいたからである。

表面的には、大木は力道山の「韓国につながる人脈」を引き継いだ。しかし、実態は力道山の韓国人脈が朴大統領の存在ゆえ、大木を担いだということだ。

当時、朴大統領は以下のように考えたのではないか。

「力道山の教えを受け、アメリカでチャンピオンにもなった大木を帰国させれば、張永哲や千圭徳らではできないような迫力のある試合が見せられる。大木がアメリカや日本からトップレスラーを招聘して韓国のプロレス界を再構築し、資本主義国家だからこそ許されるプロレスの人気が爆発すれば、国民の目を社会主義や反政府運動から逸らすことも可能だろう。現に、日本ではその方法が成功している。さらに大韓プロレス協会の役員に自分の息がかかった連中を配することで、莫大な利権を集められる」

ここでアメリカに武者修行に行っている大木と綿密に打ち合わせる必要が生じた。

「修行なんて、またやればいい。まずは一度帰国させよう」

それが64年1月の大木の「無断帰国」であった。そして、この暴挙は児玉らを通して不問にさせた。

さらに朴側の発想は進む。

「さて、大木に韓国で試合をさせるにあたってリングネームは…力道山の名が空いているではないか。そもそも力道山は同じ半島の出身。ならば、道義的にも問題はないし、日本に貸している力道山の名が半島に返還されるという考え方もできる。大木が力道山を名乗ることで日本国民の反韓感情が高まれば、国交正常化の妨げになるが、日本のコミッショナーのお墨付きがあれば大丈夫ではないか。ならば、日本プロレスリング協会の幹部でもある児玉に動いてもらおう」

こうして同年8月に行われた日プロの役員会において、児玉らは大木の「力道山襲名」を豊登ら日プロ上層部に承諾させた。

「近い将来、大木が帰国した際には何らかの権威も持ってこさせよう。まずは世界王座への挑戦。できれば、ベルトを持参の上で帰国してもらいたい。そのためにアメリカの業界内の誰かをエージェントとして雇い、十分な金品を渡して動いてもらおう」

これがグレート東郷である。

以上、準備は整った。大木は「国家的命令」として、テーズからベルトを奪取することを命じられる。

「後はどうなってもいい。国が何とかするから、君はベルトを奪うことだけを考えなさい」

朴正熙は先ほども述べた通り、軍事クーデターを成功させ、政権を握った経験を持つ。だからこそ、ここでも軍人なりの強引さを発揮した。

だが、朴側の案は性急すぎた。しかも、プロレス業界の内情を全く踏まえていない。

得てして、無理のある計画は破綻を招く。この「力道山襲名」という初めから無理のあるプランを実現させるには、大木が業界の掟を破ってテーズにセメントを仕掛けざるを得なかった。

　しかし、この〝国家的プロジェクト〟はテーズの手によってリング上で潰される。東郷やシーゲルに対しては、「泥棒に追い銭」のような形になった。

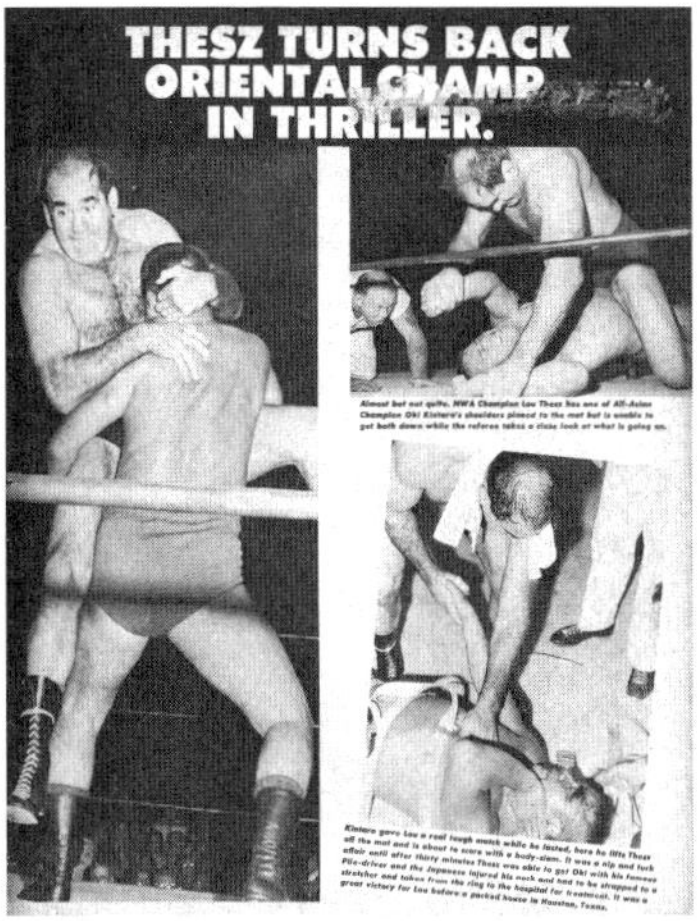

雑誌『レスリング・レビュー』65年2月号に掲載されたテーズvs大木戦の模様。右下は試合後、担架に乗せられた大木に駆け寄るテーズ。この一戦で生まれた友情は、新たな事件に連なる。

結果論でしかないが、朴側は少なくとも東郷だけでなく、事前にNWA本部もしくは王者テーズに話を通す必要があった（通したところで断られただろうが）。

　左上に掲載した試合後の写真に注目してほしい。担架に乗せられた大木にテーズ自ら歩み寄り、握手をしている。

　この時のテーズの姿には、意に反して「ルール破り」をせざるを得なかった大木に対する同情、事情は知らないが、それでも無理を承知で自分にセメントを仕掛けてきた人間臭いファイター大木に対する共鳴が見て取れる。そう、テーズは戦ったレスラー同士にしかわからない何かを感じていたのだ。

　この試合から約30年後。95年4月2日、東京ドーム（ベースボール・マガジン社主催『夢の懸け橋』）で大木は引退セレモニーを行った。すでに東京ドームの長い花道を大木は自力で歩けなかった。車椅子を使用せざるを得ない。セレモニーを終えて退場する時、それを押したのがテーズであった。

テーズは単にそこにいたから、昔からの知り合いだから、大木の車椅子を押したのではない。なぜなら、「ヒューストンの惨劇」の際に担架上の大木と握手するテーズの姿と、東京ドームで私が直に見た車椅子を押していたテーズの姿に同じものを感じるからである。

「ヒューストンの惨劇」から31年後、大木は引退セレモニーのスピーチでそのテーズ戦を引き合いに出した。写真はセレモニー終了後、花道を退場時の大木とテーズ。

惨劇後のアメリカ武者修行

テーズに特攻隊の如くぶち当たり、玉砕した大木は顔面に重傷を負った。しかし、その後もヒューストン地区のサーキットを続け、テーズ戦の次の興行にあたる10月19日のフォートワースでも休まずリングに上がっている。

だが、以後の1ヵ月あまり、同地区での大木の役割はヒールサイドの中堅でしかなく、一気に勝率は落ちた。

11月末、大木はロス地区に転戦する。滞在期間は約1ヵ月半だったが、今回はタイトル戦線に絡めず、ミドルカード以下に組み込まれる日々が続いた。

この時期の主力レスラー、主要王座の変遷は以下の通りである。

【ベビーフェース】エドワード・カーペンティア、ボブ・エリス、ポール・ダイアモンド

【ヒール】ザ・デストロイヤー、ハードボイルド・ハガティ、ザ・ハングマン（ジン・ラーベル）

［WWA世界ヘビー級王座］
ザ・デストロイヤー

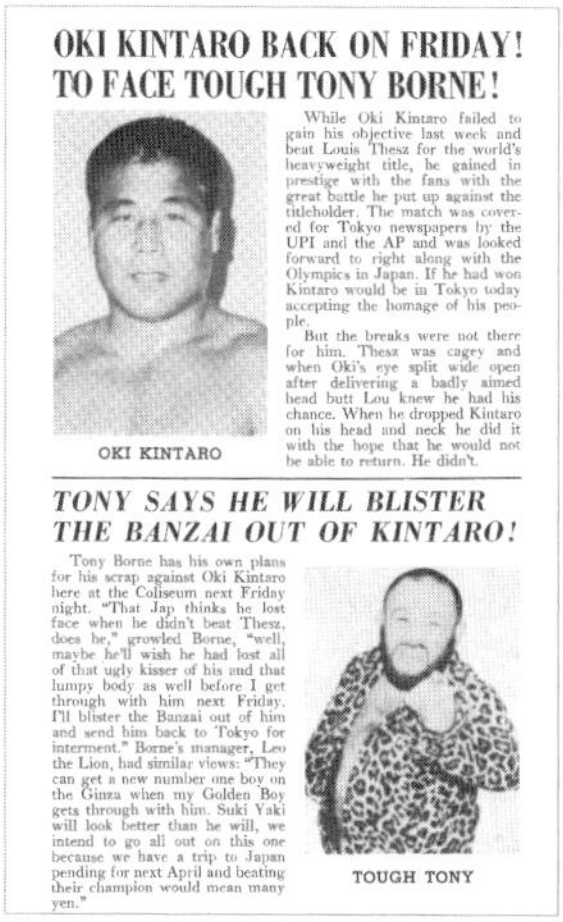

OKI KINTARO BACK ON FRIDAY! TO FACE TOUGH TONY BORNE!

OKI KINTARO

While Oki Kintaro failed to gain his objective last week and beat Louis Thesz for the world's heavyweight title, he gained in prestige with the fans with the great battle he put up against the titleholder. The match was covered for Tokyo newspapers by the UPI and the AP and was looked forward to right along with the Olympics in Japan. If he had won Kintaro would be in Tokyo today accepting the homage of his people.

But the breaks were not there for him. Thesz was cagey and when Oki's eye split wide open after delivering a badly aimed head butt Lou knew he had his chance. When he dropped Kintaro on his head and neck he did it with the hope that he would not be able to return. He didn't.

TONY SAYS HE WILL BLISTER THE BANZAI OUT OF KINTARO!

Tony Borne has his own plans for his scrap against Oki Kintaro here at the Coliseum next Friday night. "That Jap thinks he lost face when he didn't beat Thesz, does he," growled Borne, "well, maybe he'll wish he had lost all of that ugly kisser of his and that lumpy body as well before I get through with him next Friday. I'll blister the Banzai out of him and send him back to Tokyo for interment." Borne's manager, Leo the Lion, had similar views: "They can get a new number one boy on the Ginza when my Golden Boy gets through with him. Suki Yaki will look better than he will, we intend to go all out on this one because we have a trip to Japan pending for next April and beating their champion would mean many yen."

TOUGH TONY

テーズに敗れて負傷した大木の試合出場を伝えるヒューストンのプログラム。下は「返り討ちにしてやるぜ！」と吠える対戦相手のトニー・ボーン。

※デストロイヤーは64年12月4日、日本で豊登に敗れてベルトを明け渡したが、この事実はロス地区では伏せられていた。

［WWA世界タッグ王座］
ザ・デストロイヤー＆ハードボイルド・ハガティ↓
エドワード・カーペンティア＆ボブ・エリス

この時のロス地区のサーキットで大木のめぼしい対戦相手は、年が明けてから当たったザ・デストロイヤー、エドワード・カーペンティアくらいしかいない。しかも彼らと対戦したのは同地区のメイン会場であるオリンピック・オーディトリアムではなく、ロングビーチやハリウッドといった地方都市であった。

そんな扱いしか受けなかった大木は、なぜこの時期にロス地区に呼ばれたのか。「リトル・トーキョー」の名で同地区のリングに上がっていた猪木

は10月いっぱいでオレゴン地区に転戦しており、ミスター・モトも日プロに遠征中で、東洋人レスラーの欠員が出たからであろう。

当時の試合記録を見ると、大木が去った直後の65年2月初頭から約1ヵ月半、馬場がロス地区に遠征している。馬場は63年と64年も2月に同地区をサーキット。65年の遠征時は豊登とアジア・タッグ王座を保持する日プロの準エースだったが、当地のボスであるジュリアス・ストロンボーが興行上、「ショーヘイ・ババ」を必要としていたということである。当時のロス地区は「春はあけぼの」ならぬ、「春は馬場」だったのだ。

馬場がロスに来る直前、65年1月にはモトも日本から戻ってきた。つまり、約1ヵ月半という中途半端な期間しか滞在しなかった大木は、現地の日系人ファン向けのワンポイントリリーフでしかなかったのである。

アマリロ地区の「テツロウ・サトー」

続いて、大木は65年1月中旬からアマリロ地区に入る。ここでは約半年間、ファイトした。

同地区を統括するプロモーターは、ドリー・ファンク・シニア。この時期のサーキットコース、主力レスラー、主要王座の変遷は以下の通りである。

月＝アビリーン、アルバカーキ
火＝オデッサ、エルパソ
水＝ラボック
木＝アマリロ
土＝リトルフィールド

【ベビーフェース】ドリー・ファンク・シニア、ドリー・ファンク・ジュニア、ホセ・ロザリオ、ドン・カーティス、ティム・ウッド

【ヒール】ジョン・トロス、ヒロ・マツダ、スプートニク・モンロー

［北米ヘビー級王座（アマリロ版）］
ドリー・ファンク・シニア→ジョニー・バレンタイン→ドリー・ファンク・ジュニア→ジョニー・バレンタイン→ドリー・ファンク・シニア

［北米タッグ王座（アマリロ版）］
アート・ネルソン＆レッド・レイダー→スプートニク・モンロー＆ケン・ルーカス→大木＆ジョン・トロス

大木はヒールサイドの中堅としてこのテリトリーに入り、次第にトップとして扱われるようになった。

また、隣接するアルバカーキにもブッキングされている。ここはロス地区のレスラーがスポット参戦することもあったので、大木をアマリロ地区に紹介したのはジュリアス・ストロンボーだった可能性が高い。

アルバカーキの主要王座の変遷は、以下の通りである。

［ロッキーマウンテン・ヘビー級王座］
ラモン・トーレス→ホセ・ロザリオ

［ロッキーマウンテン・タッグ王座］
※空位

テーズ戦以降、ヒューストン地区とロス地区では冴えなかった大木だが、アマリロ地区ではヒール側のトップとしてメインにも度々登場し、水を得た魚のようだった。

ここでのリングネームは、現地の資料によると「テツロウ・サトー」。ただし、当時の東京スポーツでは、「グレート・サトー」、「ミスター・サトー」

と報道されている。

大木の当地区での主な抗争相手はドリー・ファンク・シニア、ドリー・ファンク・ジュニア、ザ・シーク、ドン・カーティス、ホセ・ロザリオ、ジョー・スカルパ（後のチーフ・ジェイ・ストロンボー）といったところだ。ちなみに、テリー・ファンクはまだデビューしていない。

大木は滞在中、確認できるだけでドリー・ファンク・ジュニアと3度対戦しており、戦績は大木の1勝2敗（いずれも反則負け）である。

このジュニア戦は、当時の東京スポーツで報道された。別掲の試合記録をご覧いただければわかる通り、大木の同地区サーキットの後半にジュニアの名前は出てこない。これはジュニア自身がオーストラリアへ「武者修行」に出てしまったからだ。

いわゆる「日本側レスラー」で、ジュニアと初めて対戦したのは大木である。当時のジュニアはデビューして2年目で、ジョニー・バレンタインとアマリロ版北米ヘビー級王座を争うなど早くも同地区のトップの一角にいた。

父親シニアはプロモーターであるだけでなく、この地区のトップレスラーでもあった。得意な試合形式は、テキサスデスマッチ。4月1日、大木はそのテキサスデスマッチでシニアに勝利した。

大木の勝因は、セコンドに付いたヒロ・マツダが手を出したことにあった。ここで大木&マツダが

ドリー・ファンク・シニア（左）と若き日のドリー・ファンク・ジュニア。ジュニアが父親から受け継いだのは、コスチュームとヘアスタイル。リング上のスタイルの後継者は、次男テリー・ファンクである。

ヒールコンビとして脚光を浴びる。2人の活躍ぶりは東京スポーツでも報道され、「原爆コンビ」の大きな活字がしばしば紙面を賑わせた。これは大木が原爆頭突き、マツダが原爆固めを得意技にしていることから付いたチーム名である。

大木とマツダの最初の接点は、日プロの道場にある。日プロを辞めたマツダは叔父を頼って60年4月にペルーへと渡るが、その直前に力道山がブラジル遠征で留守だったのを見計らい、日プロの道場にトレーニングに来ていたという。短期間ながら、前年夏に入門した大木とは一緒に汗を流した仲であった。

アマリロ版北米タッグ王座を獲得

東京スポーツによると、大木は65年4月6日（現地時間）、ニューメキシコ州アルバカーキでホセ・ロザリオを破り、ロッキーマウンテン・ヘビー級王座を奪取した。これはアマリロ地区の中でも、ニューメキシコ州でのみ通用していたタイトルである。

しかし、私の調査ではアルバカーキで興行が打たれたのは現地時間の4月5日のことで、しかも大木はロザリオに敗れている。

同日、ロザリオは大木と対戦した後にケン・ルーカスを破り、ロッキー・モンローが持つロッキーマウンテン王座への挑戦権を得た。すなわち、大木との試合は「挑戦者決定トーナメント」だったのだ。大木がこの後、ロザリオとシングルで対戦した記録はなく、前述のロッキーマウンテン王座奪取は誤報である。

とはいえ、大木がタイトル戦線に絡めなかったわけではない。4月15日、ドン・カーティス＆ジョー・スカルパを破り、アマリロ地区版北米タッグ王座を奪取した。パートナーはジョン・トロスで、大木は王者のまま地区を離れることになる。

最後に、これも当時の東京スポーツが写真入りで報道したザ・シークとの対戦についても触れておく。その記事には両者は5月9日、ラボックで当たり、1－1から3本目、大木がリングアウト勝ちしたとある。だが、実際の対戦は同月5日のことで、結果は大木の反則負けだった。

ジュニア同様、シークも初めて対戦した「日本側レスラー」は大木になる。

ルー・テーズのアマリロ来訪

このように、大木はアマリロ地区では活躍することができた。その要因として、プロモーターのシニアに気に入られていたことが大きい。

上田馬之助・トシ倉森共著『金狼の遺言－完全版－』（辰巳出版）には、シニアについて「なによりセメント好きのシニアのレスラー魂に、日本のレスラーと通じるものがあって好感が持てた。どこかシニアは、オヤジ（力道山）に似ているところがあっ

た」とある。大木は、そのシニアのお眼鏡にかなったのであろう。

ところで、シニアはＮＷＡの会員であった。ということは、大木のアマリロ地区滞在中にＮＷＡ世界王者のルー・テーズがサーキットしているはずだ。

調べてみると、テーズはこの65年、2月上旬と4月下旬に同地区に来た。しかし、挑戦者に選ばれたのはドン・カーティス、ボビー・グラハム、ハンス・シュミット、パット・オコーナー、ダニー・ホッジといったところで、大木は選に漏れている。

前年10月、グレート東郷の裏工作により大木はヒューストン地区でテーズの持つＮＷＡ世界王座に挑戦できたが、アマリロ地区ではそうした後ろ盾は何もない。

シニアが大木を挑戦者に選ばなかったのは、前記の挑戦者たちに比べて「観客動員が見込めない」とプロモーターの目で判断をしただけのことだ。しかもテーズにセメントを仕掛け、返り討ちに遭った

「ヒューストンの惨劇」の様子は大木が地区入りした時点で、すでに専門誌『レスリング・レビュー』で紹介されてしまっていた。

門茂男著『ザ・プロレス365 Part 1』(門茂男プロレス全集刊行会)には、以下のような下りがある。

全身、炎にしてテーズにアタックした大木金太郎は、プロフェッショナル特有のルールを忘れ、勝ちを急ぎ、テーズの激怒を買い、ヒタイに20数針縫うという重傷の果て、血の海で惨敗を喫する。〃力道山襲名〃に一直線の大木金太郎が、八方ふさがりのなかで考えついたのが、〃力道山一代限り〃のものとしてJWA(日本プロレス)からNWAに返上されていたインターナショナルの〃伝統タイトル〃であった。

さらに同書では、東郷が「大木とインターナショナル・ヘビー級王座の復活戦を行わないか」とテーズを口説いたとある。

晩年のテーズは、奥様のキーボードタイピングを通してインターネットのレトロ系サイトの掲示板に書き込みをしていた。それによると、ヒューストンの惨劇に関してテーズは試合後に原因が大木の力道山襲名問題にあることを知り、「そんなことなら、私がかつて力道山を売り出したように何らかの方法があるのではないか」と思ったという。

つまり、事前に話を通し、それに見合ったファイトマネーが支払われるならば、大木とインター王座を巡って試合をすることは、やぶさかではなかったのであろう。

これらのエピソードを総合すると、テーズがアマリロ地区をサーキット中に大木との間でインター王座の復活計画が話題に上った可能性もある。

しかし、その計画は馬場にシングル王座を持たせたかった日プロによって潰された。ただし、これに関しては力道山の死の直後、アメリカで武者修行中の馬場に対し、日プロ側が帰国後にインター王座に就かせることを密約したという説もある。

いずれにせよ、馬場がディック・ザ・ブルーザーとの決定戦を制し、〝至宝〟を巻いたのは同年11月のことだった。

日本プロレスが大木を除名

65年6月3日、アマリロでシニアに敗れた試合を最後に大木は同地区を離れた。

そして突如、「大木に聞く遠征秘話」の見出しとともに、同月19日付の東京スポーツの1面にインタビュー記事が載る。

修行先のアメリカを発った大木は16日に日本に帰国したが、これも団体側に無断で行われたものであった。

記事の中で、大木は「アメリカに戻ってまたやらなくちゃならんです」と述べている。しかし、大木はそれから約2年後にWWA世界ヘビー級王者としてロス地区をサーキットするまでアメリカには戻っていない。つまり、この無断帰国で2度目のアメリカ武者修行は唐突に幕を閉じたのである。

先に述べたように、大木は64年1月にもアメリカ武者修行を独断で切り上げ、途中帰国している。なぜ大木は、またもこのような無謀な行動に出たのだろうか。

無論、当時はそれが「無断帰国」であることは公表されなかったが、前述の東スポのインタビュー記事に答えが載っている。

「韓国にどうしてもやらなきゃならん用事ができたので」

「やはり日本は素通りできんですよ」

大木はアマリロ地区をサーキット中、日プロが自分に無断で韓国遠征を行おうとしているという情報をキャッチした。日プロに韓国遠征の話を持ってきたのは、61年に同団体を辞めた金子武雄である。

金子は日プロ退団後、誕生したばかりの韓国マットへ遠征しており、日プロを辞めたレスラーたちによる遠征団の団長も務めた。この時、来韓した日本人レスラーを倒すことによって現地でスターになったのが張永哲である。金子が話を持ってきたということは、張が日プロと手を組もうとしていた可能性が高い。

大木はアマリロから日本へ戻る途上、ロスに寄りミスター・モトから情報を収集した。そして、6月11日に青森県八戸市で行われた日プロの臨時選手会で、大木の除名が決議されたことを知る。モトから聞かされた除名の理由は、「日プロが絶縁した東郷と手を組んだため」だった。

大木帰国後の6月22日、宮城県営スポーツセンターでは豊登&馬場がザ・デストロイヤー&ビリー・レッド・ライオンに挑戦するアジア・タッグ王座のリターンマッチが行われることになっていた。だが、豊登は「体調不良により東京で精密検査をする」として欠場し、挑戦者チームは馬場&吉村に変更された。

この豊登が緊急欠場した本当の理由は、日プロの社長として大木と話し合うためではないか。大木は生前の力道山から将来の「日本プロレス韓国支部長」の座を約束されており、当時は朴大統領からの支援も取りつけていた。大木が無断帰国した理由は除名処分を取り消しにし、張永哲と組むのではなく自分の仕切りで日プロの韓国遠征を行うためだったのである。

また、この日は日韓基本条約が結ばれ、国交が回復した。大木が韓国要人による祝賀の席に呼ばれ、そこに豊登が同席した可能性も否定できない。

結局、日プロ側は折れ、大木の除名を撤回した。さらに韓国にレスラーを送り込む際には、大木を通すことになった。警視庁が64年にスタートさせた第一次頂上作戦によって児玉誉士夫、町山久之、田岡一雄といった日本プロレスリング協会の幹部たちは放逐されていたが、「大木の後ろ盾」として影響力を行使した可能性は大である。

大木が「キム・イル」として祖国に凱旋

大木の韓国凱旋興行は、65年8月に実現した。日プロ側は芳の里、吉村道明、長沢秀幸、上田馬之助を現地に派遣。3日間にわたり、日本プロレスリング・コミッション&韓国プロレスリング協会共認で新設された極東ヘビー級王座決定トーナメントが行われ、大木は「金一（キム・イル）」の名で出場した。ちなみに、チャンピオンベルトは日本製である。

公式戦はソウルで6日に1回戦、7日に準決勝（全国テレビ中継）、10日に決勝が行われ、韓国側からは前述の張永哲、千圭徳、朴松男（パク・ソンナン）らが参加した。結果は、以下の通りである。

【1回戦】
○芳の里 vs 朴松男●
○張永哲 vs 上田馬之助●
○吉村道明 vs 千圭徳●
○金一 vs 長沢秀幸●

【準決勝】
○芳の里 vs 張●
○金 vs 吉村●

【決勝】
○金 vs 芳の里●

準決勝の大木vs吉村は30分時間切れの後、判定により勝負が決まった。

同じく準決勝で芳の里にフォール負けを喫した張は、連勝記録が「69」でストップ。最後は大木が芳の里から反則勝ちを収め、初代極東ヘビー級王者となった。

5ヵ国プロレス選手権

2度目の日プロ韓国遠征は、同じく65年の秋に行われた。

11月25~27日の3日間にわたり、朴正熙杯争奪『5ヵ国プロレス選手権』を開催。初日の場所は不明だが、2~3日目はソウルで興行が開かれている。

5ヵ国とその代表は、以下の通りである。

■韓国＝金一、張永哲、千圭徳、朴松男
■日本＝大熊元司
■トルコ＝ユセフ・トルコ
■スウェーデン＝カール・カールソン
■デンマーク＝バイキング・ハンセン（後のエリック・ザ・レッド）

カールソンとハンセンは日プロのシリーズ中に、そのままスライドして韓国に飛んだ。彼らは韓国マット初登場となる本当にアメリカマット（NWA圏）でファイトしていた選手、つまり駐留軍人ではない本物のプロレスラーである。カールソンは韓国側が約束したファイトマネーを支払うのか懐疑的で、同行した人間に何度も確認していたという。

門茂男の『ザ・プロレス365 Part5』によると、5ヵ国選手権はトーナメント形式で行われ、1回戦の組合せは次のように決まった。

◎金一vsユセフ・トルコ
◎張永哲vs大熊元司
◎朴松男vsカール・カールソン
◎千圭徳vsバイキング・ハンセン

8人による3日間のトーナメントであれば、通常は25日＝1回戦、26日＝準決勝、27日＝決勝と考えてしまう。

ところが、この大会を報じた東京スポーツによると、大木の対戦相手は25日＝大熊、26日＝カールソン&ハンセン（パートナーはミスター・モト）、27日＝カールソンで、なぜかトルコがレスラーとしてリングに上がったことは一切伏せられている。

日プロから派遣された大熊の対戦相手は25日＝大木、26日＝千、27日＝張。東京スポーツは27日の張vs大熊戦である事件が起きたことには触れているが、それがトーナメントの1回戦であったという記述はない。

この『5ヵ国プロレス選手権』が27日のワンナイト・トーナメントだったとすると、『ザ・プロレス365 Part5』と東京スポーツの報道は矛盾しない。ただし、前者は日付の記述がなく、後者は1回戦の大木vsトルコなどを除いた「特定の試合」のみを報道したということだ。

『ザ・プロレス365 Part5』によると、1回戦は大木がトルコに勝利し、張vs大熊はノーコンテストで両者失格。他の2試合は不明だが、こちらのブロックからはカールソンが勝ち上がり、最後は大木がカールソンを2－0で破ってトーナメントを制した。

余談だが、26日の興行に出場したミスター・モトは日プロに来日中で、この一日だけソウルのリングに上がり、翌27日には東京へ戻っている。同日、蔵前国技館で開催される馬場のインター王座初防衛戦をレフェリーとして裁くことになっていたからだ。

そのため、最終日に起きた事件は目撃していない。ちなみに、モトは当時の韓国マット界の様子を「大木と次のギャップが有りすぎる」と述べている。

本項の冒頭でも触れた通り、大木は第一次武者修行中の63年12月、モトと組んでロス地区のUSタッグ王座を獲得した。このモトの一日だけの渡韓は、世話になったモトを飛び越して、テーズに挑戦するためグレート東郷と組んだことに対する大木の「落とし前」であると同時に、本格的なアメリカンプロレスを韓国の国民に見せたいという思いからであろう。

モトのレスラーとしての素顔はあまり知られていないが、デストロイヤーによると吉村道明と並ぶ試合巧者であった。

大熊元司リンチ事件

事件は最終日の11月27日、張vs大熊戦で起こった。試合は大熊の優勢で進み、10分を過ぎたあたりで張をキャメルクラッチで固めた。

劣勢に立たされた張の口からは、「殺される…助けてくれ」の声。それを聞いた張派のレスラー数人（証言により4～6名と幅がある）が大挙して乱入し、リング上で大熊に殴る蹴るの集団暴行を加え、メリケンサックで顔面を殴り続けられた大熊の鼻は無残にも折れ曲がった。

大木は予め不穏な空気を察知しており、いつもより多めに警官を配備しておいたようだが、常軌を逸した集団リンチが始まると大挙してリングイン。張派のレスラーたちは警棒で殴られ、手錠をかけられて退場した。

これが公然と行われてしまったのである。

弟子たちが刑事告訴されることを恐れた張は、警察の事情聴取を受けた際に「大熊が取り決めを破っ

初めての海外遠征で散々な目に遭った大熊元司。写真は、リンチ事件から２年後のアメリカ武者修行中のもの。大熊は70年代、韓国マットで大木の敵役を務めた。

て一方的に攻撃してきたので、弟子が私を助けるためにリングに入ってきた」と主張。そして、この張の証言は公表されてしまう。

11月30日付の東亜日報で、この事件は「もっと統一された調和のある脚本で観客に対応する良心が切実に求められる」と糾弾された。

この集団リンチ事件の背景にあったのは、大木と張による韓国プロレス界の覇権争いである。大木は「俺は力道山先生からストロングレスリングを教わり、本場アメリカでも修行してきた」との思いがあり、張には「韓国マットを一から育てたのは俺だ」との自負があった。

大木が朴正煕大統領の庇護の下にあったことは、ここまで何度も触れた。その朴は陸軍の出身である。それに対し、張は海兵隊（後に海軍に吸収合併）の総司令官を後ろ盾にしていた。

外に対しては団結する軍隊においても、内部で派閥争いが存在するのは常である。2人の確執がエスカレートしたのは、韓国軍内での主導権争いに巻き込まれ、引くに引けなかったからとも考えられる。

また、出身地による違いもあろう。日本でも関東と関西でお互いに批判し合うことがあるが、韓国ではいまだに出身地域の違いで結婚に障害をもたらすことも少なくないという。北朝鮮との南北対立ではなく、全羅道（全羅北道と全羅南道）とそれ以外のいがみ合い、時には差別感情も伴う地域対立である。

大木は全羅南道高興郡の出身。一方の張は釜山の出身で、レスラーとしてもここを拠点としていた。

張は韓国国内においてソウルを拠点とする千圭徳と「地域抗争」を行っていたが、これはリング上のストーリーとして昇華されたものである。しかし、大木とは同じような関係を築けなかった。

2人の確執の始まりは、前述の65年8月に行われた極東ヘビー級王座決定トーナメントである。当初は張が金子武雄を通して日プロからレスラーを招聘しようとしたが、それに横槍を入れたのが大木であった。

この8月の興行は、大木の義兄弟がプロモーターだった。大木側の人物が主催した大会に張が選手として出場した時点で、覇権争いは大木の一歩リードである。

大木の義兄弟はこの興行で莫大な収益を上げたが、それに比べると大木自身が受け取った額は少なかったようだ。しかし、張をはじめとする他の韓国人レスラーたちのファイトマネーは大木よりさらに小額で、しかも均一であった。すなわち、それまで韓国でエースの座にいた張はトーナメントにエントリーされない三下レスラーと同額でリングに上がったのである。

パク・ソンナン監禁事件

極東ヘビー級王座決定トーナメントの合間、8月8～9日の2日間は張の地盤である釜山で同じメンバーによる興行が打たれている。

だが、トーナメント公式戦は組まれなかった。釜山での興行のプロモーターは不明だが、9日に張が芳の里にシングルで雪辱していることは判明している。

『金狼の遺言－完全版－』で上田は韓国に遠征した際、大木に朴松男を潰してくれと頼まれ、リング上で実行したと明かしている。

朴松男（パク・ソンナン＝左）は70年4月、大木に連れられてアマリロ地区へ向かった。しかし、巨人のパクに人気が集まり、これが両者の離反の原因となる。

前後の文脈から見て、65年8月のことであろう。上田は同書で「大木さんの真意は定かでなかった」と述べているが、その真意とは朴に力道山門下のレスラーの強さを思い知らせることで自分の言うことを聞かせ、張の派閥から離脱させるためとしか考えられない。

なぜ、そんなことをしたのか。大木は自分が韓国を留守にしている間に、張が巻き返しを図ることを恐れていたに違いない。もちろん、朴の前には海外遠征というニンジンをぶら下げた。結局、朴は大木の派閥に入り、翌66年に日プロに初来日。大木の伝手で、70年以降はアメリカを中心にファイトした。

これに対し、張は朴に自派への復帰を迫る。それが拒否されると配下のレスラーたちを使って朴の寝込みを襲い、手足をロープで縛って北朝鮮との国境近くの町ムンサンの山小屋に監禁した。

5日後、国境警備にあたっていた国連軍兵士に発見された朴は約20キロも体重が減っていたというが、それでも張の元には戻らなかった。

そして、行われたのが同年11月の『5ヵ国プロレス選手権』である。極東ヘビー級王座決定トーナメントの成功に気を良くしたプロモーターは、ワールドリーグ戦の「韓国版」開催を大木に要請。その結果、企画されたのがこの大会であった。

トーナメントで、張は大木と同じブロックに組み込まれた。このマッチメークは、大木、トルコ、当時は日本プロレスリング・コミッション事務局にいた門茂男氏によるもので、双方が1回戦を勝ち上がれば、準決勝で大木と張の一騎打ちが実現することになる。これに異を唱えたのが張だった。

張永哲の真の目的とは?

張は極東ヘビー級王座決定トーナメントで芳の里に敗れて連勝記録が途絶えたとはいえ、釜山では雪辱している。

また、その芳の里もトーナメント決勝で大木に敗れたとはいえ、反則裁定である。

つまり、記録は準決勝敗退であるが、張のレスラーとしての名誉には大して傷が付いていないのだ。

おそらく張は、実力で大木に勝てるとは思っていなかったであろう。8月に来韓した芳の里や吉村（タッグで対戦）らの力を知っている張は、大熊の実力も類推できたはずである。

そこで張は大韓プロレス協会長と同事務局長に掛け合う。負けられないが、勝つに勝てない張は組み合わせの変更を要求した。だが、カードは変更されなかった。そして、大熊戦で事件は起こった。

前述のように、警察の取調べで張は「大熊が取り決めを破って一方的に攻撃してきた」と主張した。では、どういう取り決めだったのか。

勝てば、準決勝で大木と戦うことになる。負ければ、1回戦負けの汚名を着る。おそらく両者リングアウトなどによる両者失格といったところを望んでいたのであろう。だとすると、ノーコンテストという決着は「取り決め」からそう離れていないことになる。では、大熊のキャメルクラッチがキツ過ぎたのか。

この事件は「大木にネジを巻かれた大熊の約束破り」が原因と言われることもあるが、それは張の証言を元にした後付けの説明にしか思えない。取り決め云々は一種の言い訳で、そもそも大木側が主催する興行をメチャクチャにすることが張の真の目的だったのではないか。

韓国でプロレスが始まって4年。その間、張はスターの座を独占してきた。既得権益のウマミも十分に経験してきたはずだ。

そこに、いきなり力道山の弟子である大木が現れた。しかも、現在の大統領・朴正熙が後ろ盾である。

このままでは、美味しいところを全部持っていかれる。ウマミごと、全部ぶち壊してやれ――。5ヵ国選手権の組み合わせが決まり、大熊のキャメルクラッチで身動き取れなくなるまでの張の心境は、そんなところではないかと思う。

当時の張は体もたるみ、リング上で強さを見せられなかったと現地を訪れた門氏は述べている。

また、8月の極東ヘビー級王座決定トーナメントの直前、大木は東京スポーツの取材に対し、張を「テキニック的にはキャリア不足。しかしかなりのタフネス」（原文ママ）と評している。この「かなりのタフネス」という言葉は、「精神的な執念深さ」を言い換えたようにも思える。

大木が日本プロレスに復帰

翌12月、日プロはとかく金銭問題が付きまとっていた社長の豊登をクビにした。

年が明けて66年、豊登は新団体設立に動く。そして、3月19日にハワイに渡り、『第8回ワールドリーグ戦』への凱旋帰国を前に馬場、吉村と合同トレーニング中だった猪木を口説き落とした。その結果、猪木は日プロ離脱を表明し、東京プロレスに参加する。

勧誘の過程で豊登は猪木に対し、「マツダと大木も来る」と告げていたという。実際、同年2月にテネシーのホテルに滞在中、豊登は猪木と一緒にいたヒロ・マツダと長電話に及んでいる。

大木自身も、2月の時点で豊登から新団体に誘われたことを明かしている。だが、マツダ同様、東プロに参加する意志はなかったはずだ。

大木にとって重要なのは、日プロ経由でアメリカのレスラーを韓国に回してもらうこと。張のような「日本に支配された積年の恨み」や「韓国内の地域対立」だけでは、興行のメニューとして不充分であることを見越していたのであろう。

大木は3月、日プロのシリーズを終えたアマリロ地区時代のライバル、ジョー・スカルパを韓国に回してもらい、極東ヘビー級王座の防衛戦を行う。そ

師・力道山の写真の前で極東ヘビー級のベルトを掲げる大木。韓国で大木がチャンピオンになることは、力道山のプランでもあった。

して、猪木が華々しく凱旋するはずだった春の『第8回ワールドリーグ戦』に出場した。

前年、大木は2度目の無断帰国や『5ヵ国プロレス選手権』の準備（招聘レスラーの選定など）で日本に戻ってきているものの、日プロのリングに上がるのは64年8月以来である。しかも、猪木という柱を豊登にさらわれた日プロから乞われての再登場であった。

これをもって大木は、日本に定着。日プロ側から見れば、これで大木の海外武者修行は終了したことになる。

集団リンチ事件の余波

日本の団体のシリーズオフに北米のレスラーを韓国へ連れて行き、1週間ほどのミニシリーズを開催する――。これが大木のビジネスモデルになった。

韓国では、大熊リンチ事件がプロレス人気の低下の原因とされている。しかし、動画サイトでも確認できるが、78年夏に国際プロレス勢が韓国のリングに上がり、大木らと対抗戦を行った際にも観客は入っている。

もちろん、現在の韓国マット界の状況はお寒い。だが、その原因となったのは大熊リンチ事件ではなく、大木のビジネスモデルにあったのではないかと思う。

つまり、日本のシリーズの合間に韓国で試合をするという状況は、逆に言えば大木が日本にいる間、韓国マットには北米のレスラーが登場しない。世界的に見てプロレスが国内に定着する条件は、「地元レスラーの、地元資本による、恒常的な興行」が行われることである。このうち、韓国は「恒常的な興行」の部分が欠けていた。

日本の昭和のプロレスのように、シリーズごとに異なる外国人レスラーが来日し、毎週金曜夜8時のテレビ中継に熱狂する。これは「恒常的な興行」なしには不可能だ。

今となっては遅いのだが、大木が祖国のシリーズの合間に日本の団体に登場するビジネスモデルを作れることができれば、韓国のプロレス史は大きく変わっていたはずだ。

さて、ここまでお読みいただいた通り、大木と張が繰り広げたのは「覇権争い」という言葉が陳腐に思えるほどの泥臭い人間ドラマである。それに付随して、集団リンチ事件や監禁事件が起こったこと自体が韓国の「昭和プロレス」のリアリティーとも言える。

ここで視点を変え、どうしていたら事件が避けられたのかを考えてみたい。答えは簡単だ。どちらか一方が引けば良かったのである。

しかし、2人はプロレス特有の「共犯関係」、すなわちリング上では激闘を繰り広げながら、リング外ではビジネスパートナーとして親密であるという関係を築けなかった。

力道山襲名プランが消滅

67年4月、大木はソウルにWWA世界ヘビー級王者マーク・ルーインを招いた。この試合は韓国で初めて行われる世界タイトルマッチであった。

この一戦に大木は勝利し、観客は熱狂した。新世界王者・大木はロス地区へ防衛の旅へ出る。さらに日プロのシリーズにも参加。だが、ここで韓国国内の盛り上がりは途切れてしまう。そんな状況では、プロレス市場は発展しない。

大木はルーイン戦に当時の日本プロレスリング・コミッショナー、川島正次郎・自民党副総裁と力道山未亡人を招待し、タイトルマッチをより格調高いものに演出した。試合前、大木は川島と握手。その際に、耳元で囁いた。

「先生、この試合に勝ったら力道山襲名の件、よろしくお願いします」

大木は、まだ諦めていなかったのである。ソウルでバラ撒かれた宣伝チラシにも、この試合に「力道山襲名」も懸かっていることが明記されていた。

64年に日プロ側が大木に対して出した力道山襲名の条件は、「世界、もしくはそれに準ずるタイトルを奪取した際」であった。

大木はルーインに勝って条件を満たしたが、先に触れたように当時の日プロ社長・芳の里は「今は日本プロレスにいない、その時の責任者（豊登）が決めたこと」と約束を反故にした。

大木の力道山襲名の可能性は、ここで終わった。逆に言えば、ここまでこのプランを引っ張った執念こそが大木の大木たる由縁である。

2006年に大木と張が和解

大木がルーインを破った67年4月に東プロは崩壊し、猪木が日プロに復帰した。この2ヵ月前には、柔道の元全日本王者・坂口征二5段の入団も発表されていた。

もし、この時に大木が力道山を襲名していたら、どうなったであろうか。日プロ側は、間違いなく2代目力道山（大木）を敬遠したはずである。そうなれば、大木の日本におけるキャリアはなく、韓国マットのお山の大将で終っていたかもしれない。

大木が日本に定着して以降、張永哲も千圭徳も朴松男もこの国のリングに上がった。しかし、日本のファンに受け入れられたのは大木だけで、韓国から来るレスラーで唯一、親しまれる存在となった。

その要因は猪木や馬場と「共犯関係＝業務提携」が築けたからであり、それが成立したのは大木が力道山襲名の呪縛から抜け出ることができたからではないかと思う。

力道山亡き後の日本の昭和のプロレスは、初代タイガーマスクが出てくるあたりまで基本構造は「BIの対立」であった。

75年３月にソウルで大木が猪木とインターナショナル・ヘビー級王座防衛戦を行った際に実現した張永哲（チャン・ヨンチョル＝前列右）との「和解」。しかし、この後に両者は再び対立するようになる。

では、韓国国内はどうだったのか。先に記した金一派と主流派による対立の本質は、大木金太郎と張永哲の確執の歴史である。

72年に日プロが崩壊した後、大木は残党を引き連れて全日本プロレスに合流したが、73年いっぱいで大木が離脱すると、翌年夏に張は全日本のリングに上がった。

75年秋に大木が新日本プロレスから全日本に引き抜かれると、翌年になって張は新日本に上がる。

つまり、張は常に大木の逆側にいた。しかし、大木のように馬場や猪木と共犯関係は築けなかった。

大木と張の接点は75年春以降、見当たらない（別項で詳述）。その後も張は韓国の「国内派スター」であり続け、大木との対立は続いた。

70年から76年まで、韓国には「セマウル運動」というものがあった。要は近代化運動である。これにより、農村電化率は91％に上がる。

大木は、この「セマウル運動」に貢献した。生まれ故郷の村に電気を引いたこともあるが、張にはそのような逸話はない。一方は社会的勝者、一方は敗者。そんな状態では、和解の日は訪れない。

張をはじめとする主流派のレスラー達は、ほとんどの試合を日本で行い、韓国での試合数が少なかった大木のことを「ハンジョッパリ（半日本人）」と蔑んだ。しかし、そこには成功を収めている大木に対する嫉妬の感情もあったであろう。

大熊元司リンチ事件から40年あまり経った2006年2月、大木と張は和解した。この和解劇は、大木が「一歩引く」ことによって実現した。

その時期、張は入院しており、大木が見舞いに訪れた。大木は「渋滞が解消したような感じ」と喜び、張は「私が礼儀知らずだった」と後悔した。

大木は「本当は〝後輩の方が先に訪れず、どうして自分が先に訪れるのか〟と考えた」が、「今、会わなければ二度と会うことができない」と車椅子に乗って張の病院を訪ねた。

大木の予感は当たり、半年後に張はこの世を去る。そして同年10月26日、大木も張のいる場所に逝ってしまった。大木の死去に関しては、章を改めて詳しく触れたい。

キンタロウ・オオキの試合記録

【第一次武者修行】

■1963年9月

9日【パサディナ】○大木vsブロードウェイ・ビーナス●

■10月

14日【パサディナ】○大木vsスティーブ・スタンレー●
15日【ロングビーチ】○大木vsエル・トロ●
16日【ロサンゼルス】○大木vsエル・トロ●
18日【ロサンゼルス】○ドン・レオ・ジョナサン&フレッド・ブラッシーvs大木&ミスター・モト●
19日【サンバーナーディーノ】○大木vsボブ・スタンレー●
23日【ロサンゼルス】○大木vsK・O・マーフィ（マット・マーフィ）●
24日【ベーカーズフィールド】○大木vsボブ・スタンレー●（カウントアウト）
26日【パサディナ】○大木vsエル・トロ●
29日【ロングビーチ】△大木vsボブ・スタンレー△
30日【サンバーナーディーノ】○大木vsボブ・スタンレー●

■11月

2日【パサディナ】○大木vsエル・トロ●
6日【ロサンゼルス】○大木vsエル・トロ●
7日【ベーカーズフィールド】△大木vsブロードウェイ・ビーナス△
8日【サンディエゴ】○大木&ミスター・モトvsエル・トロ&ブロードウェイ・ビーナス●
9日【サンバーナーディーノ】○大木vsK・O・マーフィ●
12日【ロングビーチ】○大木vsチーフ・アバ●
13日【ロサンゼルス】○大木vsスティーブ・スタンレー●
16日【サンバーナーディーノ】○ビリー・バルガ&ボビー・デュラントンvs大木&ミスター・モト●
19日【ロングビーチ】○大木vsフリッツ・フォン・ゲーリング●
21日【ベーカーズフィールド】○大木vsチーフ・アバ●
22日【ロサンゼルス】△大木vsフリッツ・フォン・ゲーリング△
23日【パサディナ】○大木vsボブ・スタンレー●
26日【ロングビーチ】△大木vsレッド・バスチェン△
27日【ロサンゼルス】○大木vsペドロ・ゴドイ●
28日【ノースハリウッド】大木vsペドロ・ゴドイ
29日【サンディエゴ】○大木&ミスター・モトvsドン・レオ・ジョナサン&フレッド・ブラッシー●
30日【パサディナ】○大木vsボブ・スタンレー●

■12月

3日【ロングビーチ】○大木vsペドロ・ゴドイ●
7日【パサディナ】○大木vsK・O・マーフィ●
10日【ロングビーチ】○大木&ミスター・モトvsベアキャット・ライト&レッド・バスチェン●（USタッグ＝獲得）
11日【ロサンゼルス】○大木&ミスター・モトvsスティーブ・スタンレー&ボビー・デュラントン●
13日【ロサンゼルス】△大木&ミスター・モトvsフリッツ・フォン・ゲーリング&ボビー・デュラントン△
14日【パサディナ】○大木&ミスター・モトvsスティーブ・スタンレー&ボブ・スタンレー●

17日【ロングビーチ】○大木&ミスター・モトvsフレッド・ブラッシー&ザ・プリーチャー●
18日【ロサンゼルス】△大木vsザ・プリーチャー△
20日【サンディエゴ】○ザ・マミー&ニキタ・マルコビッチvs大木&レッド・バスチェン●
21日【サンバーナーディーノ】○大木&ミスター・モトvsスティーブ・スタンレー&ボブ・スタンレー●（USタッグ）
25日【ロサンゼルス】○大木&ミスター・モトvsフリッツ・フォン・ゲーリング&アート・マハリック●
28日【サンバーナーディーノ】○大木&ミスター・モトvsザ・プリーチャー&ニキタ・マルコビッチ●（USタッグ）

■1964年1月

1日【ロサンゼルス】△大木&ミスター・モトvsザ・プリーチャー&ニキタ・マルコビッチ△
2日【ベーカーズフィールド】△大木&ミスター・モトvsスタン・ネルソン&アート・ネルソン△
3日【サンディエゴ】○フレッド・ブラッシーvs大木●
4日【サンバーナーディーノ】△大木&ミスター・モトvsスタン・ネルソン&アート・ネルソン△
7日【ロングビーチ】○スタン・ネルソン&アート・ネルソンvs大木&ドン・サベージ●
8日【ロサンゼルス】○大木vsフリッツ・フォン・ゲーリング●
9日【ベーカーズフィールド】○スタン・ネルソン&アート・ネルソンvs大木&ミスター・モト●（USタッグ=陥落）
10日【サンディエゴ】○スタン・ネルソン&アート・ネルソンvs大木&ミスター・モト●
11日【サンバーナーディーノ】○スタン・ネルソン&アート・ネルソンvs大木&ミスター・モト●（USタッグ）
16日【ベーカーズフィールド】○フレッド・ブラッシーvs大木●
17日【サンディエゴ】○スタン・ネルソン&アート・ネルソンvs大木&ミスター・モト●
18日【サンバーナーディーノ】○大木vsニキタ・マルコビッチ●（DQ）

・本編でも述べた通り、第一次武者修行末期の大木の記録が2つ存在する。このうちのどちらかは間違いであろうが、断定できないので双方を記す。

《ヒューストン地区》

■1月

20日【フォートワース】大木vsジョン・ポール・ヘニング
20日【フォートワース】大木&ミスター・モトvsジョン・ポール・ヘニング&ジョー・ブランチャード
21日【ダラス】△大木vsレイ・ゴードン△
22日【サンアントニオ】○ジョー・ブランチャードvs大木●
23日【オースティン】○ジョン・ポール・ヘニング&ジョー・ブランチャードvs大木&ミスター・モト○
24日【ヒューストン】○ジョン・ポール・ヘニングvs大木●

《ロサンゼルス地区》

21日【ロングビーチ】○スタン・ネルソン&アート・ネルソンvs大木&エドワード・カーペンティア●
22日【ロサンゼルス】△大木vsニキタ・マルコビッチ△
23日【ノースハリウッド】○スタン・ネルソン&アート・ネルソンvs大木&エドワード・カーペンティア●
24日【サンディエゴ】○エドワード・カーペンティアvs大木●
25日【サンバーナーディーノ】○スタン・ネルソン&アート・ネ

ルソンvs大木&ディック・ハットン●

【第二次武者修行】

■1964年9月

15日【ダラス】○大木&デューク・ケオムカvsキラー・カール・コックス&アーノルド・スティール●
17日【オースティン】△大木&デューク・ケオムカvsアルバート・トーレス&ラモン・トーレス△
18日【ヒューストン】○キラー・カール・コックスvs大木●
19日【ボーモント】大木vsジェリー・ミラー
22日【ダラス】○大木vsアーノルド・スティール●
23日【ガルヴストン】6人バトルロイヤル（優勝：アート・トーマス、参加：大木など）
23日【ガルヴストン】○大木vsロッコ・ラムバン●
24日【オースティン】○大木vsトルベリーノ・ブランコ●
25日【ヒューストン】○大木vsトルベリーノ・ブランコ●
26日【ボーモント】大木vsアーノルド・スティール
29日【ダラス】○キラー・カール・コックスvs大木●

■10月

1日【オースティン】○大木vsポール・ジョーンズ●
2日【ヒューストン】○大木vsキラー・カール・コックス●（フェンスマッチ）
3日【ボーモント】△大木vsアート・トーマス△
6日【ダラス】○大木&デューク・ケオムカvsアルバート・トーレス&ラモン・トーレス●
8日【オースティン】△大木vsラモン・トーレス△
9日【ヒューストン】○大木&デューク・ケオムカvsアルバート・トーレス&ラモン・トーレス●
10日【ボーモント】○チーフ・アイオタvs大木●（DQ）
13日【ダラス】○大木vsジェリー・ミラー●
14日【ガルヴストン】○大木vsチーフ・アイオタ●
15日【オースティン】○大木vsジェリー・ミラー●
16日【ヒューストン】○ルー・テーズvs大木●（NWA世界ヘビー）
19日【フォートワース】○大木vsロッコ・ラムバン●
20日【ダラス】○大木vsトニー・ボーン●（DQ）
21日【サンアントニオ】○大木vsロッコ・ランバン●
22日【オースティン】大木vsアルバート・トーレス
24日【ボーモント】○ラモン・トーレスvs大木●（DQ）
24日【ボーモント】○大木&デューク・ケオムカvsアルバート・トーレス&ラモン・トーレス●
26日【キリーン】大木vsジェリー・ミラー
27日【ダラス】○ザ・レッカー（バッドボーイ・シールド）vs大木●
28日【サンアントニオ】○大木vsキラー・カール・コックス●
29日【オースティン】○アルバート・トーレス&ラモン・トーレスvs大木&ロッコ・ランバン●
30日【ヒューストン】○大木vsトニー・ボーン●（DQ）
31日【ボーモント】△大木vsルイス・ヘルナンデス△

■11月

2日【キリーン】大木vsクロウマン
2日【キリーン】大木&デューク・ケオムカvsジェリー・ミラー&クロウマン
3日【コーパスクリスティ】6人バトルロイヤル（優勝：不明、参加：大木など）
4日【サンアントニオ】○エンリキ・トーレスvs大木●
5日【ウェイコ】○キラー・カール・コックス&クロウマンvs大

木&デューク・ケオムカ●
5日【ウェイコ】△大木vsクロウマン△
6日【ヒューストン】○ディック・スタインボーン&マイク・ハーモンvs大木&ロッコ・ランバン●
7日【レイクチャールズ】○大木vsダニー・マクシェーン●
9日【キリーン】バトルロイヤル（優勝：不明、参加：大木、ドリー・ディクソンなど）
10日【コーパスクリスティ】大木vsジム・グラブマイヤー
11日【サンアントニオ】○ドリー・ディクソン&アルバート・トーレスvs大木&デューク・ケオムカ●
16日【キリーン】大木vsジム・グラブマイヤー
17日【コーパスクリスティ】大木vsロッコ・ランバン
17日【コーパスクリスティ】大木&ラモン・トーレス&マイク・ハーモン&プリティボーイ・フロイドvsロッコ・ランバン&ジム・グラブマイヤー&クロウマン（4対3ハンディキャップマッチ）
18日【サンアントニオ】○ドリー・ディクソンvs大木●
20日【ヒューストン】○フレッド・カリーvs大木●
23日【パサディナ】○大木vsドン・ダフィ●
23日【フォートワース】○フレッド・カリー&ブル・カリーvs大木&スチュ・ギブソン●
23日【フォートワース】○ブル・カリーvs大木●
24日【ダラス】○ディック・スタインボーンvs大木●
24日【ダラス】12人バトルロイヤル（優勝：ブル・カリー&クロウマン＝2人優勝、参加：大木、フリッツ・フォン・エリックなど）
26日【オースティン】○フレッド・カリーvs大木●
30日【パサディナ】△大木vsドン・ダフィ△

■12月

1日【ロングビーチ】△大木vsトニー・ガラーザ△
1日【ロングビーチ】12人バトルロイヤル（優勝：エドワード・カーペンティア、参加：大木、ボブ・エリスなど）
2日【ロサンゼルス】△大木&リッパー・コリンズvsアルバート・トーレス&トニー・ガラーザ△
3日【ノースハリウッド】○大木vsリッキー・セクストン●
5日【サンバーナーディーノ】△大木vsリッパー・コリンズ△
9日【ロサンゼルス】○大木vsトニー・ガラーザ●
11日【サンディエゴ】△大木vsリッパー・コリンズ△
14日【パサディナ】△大木vsリッキー・セクストン△
16日【ロサンゼルス】○ザ・ハングマンvs大木●
16日【ロサンゼルス】10人バトルロイヤル（優勝：ボブ・エリス、参加：大木、ザ・デストロイヤー、エドワード・カーペンティアなど）
17日【ノースハリウッド】大木vsリッパー・コリンズ
18日【サンディエゴ】△大木vsトニー・ガラーザ△
19日【サンバーナーディーノ】△大木vsトニー・ガラーザ△
21日【パサディナ】△大木vsリッパー・コリンズ△
26日【サンバーナーディーノ】△大木vsバド・コディ△

■1965年1月

2日【サンバーナーディーノ】○ザ・デストロイヤー&ハードボイルド・ハガティvs大木&ミスター・モト●
2日【サンバーナーディーノ】10人バトルロイヤル（優勝：ミスター・モト、参加：大木、ザ・デストロイヤーなど）
9日【サンバーナーディーノ】○ポール・ダイアモンドvs大木●
12日【ロングビーチ】○ザ・デストロイヤーvs大木●
14日【ノースハリウッド】大木vsエドワード・カーペンティア

16日【リトルフィールド】大木vsビル・グラハム
18日【アビリーン】△大木vsザ・ロウマン（ドン・スラットン）△
19日【オデッサ】大木&ザ・レッド・ライダーvsドリー・ファンク・シニア&ドリー・ファンク・ジュニア
20日【ラボック】○大木vsビル・グラハム●
21日【アマリロ】○ホセ・ロザリオvs大木●（DQ）
23日【リトルフィールド】大木vsドン・カーティス
25日【アビリーン】○大木vsザ・ロウマン●
26日【オデッサ】大木&アート・ネルソン&ザ・レッド・ライダーvsドン・カーティス&ドリー・ファンク・ジュニア&ザ・ロウマン
27日【ラボック】○大木&デューク・ホフマンvsドン・カーティス&ビル・グラハム●
28日【アマリロ】○大木vsザ・ロウマン●
30日【リトルフィールド】○ザ・レッド・ライダーvs大木●

■2月

1日【アビリーン】○大木vsザ・レッド・ライダー●
2日【オデッサ】大木vsジャック・ケイン
3日【ラボック】○ドリー・ファンク・シニア&ホセ・ロザリオ&ドン・カーティスvs大木&アート・ネルソン&デューク・ホフマン●
4日【アマリロ】△大木vsアート・ネルソン△
6日【リトルフィールド】○大木vsヤキ・ジョー●
8日【アビリーン】○ザ・ロウマンvs大木●（テキサスデスマッチ）
9日【オデッサ】大木vsアート・ネルソン
10日【ラボック】○大木vsザ・ロウマン●
11日【アマリロ】9人バトルロイヤル（優勝：デューク・ホフマン、参加：大木など）
11日【アマリロ】○大木vsビル・グラハム●
13日【リトルフィールド】○大木vsザ・ロウマン●
15日【アビリーン】○大木vsドリー・ファンク・ジュニア●
16日【オデッサ】○ドリー・ファンク・ジュニアvs大木●（DQ）
17日【ラボック】○大木vsケン・ルーカス●
18日【アマリロ】○大木vsニック・ロバーツ●
20日【リトルフィールド】○大木vsザ・ロウマン●
22日【アビリーン】○大木vsドン・カーティス●
23日【オデッサ】大木vsザ・シーク
24日【ラボック】○大木vsドリー・ファンク・ジュニア●
25日【アマリロ】○ドリー・ファンク・ジュニアvs大木●（DQ）

■3月

1日【アルバカーキ】○大木vsビル・グラハム●
2日【オデッサ】大木vsホセ・ロザリオ
3日【ラボック】○大木vsドン・カーティス●
4日【アマリロ】○大木vsビル・グラハム&ジャック・ケイン●（ハンディキャップマッチ）
4日【アマリロ】○大木vsホセ・ロザリオ●
8日【アルバカーキ】○ホセ・ロザリオvs大木●
9日【オデッサ】大木vsホセ・ロザリオ
9日【オデッサ】13人バトルロイヤル（優勝：不明、参加：大木など）
10日【ラボック】○大木vsホセ・ロザリオ●
11日【アマリロ】○ドリー・ファンク・シニア&ホセ・ロザリオ&ドン・カーティスvs大木&スプートニク・モンロー&ケン・ルーカス●（テキサスデスマッチ）
15日【アビリーン】○大木vsペドロ・ゴドイ●
15日【アルバカーキ】○ドン・カーティスvs大木●（DQ）
16日【オデッサ】大木vsデューク・ホフマン

17日【ラボック】○ジョニー・バレンタインvs大木●（DQ）
18日【アマリロ】○大木vsドリー・ファンク・シニア●
20日【リトルフィールド】大木vsドリー・ファンク・シニア
22日【アルバカーキ】○ドン・カーティスvs大木●（DQ）
23日【オデッサ】大木&ペドロ・ゴドイvsドリー・ファンク・シニア&ホセ・ロザリオ
24日【ラボック】○ドン・カーティス&ザ・ロウマンvs大木&ペドロ・ゴドイ●
25日【アマリロ】○大木vsケン・ルーカス●
27日【リトルフィールド】○大木vsスプートニク・モンロー●
29日【アルバカーキ】△大木&スプートニク・モンローvsドン・カーティス&ホセ・ロザリオ●
30日【オデッサ】大木&ヒロ・マツダvsドン・カーティス&ホセ・ロザリオ
31日【ラボック】大木&ヒロ・マツダvsドン・カーティス&ザ・ロウマン

■4月

1日【アマリロ】○大木vsドリー・ファンク・シニア●（テキサスデスマッチ）
3日【リトルフィールド】大木vsホセ・ロザリオ
5日【アルバカーキ】○ホセ・ロザリオvs大木●
6日【オデッサ】大木&ヒロ・マツダ&ケン・ルーカスvsドリー・ファンク・シニア&ドン・カーティス&ホセ・ロザリオ
7日【ラボック】○ドリー・ファンク・シニア&ジョー・スカルパvs大木&ケン・ルーカス●
8日【アマリロ】○ドリー・ファンク・シニア&ジョー・スカルパvs大木&ヒロ・マツダ●
12日【アルバカーキ】○大木vsドン・カーティス●
13日【オデッサ】大木vsドン・カーティス
14日【ラボック】○ジョー・スカルパvs大木●
15日【アマリロ】○大木&ジョン・トロスvsドン・カーティス&ジョー・スカルパ●（アマリロ版NWA北米タッグ＝獲得）
19日【アルバカーキ】○ドリー・ファンク・シニア&パット・オコーナーvs大木&ケン・ルーカス●
20日【エルパソ】○大木vsビル・グラハム●
21日【ラボック】大木&ペドロ・ゴドイvsティム・ウッド&ジョー・スカルパ
22日【アマリロ】○ホセ・ロザリオ&ジョー・スカルパvs大木&ジョン・トロス●（アマリロ版NWA北米タッグ＝DQ）
27日【エルパソ】○ジョー・スカルパvs大木●
28日【ラボック】△大木&ジョン・トロスvsドリー・ファンク・シニア&ホセ・ロザリオ△
29日【アマリロ】○大木&ジョン・トロスvsドン・カーティス&ティム・ウッド●（ワンナイト・タッグトーナメント予選）
29日【アマリロ】○大木&ジョン・トロスvsドリー・ファンク・シニア&ホセ・ロザリオ●（ワンナイト・タッグトーナメント決勝）

■5月

3日【アルバカーキ】○ジョー・スカルパvs大木●
4日【エルパソ】○大木vsライ・バルデス●
5日【ラボック】○ザ・シークvs大木●（DQ）
6日【アマリロ】△大木&ジョン・トロスvsドン・カーティス&ホセ・ロザリオ△
11日【エルパソ】○大木vsライ・デュラン（レイ・ダオアング）●
12日【ラボック】○大木&ジョン・トロスvsドン・カーティス&ジョー・スカルパ●（アマリロ版NWA北米タッグ）

18日【エルパソ】○ドン・カーティスvs大木●
19日【ラボック】○ドリー・ファンク・シニア&リッキー・ロメロvs大木&ジョン・トロス●
20日【アマリロ】△大木&エル・モンゴルvsティム・ウッド&ザ・ロウマン△（10分時間切れ）
24日【アルバカーキ】10人バトルロイヤル（優勝：ヘイスタック・カルホーン、参加：大木、ハンス・シュミットなど）
26日【ラボック】大木&ジョン・トロスvsヘイスタック・カルホーン&ジョー・スカルパ
26日【ラボック】バトルロイヤル（優勝：不明、参加：大木、ヘイスタック・カルホーン、ハンス・シュミットなど）
27日【アマリロ】○大木vsニック・ロバーツ●
27日【アマリロ】13人バトルロイヤル（優勝：ヘイスタック・カルホーン、参加：大木、ハンス・シュミットなど）
31日【アビリーン】○ホセ・ロザリオvs大木●

■**6月**
1日【オデッサ】大木vsティム・ウッド
2日【ラボック】○ザ・ロウマンvs大木●（DQ）
3日【アマリロ】○ドリー・ファンク・シニアvs大木●（アマリロ版NWA北米ヘビー）

■**8月**
11日【ソウル】○大木vs芳の里●（極東ヘビー王座決定戦＝獲得。同王座は日韓共同認定）

■**11月**
25日【ソウル】○大木vs大熊元司●
26日【ソウル】○大木&ミスター・モトvsカール・カールソン&バイキング・ハンセン●
27日【ソウル】○大木vsユセフ・トルコ●
27日【ソウル】○大木vsカール・カールソン●

■**12月**
16日【ソウル】○大木&千圭徳vs大坪清隆&松岡巌鉄●
17日【ソウル】○大木vsリッパー・コリンズ●（極東ヘビー）

■**1966年3月**
不明【ソウル】○大木vsジョー・スカルパ●（極東ヘビー＝13日の可能性が高い）

chapter-3

カンジ・イノキのアメリカ武者修行

HOUSTON

★ Wrestling Program ★

MORRIS P. SIGEL, Promoter — MRS. SHIRLEY STEED, Assistant Promoter

No. 1018 — Friday, July 9, 1965 — Houston, Texas — Phones CA 2-2388-89 — Price 20c

INOKI!

YOKOHAMA ATHLETE LOOKS GREAT! FACES TOUGHEST TEST TONIGHT!

JAPAN'S BEST YOUNG GIANT

Bull Is Ready For Judo Brawl!

Houston fans have seen a lot of Japanese wrestlers in action, some of the best that Nippon has to offer, but no Oriental has ever made the terrific hit with Texans that young Kanji Inoki has made. He has done it with a combination of youth, aggressiveness, power, ability and sheer personality. A great combination!

Inoki is only 21 years of age but in the matter of experience he is able to stand up against any man. One of the reasons is his wide variety of styles, since he has been big enough to stand he has been schooled in the ancient rites of Sumo; the tricky defensiveness of judo and the hard headed punishment of karate.

But from the first moment he came in contact with the American style of wrestling Inoki knew that was the style he would fit best and he went in for it whole heartedly. Many Japanese wrestlers go into the USA pro grappling game in Japan but they don't go into it as completely as they should. Not so with Inoki, he plunged all the way and has been a complete success.

Tonight he faces his toughest test since coming to this country when he meets the Battling Bull. Curry doesn't quite know what to expect from the Nipponese but he is ready for it. Last week he came through with a surprise when he outwrestled Teddy Lewin . . . and fans admit that they got a shock to see Curry apply so many holds.

"I do whatever is necessary to win a match," said the Bull

THE BULL

THE BLUE AVENGER, one of Meixco's most promising masked men, makes his debut here tonight and will try to follow in the famous footsteps of masked men who have preceeded him. According to experts in Mexico he can do it, he has speed, ability and is in great condition for some sizzling scraps . . . Avengador Azul, the Blue Avenger.

Lewin Accuses Fritz Of Fear!

Maniac Mark Lewin has complained bitterly to anyone who will listen that he is not getting the break he deserves here and that the quality of his opposition is not strong enough to show him at his best.

"Look at the miserable opponents I've had the past 3 weeks," growled Mark, "I could beat all three of them in the same ring at the same time on the same night. That fat boy Ramos is a good boy, as good boys go and he ought to go; that character Indio Peon should have stayed home and sent his pajamas into the ring and then tonight I have this puncy ex-fighter. What's the matter with Fritz Von Erich, is he so afraid of me he pretends I am not here? And this Jap that people are raving about, who did he ever beat? Not me! If I inspire so much fear in these guys who have to protect their reputations that they send these children out to do a man's job, then maybe they better get off the throne and let the King climb on."

アントニオ猪木のアメリカ武者修行について記す前に、馬場が第一次武者修行に出た後の猪木の成長ぶりを見ておこう。

馬場・猪木比較論の中で、馬場が力道山にエリートとして育てられ、猪木は雑草扱いであったとする論調は多い。しかし、他の若手レスラー、あるいは吉原功、大坪清隆といった馬場、猪木入門以前にライトヘビー級部門で実績がある古参中堅レスラーに比べて、猪木の扱いは格段に良かった。そして、日増しに「第二のルー・テーズ」の声が強まっていく。

大木と20試合連続引き分け

まずは馬場が初渡米後、日本国内に残された1961年7月以降の猪木vs大木に注目してみる。

同年11月13日、新潟・糸魚川市糸魚川小学校体育館での対戦は45分3本勝負で行われ、大木が2－1で勝利した（2本目は猪木が逆さ押さえ込みで

寮では相部屋でも、リング上ではガチガチに殴り合っていた猪木と大木。しかし、2人ともよく鍛えられている。力道山時代、観客が安心して興行を楽しめた礎にこのような若手の試合があった。

フォール勝ち)。

　この一戦は、猪木にとって初めての45分3本勝負である。つまり、これは猪木のファイトが観客の鑑賞に長時間耐えうるかのテストマッチでもあった。しかし、次に猪木が45分3本勝負を任されるまでに9ヵ月を要した。この日は、力道山から「合格」が出なかったのだ。

　この試合を含め、64年3月に猪木がアメリカ武者修行に出るまでの間に猪木vs大木は32度行われ、戦績は猪木から見て0勝6敗26分である。

　引き分けの多さが注目されるが、特に62年9月23日の石川・七尾市営城山球場から63年8月23日のリキ・スポーツパレスまで20試合連続で引き分けだった。

　この後、9月に大木が第一次武者修行に出る。63年2月に大木が無断帰国すると、翌64年1月から猪木が武者修行に出る同年3月までに猪木vs大木は2度行われ、大木が連勝した。

　大木は前年12月にロサンゼルス地区でミスター・モトと組み、WWA世界タッグ(現地での名称はUSタッグ)王者になったことが日本でも報道されており、この2連勝の背景には「格」の上昇がある。

　猪木のデビュー戦からここまで両者のシングル戦績は、猪木の0勝8敗27分で白星なし。次に両者のシングルマッチが実現するのは74年10月、新日本プロレスのリング上でのことである。

力道山vs死神酋長の一騎打ち

　猪木は62年、大木と同様に初めて『第4回ワールドリーグ戦』参加が許された。

　この時、猪木は19歳。72年まで行われた同リーグ戦で、初出場の年齢としては最も若い。表面上、日系二世のブラジル人ということになっていた猪木はブラジル代表(陣営は日本側)として出場し、公式戦の成績はルー・テーズ、ディック・ハットン、フレッド・ブラッシーら外国人を相手に全敗だった。

別項で触れた通り、翌63年に大木、馬場は力道山とタッグを組んでいる。しかし、猪木と力道山のタッグは一度も実現しなかった。言うまでもなく、対戦もない。

代わりにといっては何だが、TVドラマの中での「力道山vs猪木」を記しておきたい。それは梶原一騎のデビュー作『チャンピオン太』で実現した。

物語のメインテーマは遠藤恵一が演ずる力道山門下生、主人公・大東太のプロレスラーとしての成長過程である。その第一話に猪木は「死神酋長」として出演し、力道山と対決した。

この時、猪木がメイクを施してモヒカンのカツラを被っていたことよりも印象深いのは、その若々しい弾力ある体、後の「アントニオ猪木」を思わせる構え、そしてロックアップのフォームである。

梶原は85年に『週刊ゴング』(日本スポーツ出版社)で連載していた「一騎回想録」で、その時の模様を次のように回想している。

「本気でガンガンやりゃあえええ。寛至よ、いつも張り倒されてる仕返しのチャンスだぜえ。セメントで来い!」

いともバカ正直?に若者は反応した。原作の筋書きどおり、序盤は反則の嵐に耐えるヒトを演ずる力道山をば、猪木扮する死神酋長は遠慮会釈なくブン殴り蹴りまくり絞め上げた。

肉と骨のきしむ物凄い音響。スタッフはビビリ青ざめ、誰かが呻いた。

「実戦より凄えや、コレ……」

しかり、あきらかに私の目にも凡百の実戦を超える瞬間が訪れた。

これも筋書きどおり力道山が伝家の宝刀・空手チョップで反撃に転じた瞬間、その瞬間である。若き猪木は筋書きどおりにはカンタンに吹っ飛ばされなかったのだ。力道山のセメント・チョップを踏みこらえセメント・ナックルで応酬する凝縮された白熱、殺気を見た、と自分も空手修行に血道あげていた当時の私は思い、懐然とした。

力道山も感応し、狂暴になった。不遜な若者はブッ倒され、くるおしく踏みにじられ、さらには引き起こされ、チョップの比でない本当の力道山の殺し道具ヘッドバットまでブチかまされた。

悲鳴を発し女性スプリクターが両手で顔をおおい、男性スタッフ全員は凍りついた。

彼らはドラマどころでない日本プロレス史の劇的瞬間に立ち合った。すなわち力道山・猪木セメント・マッチである。

撮影は62年8月18日、猪木が19歳の夏の出来事である。放映日は11月7日。この翌日の8日、沖縄・那覇市旭日橋広場特設リング大会からリングネームが猪木完至からアントニオ猪木に変わった。

テレビで生中継された馬場戦

力道山による理不尽なまでの「愛の鞭」を受けながら、我慢の日々を重ねていた猪木にとって、アメリカ武者修行とは一人前のレスラーになる手段であると同時に、力道山の日常的な暴力から離れる方便でもあったのだろう。しかし、力道山からは「20歳

日本プロレスでは、親分が海外に武者修行に出た元付き人に何かと世話を焼く。しかし、猪木の修行中、力道山はすでにこの世の人ではなかった。

になるまでは行かせない」とお預けを食らっていた。

猪木が成人を迎えたのは、63年2月20日。デビュー戦から2年半が経とうとしていたが、20歳になったからといって即座に海外渡航命令が出るわけではなく、しばらくは力道山の付き人としての日々が続くと思われた。

ところが、海外行きのチャンスが訪れる。3〜5月に開催される『第5回ワールドリーグ戦』終了後、参戦していたフレッド・アトキンスが帰国の際に猪木を帯同することが決まったのだ。

アトキンスは、61年7月に海外武者修行の旅に出た馬場をマネージメント。その馬場は同リーグ戦に凱旋帰国し、一躍スターダムにのし上がった（同年10月に再渡米）。

猪木と同日デビューの馬場が先に海外に出されたのは、よく言われるように力道山の英才教育の一環であるが、猪木より年齢が5歳も上であったことも大きい。すなわち大人の身体をしていたことに加え、プロ野球の世界で鍛えられたこともあり、すでにアスリートとして出来上がっていたからである。

しかし、不幸にも猪木はリーグ戦中の5月7日に怪我を負い、1ヵ月の欠場を余儀なくされた。当然、海外渡航は延期である。いくら力道山や兄貴分の豊登が慰めても、悔し涙の日々であったろう。

この『第5回ワールドリーグ戦』開催中、公式戦ではないが、久しぶりに馬場vs猪木が実現している。シリーズ中盤となる兵庫県豊岡市総合グラウンド特設リングでの30分1本勝負で、結果は馬場が勝利した。

計16回行われた猪木vs馬場のうち、10試合はこの63年に行われており、猪木は全敗だった（トータルで16戦全敗）。

7月から9月に掛けての4試合はセミファイナルとして45分3本勝負で行われ、そのうち3試合で猪木は馬場から1本を取っている。第一次武者修行によって長足の進歩を遂げた馬場から1本を取れたことは、やはり猪木にもデビュー3年で同様の進歩があったということだ。

この時期、外国人側はドン・ジャーディン、サニー・マイヤース、ミスター・ゼロの3人だけで、彼らは基本的に力道山とメインイベントの6人タッグで対戦する。そのためセミファイナルが日本側同士の45分3本勝負となることが多かった。これを馬場と猪木が任された形である。

7月28日、静岡県三島大社境内特設リングでの試合は『プロレス&ボクシング』誌が以下のように報道した。

ジャイアント馬場にやんやの拍手が送られた。相手は猪木。馬場ほどの人気は無いがファイト満満。しかし一本目は馬場がグローヴの様な大きな手でパンチを浴びせ、十八番のヤシの実割りの猛攻で体固め。二本目も勢いに乗って体当たりに行ったがこれは猪木の飛び蹴りのカウンターパンチを食ってダウン。一対一となった所でファンが又沸いた。力道山が颯爽とリング下に姿を見せたのだ。その姿はまるで横綱が控えに入る様な格好だったが、力道山が前座の試合の時にリング下に姿を見せるのは珍しい。リング上の馬場と猪木は先生が見ているとあって、一層闘志を燃やしあったが、猪木の頭突きを巧みにかわした馬場がニードロップを決めて体固め。

馬場が第一次武者修行から帰国時の2ショット。若手時代に馬場と大木、大木と猪木が組むことはあったが、BI砲は実現していない。プロレスの神様から、「待て」が入っていたのか。

両者の対決は関係者、玄人のファンの間でも注目が高く、7月19日と8月16日のリキ・スポーツパレスでの試合はテレビ中継枠に入った。

馬場vs猪木は同年10月2日にも栃木・足利市月見ヶ丘体育館で行われ、この試合を最後に馬場は再びアメリカに飛び立つ。両者は以後、二度とタッグマッチでも対戦することはなかった。

サムソン・ヘラクレスとの壮行試合

この63年の12月に力道山が急逝すると、日プロは豊登、芳の里、遠藤幸吉、吉村道明の新体制となり、社長には猪木が兄のように慕っていた豊登が就任した。これで延期されていた猪木の海外行きを阻むものは何もなくなり、念願のアメリカ武者修行が決定する。

渡米に先だって、64年3月6日にリキ・スポーツパレスで猪木は壮行試合を行い、相手はサムソン・ヘラクレスが務めた。この時期の日プロはハワイから来る外国人レスラーが多く、サムソンもその一人である。

この日、2人はセミファイナルで対戦。45分3本勝負で、猪木が1－2で敗れた。この時期の猪木は、まだアメリカから来たレスラーに勝つことが許されていなかったということであろう。

当時の猪木がどのように見られていたか、ここに格好の資料があるので紹介したい。以下は、翌日の『スポーツ・ニッポン』の観戦記である。

この試合を最後にしばらく日本のファンとお別れする猪木は怪力サムソンに善戦した。ミスター・ユニバースのサムソンにくらべ、やや腕のあたりは細く見えるが、骨格はむしろ猪木の方が大きい。今度の渡米で肉がつけば柔軟な体とあいまってオニに金棒。残る課題は決めワザを修得することだ。

マタざきから逆腕固めで先制攻撃がやや力不足で、逆にサムソンに片腕固めされたままロープに飛ばされ、はね返るところへドロップ・キックを決められ一本目を失った。が、若さにものをいわせてばん回した。ロープ下に猪木を落とし、安心したサムソンの虚を突きロープ外から突っ込んだ猪木のショルダーブロックが功を奏してタイ。怪力で痛めつけても反撃する猪木のタフさに手こずったサムソンが三本目、猪木のドロップ・キックのミスでやっと勝ちを拾った試合だった。

サムソンは遡ること約10年前、53年11月29日にホノルルで行われたNWA世界王者ルー・テーズへの挑戦者を決めるトーナメントの決勝で力道山が戦ったサミー・バーグと同一人物である。

このトーナメントを制した力道山はテーズに初挑戦し、この一戦が飛躍のきっかけになった。奇しくもサムソンは、力道山と猪木双方の転機の場に居合わせたことになる。

アメリカマットでの猪木の評価

猪木が武者修行に出ていた64～66年のアメリカマット界はNWA、AWA、WWWF、WWAの各団体が世界王者を認定していた。

猪木が初渡米した64年3月の段階で、各王者は以下の通りである。

■NWA＝ルー・テーズ
■AWA＝バーン・ガニア
■WWWF＝ブルーノ・サンマルチノ
■WWA＝フレッド・ブラッシー

猪木のアメリカ武者修行の実績は馬場に比べれば遜色はあるものの、それは馬場の実績が凄すぎるだけであって、一般に思われているほど向こうで低い評価を受けていたわけではない。

馬場の場合は、アメリカマット界に広く顔が売れていた東郷とアトキンスの保護の下、ニューヨーク、シカゴ、ロサンゼルスといった人口数ベスト3の大都市でメインを張ることができた。

もちろん、そこには本人のたゆまぬ努力もあったのだが、折しも世界4大王座体制の確立期に居合わせるという「時代」に後押しされた部分もある。

一方、猪木は渡航直前に現地でのコネクションが質・量ともに豊富な東郷、そしてアトキンスと日プロの関係が切れるという「不運」があった。

しかし、猪木は馬場が武者修行時代に対戦していない大物、ディック・ザ・ブルーザー、フリッツ・フォン・エリック、ジン・キニスキーらと相まみえるチャンスを得ている。これらは修行中に自分で築き上げた実績から掴み取ったカードで、数多い猪木の功績の中に付け加えられるべき事項である。

では、馬場以外の日本人選手と比べると、どうなのか。ここでは公平に比較するため、地域は昭和期の北米に限定し、日系レスラーはもちろんのこと、ヒロ・マツダやマサ斎藤のように長くアメリカに定着したレスラーはオミットして考えてみる。

あくまでも私の主観だが、業界の耳目を集めたという意味で猪木よりアメリカで「上」だったと思えるのは、70年～71年にAWAで活躍したストロング小林、80年代初頭に東部を皮切りに全米でアンドレ・ザ・ジャイアントと抗争を繰り広げたキラー・カーン、70年代末期から80年代にテキサス、カロライナ、テネシー、ジョージアで一世を風靡したザ・グレート・カブキくらいである。

AWAオマハ地区でトップを取ったグレート草津、デトロイト地区やロサンゼルス地区でベルトを巻いたグレート小鹿、ヒューストン地区でテーズのNWA世界王座に挑戦した大木、南部でタッグ王者だった上田馬之助にしても、猪木に及ぶレベルとは言えず、坂口征二やラッシャー木村に至ってはセミ、メインでの実績が乏しい。

では、師匠の力道山と比べた場合はどうなのか。

力道山には、ハワイでテーズに挑戦した実績がある。サンフランシスコではシャープ兄弟やレオ・ノメリーニと対戦し、ボボ・ブラジルとタッグも組んだ。

しかし、日プロ旗揚げ以前のアメリカ武者修行中は南部や東部、中西部での試合が全くない。当時、伝えられた実績の中で「試合に負けたのはテーズの他、レオ・ノメリーニ、フレッド・アトキンス、タム・ライスだけ」というのは真実だが、試合数や活躍したエリアに関しては誇張が多いことを指摘しておく。こと武者修行時代の実績に限れば、私は猪木に軍配を上げたい。

「オールラウンドレスラーというパースペクティブ（観点）から評価すれば、イノキの方が明らかにババよりも上だった。リフレクス（反射神経）が優れていて、身体全体がラバー（ゴム）のように柔軟だったね。あそこまでの素質を持ったレスラーは、アメリカにもなかなかいなかったと思う」

これはジン・キニスキーのコメントである（『Gスピリッツ』53号）。

猪木は武者修行中の後半、ヒューストン地区でキニスキーとシングルで対戦した（詳細は後述）。両者は猪木が帰国後の68年、70年にも日プロのリングで戦っているが、このコメントには多分に修行時代の猪木の印象が含まれているのではないかと思う。

猪木の最大の魅力は、「何でもあり」と言われることがある。すなわち「オールラウンド」だ。先のコメントでキニスキーが口にした「オールラウンド」は、技術的にラフもテクニックも優れていたというニュアンスであろう。

一般に「オールラウンド」であることが評価されるのは、しばしば対立してしまう2つの概念を同時に所持できる器用さがあるからだ。猪木のアメリカ武者修行は「ラフとテクニック」だけではなく、「強さと巧さ」、「観客論と勝負論」、「王道と邪道」

をも併存させていく過程だったように映る。

2人の「トーキョー・トム」

猪木は武者修行中、すでに日本で名乗っていた「アントニオ猪木」ではなく、エリアごとにリングネームを変えた。以下のテリトリーのうち、ロサンゼルス地区がWWAエリア、それ以外は全てNWAの勢力圏である。

■64年3月＝ハワイ「カンジ・イノキ」
■4～6月＝セントラルステーツ地区「トーキョー・トム」
■6～10月＝ロサンゼルス地区「リトル・トーキョー」
■11月～65年5月＝オレゴン地区「ミスター・カジモト」
■5～6月＝ロサンゼルス地区「リトル・トーキョー」
■6～11月＝ヒューストン地区「カンジ・イノキ」
■11月～66年2月＝テネシー地区「カンジ・イノキ」

本書において拙稿および別掲の試合記録は、日本ではなく現地の報道を元にしている。猪木が出場した全ての試合が報道されていたわけではないだろうが、記録を調べると、過去に日本で語られていた史実とは異なっている部分がいくつもある。

ここから時系列に沿って猪木の武者修行を検証していくが、その前にセントラルステーツ地区で用いた「トーキョー・トム」というリングネームに関して問題をクリアにしておきたい。

実は猪木が同地区で武者修行中、全く同じ時期にヒューストン地区に同じ名前を名乗るレスラーがもう一人いた。アメリカで出版されている書籍やインターネット上に流通する記録を見ても、この2人はしばしば混同されている。この「トーキョー・トム問題」によって生じた史実上の誤りを挙げてみよう。

■64年6月24日、猪木はヒューストンでジョー・ブランチャードを破り、テキサス・ヘビー級王座を奪取。これが猪木が獲得した最初のタイトルである。

■オレゴン地区で修行中の65年2月、猪木はテキサス州にスポット参戦し、ボブ・エリスと引き分けた。

■65年秋にアマリロで猪木は世界王者になる前のドリー・ファンク・ジュニアと対戦し、勝利した。

これらは全て事実誤認で、もう一人の「トーキョー・トム」の戦績である。繰り返すが、猪木がこの名前を名乗ったのはセントラルステーツ地区だけなのだ。もう一人の「トーキョー・トム」の正体は、フィリピン系レスラーの本名レイ・ウルバノ。彼はオーストラリアで本名でファイトした後、「タロー・サクロ」として米本土に上陸し、62年にはテネシー地区で武者修行中だった芳の里とタッグを組んだ。73年には、ジェス・オルテガをマネージャーにデトロイト周辺で「初代カブキ」としてファイトした元祖ペ

TOKYO TOM TO RETURN!

Tough Tokyo Tom, the man whose ceremony with the Golden Idol made him a marked man here, will return to action next Friday night on the same card that will offer the world title test with a Japanese team stepping in against Von Erich and Kox. There may be some deep connection between these 2 events but promoter Morris Sigel, who was contacted by Tom when he was in the Philippines, doesn't think so.

こちらがもう一人のトーキョー・トム。P101掲載のプログラムをご覧いただければ、ヒューストン地区ではそこそこの顔であったことがご理解いただけると思う。

インティングレスラーである。

ちなみに60年前後に全米で活躍したタロー・ミヤキ、65年前後に五大湖沿岸に定着していたプロフェッサー・ヒロ、67年にホノルルにいた金剛山とも混同されることがあるが、ウルバノとは別人。付け加えれば、その3選手は同一人物である。

ポケットいっぱいのドル紙幣

壮行試合を終えた猪木は64年3月9日、豊登と一緒にハワイへと飛び立った。

豊登が渡米した目的は猪木の付き添いではなく、グレート東郷に代わって新たに日プロの外国人招聘窓口となったミスター・モトとの打ち合わせだったが、3月中は猪木とともにハワイの興行に出場している。

猪木の扱いは、ベビーフェース陣営のセミファイナルもしくはセミ前。この時点でキャリア3年半だが、「ある程度はレスラーとして出来上がっている」という評価がなされたのであろう。

ハワイ諸島の中心・オアフ島に位置するホノルルは、ハワイマットの中心地でもある。興行は週に1回、木曜日にシビック・オーディトリアムで開催され、稀にマウイ島やパールハーバーの海軍施設で興行が開催されることもあった。

プロモーターは、エド・フランシスとロード・ブレアース。フランシスがボスで、ブレアースが補佐役である。

猪木のハワイデビュー戦は3月12日、プリンス・イヤウケア（キング・カーティス・イヤウケア）とのシングルマッチであった。結果は両者リングアウトによる引き分けとなっている文献もあるが、私が確認した記録では猪木の反則負け。この日、カードにラインナップされていなかった豊登の乱入が原因である。

当時のイヤウケアは、この一戦でセコンドに付き、豊登と睨み合いを演じたというカウボーイ・キャシディとのコンビでハワイ・タッグ王者だった。

イヤウケアの2度目の来日は64年2月で、先に挙げたリキ・スポーツパレスでの猪木の壮行試合の日はメインの6人タッグマッチに登場しており、猪木、豊登とともに日本からハワイに移動したことになる。

続いて3月19日に猪木はロード・ブレアースと組み、イヤウケア&トシ東郷と対戦した。結果は引き分け。マッチメークのセオリーに沿えば、先週の因縁を引きずって豊登&猪木がハワイ・タッグ王座に挑戦するところだが、当日に豊登vsキャシディのシングルが組まれた煽り（?）で、このタッグマッチにラインナップされた。

時は流れて79年8月26日、『プロレス 夢のオールスター戦』――。日本武道館の赤コーナー控室でPWF会長のブレアースと猪木は再会を喜び合ったというが、その背景にはこのハワイでのタッグ結成があったのだ。

この日、対角線上に立ったトシ東郷は「ハロルド坂田」という名前の方が日本では馴染みが深い。映画ファンの方々には、『007ゴールドフィンガー』に出演していたツバに刃物を仕込んだ山高帽を投げる悪役オッド・ジョブと言った方が通りが良かろう。

この映画がイギリスで封切られたのは、猪木とハワイで対戦した年の秋。知名度が上がったこともあって、翌年にはヨーロッパでも活躍した。

72年には旗揚げ直後、ノーTV時代の新日本プロレスに来日。日本側の中堅として山高帽のツバで外国人レスラーを殴る戦法で客席を沸かせようとしたが、映画を知らないファンはキョトンとするばかりだったという。

翌週の3月26日、猪木は再びブレアースと組んでハードボイルド・ハガティ&エクスキューショナー（ヴィック・クリスティ）に敗れた。ハガティは、この時のハワイ・ヘビー級王者。つまり、同地区のトップであった。

ハガティは63年秋から64年上半期に掛けてハワイに滞在しており、猪木と対戦した翌週（4月3日）に馬場とも対戦するという珍記録の持ち主である。この時、前述のように猪木はタッグマッチで敗れ、馬場はシングルマッチで勝利した。

同年2月にＮＷＡ、ＷＷＷＦ、ＷＷＡの各世界王座に連続挑戦したばかりの馬場は、その地区の王者といえども勝ちが許されない存在になっていたということになる。もっとも、そこにはこれから日本のトップになる馬場を何度も使いたいというプロモーター側の思惑もあったはずだ。

まずまずの扱いを受けたハワイサーキットは試合が少なかった分、猪木はじっくりと今後の自分の進む道について考えていたに違いない。この2年半後、東京プロレス設立時にここハワイが「太平洋上略奪事件」の舞台となるとは露ほども思っていなかったであろう。

ハワイでのスケジュールを終えた猪木は次なる武者修行の地セントラルステーツ地区に移動する途中、ロスの中華レストランでミスター・モトを交え、第二次アメリカ武者修行を終えて帰国を目前に控えた馬場と半年ぶりに再会した。

「日本に帰る俺には、もういらん。いいから取っておきなよ」

この時、馬場が一掴みのドル紙幣を猪木の胸ポケットに捻じ込んだエピソードは、あまりにも有名である。

「ハート・オブ・アメリカ」に転戦

セントラルステーツ地区とはカンザス州、ミズーリ州、アイオワ州一帯を指す。アメリカ合衆国のほぼ真ん中に位置し、「ハート・オブ・アメリカ」とも言われる地帯だ。

プロモーターはテリトリーの中心地セントジョセフがガスト・カラス、カンザスシティは現役も兼ねていたボブ・ガイゲルである。さらにサニー・マイヤースがガイゲルを補佐していた。

かつてカンザスシティはフランク・ゴッチやエド・ストラングラー・ルイスのホームリングでもあり、ルイスの弟子ルー・テーズも幾度となくこのリングに上がっている。73年にドリー・ファンク・ジュニアからハーリー・レイスへ、81年にはダスティ・ローデスからリック・フレアーへNWA世界王座が移動した舞台にもなり、アメリカのプロレス史の中心となるエリアだ。

ここまで書いて、私はビル・ロビンソンの言葉を思い出した。

「日本のベストレスラーは、アントニオ猪木だ。テクニック面とハート面。スタンド面とグラウンド面。さらにコンディション面。それらをオールラウンドに持っており、トータル的に欠点が少ないということだよ。ビリー・ライレー・ジムのレスラーなのではないか、と錯覚するような素晴らしいレスラーだったね。私自身のベストマッチはライレー・ジムの兄弟子ビリー・ジョイス戦だが、2位に挙げるとしたら75年12月、蔵前国技館での猪木戦だ。日本で唯一、この試合だけはキャッチ・アズ・キャッチ・キャンで戦ったんだよ。この試合では実際にハイレベルな攻防ができたし、お客さんに試合内容で感動してもらえた。試合中盤でロープブレイクした時に、レフェリーのレッドシューズ・ドゥーガンが〝ブレイク〟と声を掛けた瞬間、猪木が私の足を取ろうとしたんだ。勝つためには当然の行為なんだが、私はカーッとしてね。猪木の勝負への執念も凄かったね」

キャッチ・アズ・キャッチ・キャンとは現在のフリースタイルレスリングのルーツで、サブミッション・ホールド（関節技）に特色がある。その発祥地は英国ランカシャー地方。ロビンソンの出身ジム、ビリー・ライレー・ジムはランカシャー地方のマンチェスター郊外ウィガンにある。

ウィガンにはライレー・ジム設立（第二次世界大

戦直後）のずっと前、トム・コナーズというレスラーがいた。コナーズは19世紀末にアメリカに渡り、そのテクニックは〝ハート・オブ・アメリカ〟アイオワ州出身のマーティン・ファーマー・バーンズに伝わる。

そのバーンズからキャッチ・アズ・キャッチ・キャンの技術を仕込まれたレスラーがフランク・ゴッチである。

67年暮れに日本プロレスにコーチとして招かれたカール・ゴッチは、かつてウィガンのビリー・ライレー・ジムでキャッチ・アズ・キャッチ・キャンを学び、それを猪木らに伝えた。

ウィガンからハート・オブ・アメリカへ。ウィガンから日本へ――。

もちろん、米本土でのファイトが初めての猪木にはそんなことを考える余裕はなかったであろう。また、この時期のセントラルステーツ地区はフランク・ゴッチの時代とイコールではない。

しかし、馬場が武者修行でこの地をサーキットしなかったことも含め、日本から来た猪木の米大陸第一歩がハート・オブ・アメリカであったことに私は何か因縁めいたものを感じてしまう。

猪木とサニー・マイヤースの関係

当時のセントラルステーツ地区のサーキットコース、主力レスラー、主要王座の変遷は以下の通りである。

火＝イレギュラーに小都市
水＝デモイン、ドゥビューク
木＝カンザスシティ
金＝セントジョセフ
土＝シーダーラピッズ、ウォータールーの他、イレギュラーに小都市

【ベビーフェース】パット・オコーナー、サニー・マイヤース、ジョー・スカルペロ
【ヒール】ロッキー・ハミルトン、モンゴリアン・ストンパー、ビル・ミラー
［セントラルステーツヘビー級王座（セントジョセフ版）］
ロッキー・ハミルトン
［USヘビー級王座（ウォータールー版）］
ロッキー・ハミルトン→サニー・マイヤース
［北米タッグ王座（セントラルステーツ版）］
ビル・ミラー＆ボブ・ガイゲル→パット・オコーナー＆サニー・マイヤース→ダニー・プレッチェス＆リー・ヘニング→ムース・エバンス＆ザ・ローマン（ドン・スラットン）

プロレスラーの中には、このテリトリーを嫌う者も少なくなかったという。プロモーターたちが渋チンであることは他と同様だったが、人口が他地区に比べて少ない、すなわち大きな動員が見込めず実入りが少ないからである。さらに試合地への移動距離が長く、踏んだり蹴ったりのエリアなのだ。

カンザスシティとデモインの片道距離は、およそ500キロ。少なくとも週に二度、東京－大阪間に匹敵する距離のドライブを強いられる。確かに嫌われるわけだ。

当時、日プロと直接交流があった海外のエリアはハワイとロス（WWA）だけであり、セントラルステーツ地区のプロモーターとは全く縁がなかった。

猪木が3月いっぱいでアメリカ武者修行を切り上げる馬場と入れ替わりでロス地区に入らなかったのは、おそらくロス側の受け入れ準備ができていなかったからだと思われる。そこでミスター・モトは、

猪木をひとまずセントラルステーツ地区にブッキングした。

ハワイから米本土に上陸した猪木はロスから夜行バスに乗り、カンザスシティへと向かう。現地では、サニー・マイヤースが迎えに来る手筈になっていた。

マイヤースは、力道山時代の日プロに2度来日。猪木の素質に注目し、「俺に預けろ。こいつは未来のルー・テーズだ」と力道山に掛け合ったのは有名なエピソードだ。猪木としても頼りにしていたであろう。

しかし、何かの手違いか、マイヤースは迎えに来なかった。「行けば、わかるさ」と言ったかどうかは知らないが、猪木は何とかオフィスに辿り着き、この地区で武者修行を本格的にスタートさせる。

猪木の記念すべき米本土第1戦は3月31日、ガーデンシティでのルディ・ケイ戦だが、4月に入るとスティーブ・ボラス、マイヤースといった格上の選手と当てられるようになった。デビュー戦で「様子見」をされた猪木に、合格点が出たということである。

当時のマイヤースはこの地区のベビーフェース陣営のトップで、パット・オコーナーと組み、ビル・ミラー&ボブ・ガイゲルとセントラルステーツ・タッグ王座を巡って抗争中だった。猪木の滞在中は、その抗争相手にモンゴリアン・ストンパー&トーキョー・トム（猪木）が加わる。

サニー・マイヤースを一言で定義すれば、「若い頃のバーン・ガニアのライバル」である。しかし、ガニアに比べれば、そのキャリアは裏街道であった感が否めない。

後に東京プロレス旗揚げに際し、猪木はマイヤースを招聘。来日中、マイヤースは「東京プロレスとは、これが最後」とこぼしたという。おそらく何らかのトラブルが生じたのかもしれないが、2人の友好関係はここで終わる。

モンゴリアン・ストンパーと合体

この地区での猪木の位置付けは、ヒールである。4月中に徐々に格を上げ、5月からはトップ格であるモンゴリアン・ストンパーのパートナーに起用されてメインイベントに出場することもあった。

アーチ・ゴーディは63年よりセントラルステーツ地区に定着し、ここで初めてモンゴリアン・ストンパーを名乗った。猪木とタッグを組んだ64年には早くもトップヒールの座に就き、AWAオマハ地区のスケジュールも兼ねていた。

生年月日には諸説あるが、36年11月2日が濃厚。猪木は21歳、ストンパーは27歳のヤングコンビだったことになるが、この年代でも活躍できた当時のプロレス界そのものにパワーを感じる。

ところで、この少し前までセントラルステーツ地区のリング上は、基本的に白人のみで構成されていた。黒人のボボ・ブラジルが初めてこの地区に来たのは61年。その理由は、NWA世界王者バディ・ロジャースを派遣してもらえない状況の中で、リング

モンゴリアン・ストンパーは71年に初来日し、馬場のインター王座に挑戦して引き分けた。台頭は64年の改名がきっかけであり、すなわち猪木とコンビを組んだ時期である。

上に彩りを加えるためだった。アジア系ではキンジ渋谷が59年に上がっているが、それ以前は皆無に等しい。

そんなエリアに入ってきたアジア人っぽい顔立ちのゴーディに、プロモーターはモンゴル人のキャラクターを与えた。そして、ストンパーがメインに定着した頃、やって来た正真正銘のアジア人が猪木だった。プロモーターが名付けた「トーキョー・トム」というリングネームは、〝ストンパーの出身地＝モンゴル〟に対応したものだと思われる。

発見できない猪木の対戦記録

パット・オコーナーは59年1月、ディック・ハットンを破ってから61年6月にバディ・ロジャースに敗れるまでNWA世界王座に就いていていた。

同年8月、ロジャースにベルトを渡した代償のような形でNWAからUSヘビー級王者に認定され、翌年まで全米をサーキット。同王座が自然消滅する頃から、セントラルステーツ地区に定着する。当時はセントルイス、シカゴでもレギュラーの大スターであった。

猪木とは63年の初来日時に対決し、2－0のストレートで完勝している。この武者修行時代については「オコーナーとは5戦して、猪木が1勝3敗1分」とする文献もあるが、筆者が確認できた記録の中に両者のシングル対決はない。

また、未確認の情報として5月16日にアイオワ州ドゥブークで猪木がオコーナーを破ったという説もある。しかし、事実かどうか不明のため別掲の試合記録への掲載は控えた。

もちろん、現地の新聞で報道漏れした試合の可能性も捨てきれないが、当時の猪木が一度とはいえ、超大物のオコーナーに勝つことができたのか疑問は残る。

また、この時期に猪木はオクラホマ州、アーカンソー州でも試合をしたという説があるものの、記録は発見できなかった。かつてオクラホマでダニー・ホッジとシングルで対戦したという記述がなされたこともあったが、当時のホッジの試合記録をいくら調べても、そのようなカードは見つからないことを付記しておく。

この時期、セントラルステーツ地区のリングにはビル・ミラーも上がっていた。当時のミラーはセントルイス、カンザスシティ、インディアナポリスなど中西部一帯の大都市をピックアップしてリングに上がっており、猪木とは4月30日にカンザスシティで一度だけトリオを結成。相手側にはオコーナー、ハーリー・レイス、ジョー・スカルペロと興味深い名前が並んでいる。

ハーリー・レイスは猪木とほぼ同時期、64年4月にセントラルステーツ地区に入った。同年8月から同地区とAWAを兼務するようになり、ラリー・ヘニングとのコンビ結成が上昇のきっかけとなった。

そういう意味で、猪木とレイスは若手時代の「同期の桜」ということになる。

その後、両者は68年から70年に掛けて日プロのリングで何度も対戦したが、シングルマッチは実現していない。唯一の一騎打ちは、この武者修行時の64年4月30日、カンザスシティでの一戦になる。

71年暮れの日プロ追放で猪木とレイスは接点が無くなるが、時代は巡って80年4月16日、フロリダ地

日本では実現しなかった猪木vsハーリー・レイスのシングルマッチ。この2人が馬場とサンマルチノのようなライバル物語を作っていたら、歴史は変わっていたであろう。

区のマイアミでのビッグマッチで久々の対面を果たした。

この日はNWA世界戦とWWF戦の二本立て。マニー・フェルナンデスとの防衛戦のために当地を訪れたNWA世界王者レイスは、ボブ・バックランドのWWF王座に挑戦するために日本から遠征した猪木と再会し、2人は試合前のコーヒーブレイクを一緒に楽しんだという。

ところで、この地区のレスラーは一部（上位陣）が2〜3週間に一度、〝NWAの総本山〟と呼ばれたセントルイスのキール・オーディトリアム定期戦にブッキングされる。

それに先駆けて、選手たちはチェイスホテルのボールルーム（ダンス場）で収録されるTVマッチに出場するのだが、猪木も例外ではなかった。

しかし、5月末から6月に掛けての頃だと思われるが、猪木のビザ問題が発覚する。ビジネスビザを取得していなかったため、強制送還されそうになったのだ。それにより5月30日にチェイスホテルでのTVマッチ収録には参加したものの、キール・オーディトリアム出場まで待てず、やむなくテリトリーを離れることになった。

猪木がセントラルステーツ地区にいたのは2ヵ月あまりではあったが、トップヒールの一人であるストンパーのタッグパートナーとして、キャリアの割にはかなり良い扱いを受けたと言える。

ここで猪木が身に付けたのは、オコーナーやマイヤースを通してオーソドックスかつ華麗なレスリング。さらにヒール陣営に身を置いたことで、セントラルステーツ地区特有の喧嘩ファイトも体験した。別掲の記録にある敗戦には、かなりの数の反則負けが含まれている。

ラフ&テクニック――。要は猪木の魅力そのものだ。本人が意識していたかどうかはわからないが、プロレスラーとしての猪木の魅力の源泉が、ここセントラルステーツ地区での修行にあるという見方もできるであろう。

ロス地区の「リトル・トーキョー」

当時のロサンゼルスは、全米第3位の人口を誇った。第1位のニューヨークや第2位のシカゴもそうなのだが、大多数の人口を持つということは、それだけ大きな観客動員を見込める。

プロモーターの立場になれば、数ヵ月に一度しか遠征に来ないNWA世界ヘビー級王者を待っているのは、じれったい——。これが全米各地にNWA以外の世界王座が乱立していく地理的背景であった。

この時期、WWAはNWA、AWA、WWWFと合わせて「世界4大王座」と言われたが、実際にはローカルタイトルで、猪木がセントラルステーツ地区を離れてロス地区に入った64年6月の段階では実質的に南カリフォルニア州と日本プロレスをエリアとする王座である。チャンピオンが頻繁に変わるのも特色のひとつで、それを指して日本のマスコミは「猫の目王座」などと揶揄した。

当時のロス地区のサーキットコース、主力レスラー、主要王座の変遷は以下の通りである。

月＝バーバンク
火＝ロングビーチ
水＝ロサンゼルス（TV）
木＝ベーカーズフィールド
金＝サンディエゴ、またはロサンゼルス（ノーTV、月に一度のビッグマッチ）
土＝サンバーナーディーノ

【ベビーフェース】ボブ・エリス、アルバート・トーレス、ラモン・トーレス、ドン・デヌーチ

【ヒール】ザ・デストロイヤー、ハードボイルド・ハガティ、ディック・ザ・ブルーザー

［WWA世界ヘビー級王座］
ディック・ザ・ブルーザー↓ボブ・エリス
［WWA世界タッグ王座］
アルバート&ラモンのトーレス兄弟↓ザ・デストロイヤー&ハードボイルド・ハガティ↓フレッド・ブラッシー&ミスター・モト

この地区で猪木は「リトル・トーキョー」と名付けられ、ベビーフェース陣営に組み入れられた。

猪木がセントラルステーツ地区からロス地区に転戦した理由はビザ問題の他に、このテリトリーが日プロと提携関係にあったこと、さらにその間を取り持つミスター・モトが『第6回ワールドリーグ戦』を終えて帰国し、日本人コンビのマッチメークが可能になったことが大きい。

約4ヵ月の滞在中、猪木の位置づけはセミファイナル格。ディック・ザ・ブルーザー、ザ・デストロイヤー、フレッド・ブラッシーといった一流を相手にする時はメインイベントに登場することもあったが、WWA世界王座への挑戦は組まれなかった。

WWA世界タッグ王座には、64年7月にヒール陣営のデストロイヤー&ハードボイルド・ハガティが王者となって以降、モトと組んで何度か挑戦している。

ザ・デストロイヤーと初対戦

54年に本名のディック・ベイヤーとしてデビューしたザ・デストロイヤーの全盛時は、62年にフレッド・ブラッシーを破ってWWA世界ヘビー級王座を奪取して以降、60年代いっぱいである。

猪木との初対決は64年7月8日、ロスでのタッグマッチで、前年の2度にわたる来日では格が違いすぎたので対戦は組まれていない。

初の一騎打ちは8月19日で、これは猪木にとって大都市ロスにおける初めてのシングルマッチでのメイン登場だった。

特筆すべきは9月15日、ロングビーチでの一戦である。なんと猪木が勝っているのだ。

しかし、翌週の再戦では敗れているので、おそらくこの日は返し技でデストロイヤーから3カウントを奪い、再戦への〝前振り〟としたのかもしれない。

だが、一度とはいえ猪木が勝利したことは、プロモーターやデストロイヤー本人から一定の評価を得ていたことの証左である。

猪木はアメリカ武者修行中にロス地区だけではなく、他地区でもデストロイヤーと対戦した。さらに帰国後には日プロのリングでも何度も肌を合わせている。デストロイヤーといえば、馬場との盟友関係がすぐに思い浮かぶが、少なくとも60年代においては猪木との縁も強固だったのだ。デストロイヤーは72年の旗揚げ直後から全日本プロレスの一員となってしまったこともあって公的には猪木と縁遠い存在になってしまうが、２００７年12月20日、ＩＧＦの有明コロシアム大会に「特別ゲスト」として登場している。

先ほども名前を挙げたが、アメリカ武者修行中に馬場が対戦しなかった大物の一人が中西部のスーパースター、ディック・ザ・ブルーザーだ。

ブルーザーと猪木は少なくとも4度シングルマッチを行ったとする文献もあるが、当方で確認できた

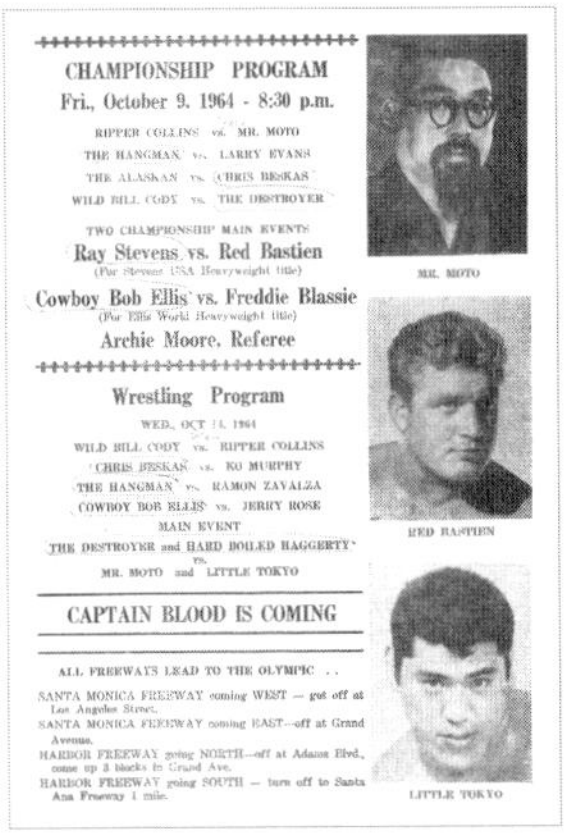
CHAMPIONSHIP PROGRAM
Fri., October 9, 1964 - 8:30 p.m.
RIPPER COLLINS vs. MR. MOTO
THE HANGMAN vs. LARRY EVANS
THE ALASKAN vs. CHRIS BESKAS
WILD BILL CODY vs. THE DESTROYER
TWO CHAMPIONSHIP MAIN EVENTS
Ray Stevens vs. Red Bastien
(For Stevens USA Heavyweight title)
Cowboy Bob Ellis vs. Freddie Blassie
(For Ellis World Heavyweight title)
Archie Moore, Referee

Wrestling Program
WED., OCT 14, 1964
WILD BILL CODY vs. RIPPER COLLINS
CHRIS BESKAS vs. KO MURPHY
THE HANGMAN vs. RAMON ZAVALZA
COWBOY BOB ELLIS vs. JERRY ROSE
MAIN EVENT
THE DESTROYER and HARD BOILED HAGGERTY vs. MR. MOTO and LITTLE TOKYO

CAPTAIN BLOOD IS COMING

ALL FREEWAYS LEAD TO THE OLYMPIC . .
SANTA MONICA FREEWAY coming WEST — get off at Los Angeles Street.
SANTA MONICA FREEWAY coming EAST—off at Grand Avenue.
HARBOR FREEWAY going NORTH—off at Adams Blvd., come up 3 blocks to Grand Ave.
HARBOR FREEWAY going SOUTH — turn off to Santa Ana Freeway 1 mile.

64年10月９日の金曜日、ロスのビッグマッチのプログラム。この日はレイ・スティーブンスのスポット参戦などの余波を食らって、猪木は試合が組まれなかった。上写真は、この地区でパートナーだったミスター・モト。

64年、ロスでWWA世界王者になった頃のディック・ザ・ブルーザー。アル・カポネ時代のノスタルジーか、この時期に中西部でベビーフェースとして人気が沸騰した。

のはシングル、タッグが各1回である。

シングル戦は8月20日にベーカーズフィールドで行われ、結果は猪木の反則負け。つまり、フォールを取られていない。当時の猪木としては〝大金星〟で、やはり猪木はプロモーターや対戦相手に相当買われていたと思われる。

フレッド・ブラッシーとは同地区での修行末期、10月21日にロスでシングルで対戦し、敗れている。

Next Wednesday, Oct. 14

MAIN EVENT

Destroyer and Hard Boiled Haggerty

vs.

Mr. Moto and Little Tokyo

COWBOY BOB ELLIS vs. JERRY ROSE
THE HANGMAN vs. RAMON ZAVALZA
CHRIS BESKAS vs. KO MURPHY
WILD BILL CODY vs. RIPPER COLLINS (DRAW)
FIRST BOUT STARTS AT 8:30 P.M.

COWBOY BOB ELLIS

Another Big Show
Friday, Oct. 23
at the Olympic.

LITTLE TOKYO

CAPTAIN BLOOD IS COMING

Notice: All wrestling exhibitions are licensed by the State Athletic Commission.

Lucky Number
— Fill out form —
Give to box office before 9 p.m.
Name
Address
City Zone
10-14-64

LEROY HARSTON
Owner

TULSA BARBECUE
RIBS · BEEF · PORK
HAM AND LAMB
"Adam had a rib for Eve. We have ribs for everyone"

OPEN: 11 a.m. to 3 a.m. Tues., Wed., Thurs., and Sun. and 11 a.m. to 4 a.m. Fri. and Sat. Closed Monday

64年10月14日、水曜日のロスのTVマッチでは超大物がいないため猪木はメインに登場。猪木はロス地区の看板レスラーの一人ではあったが、大看板とまではいかなかった。


翌日、ベーカーズフィールドでも6人タッグで当たり、再び黒星を喫したが、猪木はすでにオレゴン地区への転戦が決まっており、これはマッチメーク上で優遇する必要がなかったということであろう。

初めての大都市、しかもブルーザー、デストロイヤー、ブラッシーといった人気・実力を兼ね備えたトップとメインでシングル対決。猪木がここで学んだものは、「プロレスラーとして売れるとは、どういうことなのか」に違いない。

尚、この時期にWWA世界王者だったボブ・エリスとの対戦は未確認情報としてはあるのだが、信頼できる記録は発見できなかったので掲載は見送った。エリスはロス地区で同じベビーフェース陣営だったので、猪木との試合が組まれた可能性は少ない（後にヒューストン地区ではシングルで対戦し、タッグも結成）。

オレゴン地区のプロレス事情

アメリカ合衆国の地図を広げると、太平洋岸には北からワシントン、オレゴン、カリフォルニアと3つの州が並ぶ。

猪木が64年11月に入ったエリアはワシントン州、オレゴン州にまたがることから「パシフィック・ノースウエスト」と呼ばれるが、ここでは「オレゴン地区」で統一する。統括プロモーターは、オレゴン州ポートランドに本拠を置くドン・オーエンである。

ワシントン州には日本からの移民が多く、米国で最大級の日本人コミュニティーが存在する。合衆国で神社があるのも唯一この州だけながら、日本人レスラーの修行・遠征が少ないのは、この地と日本のプロモーターのつながりが弱かったからだ。猪木の転戦は、ロス地区とオレゴン地区の間でレスラーの移動が多かったという以外の理由は考えられない。

オレゴン地区は、アメリカでアマチュアレスリングが最も盛んな地域の一つであった。しかし、それがビジネス的にプロレスと結びついたとは言い難い。

20年代、ここは中軽量級シューターの本拠地だったが、業界がショー的要素を重視するようになるにつれ、彼らは脇へと追いやられる。

また、50年代半ばまで、この地域にはミネソタ州と並んでAT（アスレティック）ショー一座が数多くあった。

ATショーとは、アメリカにおけるプロレス興行の原型と言われているもので、60年代半ば頃まで主に農村部や都市近郊で行われていた。博覧会（フェア）、サーカス、カーニバル（移動遊園地）、ロデオ会場等の一画をテントで囲み、入場料を取るのだが、ここで行われる試合の方法は以下の2通りあった。

ひとつは一座のレスラーとボクサーによるエキシビションマッチで、観客には正真正銘の試合のように見せ、賭けの対象にした。

もうひとつは例えばレスラーを相手に15分間、ボクサーを相手に3ラウンド持った場合に賞金を授与することを明示し、素人の挑戦者を募ったもの。挑戦者からは入場料に加え、参加料も徴収。原則として、一座のレスラーやボクサーに支給されるファイトマネーは相手に勝った場合に限られた。

ATショーのプロモーターにとって一番の収入源は賭けのテラ銭だったので、観客の中から挑戦者が現れないと商売あがったりである。そんな時のために、群集の中に「stick」と呼ばれるサクラを紛れ込ませる。オッズが偏ると、あえて「stick」に勝たせて番狂わせを演出し、賭け金をゴッソリと持っていく。これはプロモーターたちの間で古典的な手法だったようだ。

ATショーのレスラーは、血の気の多いシューターや関節技の鬼が多かった。そして、数多くのサブミッション技術がATショーからホールで行われる普通のプロレス興行に流入していったという。

ATショー出身のレスラーの一人に67年秋、日プロに来日したアート・ネルソンという選手がいる。馬場はネルソンとのインター王座防衛戦が決まった後、「賞金賭けの喧嘩マッチ出身の奴となんか気が進まぬ」と感想を漏らした。

おそらくプロレス業界の共通感覚としてATショーは下位概念で、俳優養成所出身の女優がロマンポルノ出身の女優を見るような眼差しと言えば、当たらずとも遠からずか。これが末期のATショーの業界内における位置付けであった。

猪木がオレゴン地区入りした64年の秋、こうした歴史がまだ尾を引きずっていたと私は考える。というのは、レスラーのブッキングの基準が「ビッグネームではなくても、きちんとした試合を見せられる能力の持ち主」に重きを置いているように映るからだ。

その一方で、ATショーの泥臭さから脱皮し、「明るく、楽しく、激しいエンターテインメント」への転換を目指していた時代でもあったのであろう。

ビッグネームはいなくても観客を引っ張り、動員を達成する――。どこか「ガイジン日照り」と言われた初期の新日本プロレスを思わせるが、それでも興行を黒字に持っていくローコスト経営は、猪木がこの時代にオレゴン地区で学んだことかもしれない。これは武者修行時代にアメリカマット界の黄金街道しか見なかった馬場には学べなかったことである。

当時のオレゴン地区のサーキットコース、主力レスラー、主要王座の変遷は以下の通りである。

月＝ポートランド
火＝シアトル
水＝タコマ
木＝セーラム
金＝ポートランド（月曜とは会場が異なる）、スポーケン
土＝ローズバーグ、ラプウェイなど小都市スポット興行

【ベビーフェース】ルター・レンジ、ペッパー・マーチン、シャグ・トーマス、ロイ・マクーティ
【ヒール】パット・パターソン、マッド・ラシアン（スタン・プラスキー）、スタン・スタージャック
［パシフィック・ノースウエスト・ヘビー級王座］パット・パターソン→ペッパー・マーチン→パット・パターソン→ペッパー・マーチン→マッド・ラ

シアン
［パシフィックノースウエスト・タッグ王座］
ペッパー・マーチン&ルター・レンジ→マッド・ラシアン&エル・シェリフ→ペッパー・マーチン&シャグ・トーマス

10月31日のロス地区最終戦以降、11月6日までの空白期間に猪木がサンフランシスコやシアトルで試合をしたという説もあるが、これも記録を確認できなかった。

11月9日、オレゴン地区の中心地ポートランドでのデビュー戦はタッグマッチながら、いきなりメインイベントにベビーフェース陣営から登場しており、これはロス地区での活躍が評価されたのであろう。ここでの猪木のリングネームは「ミスター・カジモト」。どうもオレゴン地区の日本人の名として、なぜかカジモトが一般的だったらしい。

しかし、この扱いは最初だけだった。以後の猪木の試合結果を見ると、対ベビーフェースと対ヒールの試合が入り交じっている。

同地区でベビーフェースとヒールに分けられるのは、セミファイナル格以上の選手。それ未満のレスラーは、その日のマッチメークに応じてどちらかに組み込まれる。

言い換えれば、オレゴン地区時代の猪木は基本的に中堅以下の境遇であったということだ。さもなければ、最初はベビーフェース陣営の上位だったが、ある時に格を落とし、最終的にはセミファイナル格未満であったということになる。だとすると、格落ちに何かのきっかけがあったはずだ。

どのテリトリーでもそうなのだが、都市ごとにプロモーターが異なる。猪木の試合結果を都市ごとに分けて分析してみると、ワシントン州で評価が高い。

前述の通りワシントン州には日系人が多く、同州最大の都市シアトルのプロモーターであったハリー・エリオットは実は半分、日本人の血が流れている。姓がエリオットなので、母親が日本出身なのかもしれない。

セントラルステーツ地区サーキットの末期に発覚したビザ問題も、エリオットの尽力でこのオレゴン地区滞在中に解決している。

最初の目玉くり抜きマッチ

11月23日、ポートランドでの猪木vsチーフ・アール・ライトフット戦は、ハリー・エリオットの証言によると、「ルールを度外視した喧嘩マッチにより、ライトフットが顔面に大ケガを負って救急車を呼んだ」という。すなわち、有名な猪木最初の〝目玉くり抜きマッチ〟だ。

このライトフットとの試合を単に〝キラー猪木〟のルーツとするのは簡単である。しかし、もう少し掘り下げてみたい。

被害者のチーフ・アール・ライトフットとは何者であろうか。調べてみたが、資料は少ない。

まず、このリングネームで彼の試合を調べてみると、一番古いのは64年8月4日、テネシー州ナッシュビルでのTVマッチ。対戦相手はトージョー・ヤマモト&アレックス・ペレスで、ライトフットのパートナーを務めたスティーブ・コバックは噛ませ犬的な存在のレスラーであった。

テネシー州での試合はこれだけで、次の試合は9月7日、オレゴン地区デビュー戦にてルター・レンジと引き分けるという「殊勲」を挙げている。

だが、これは売り出しを兼ねて花を持たせてもらったのであろう。以後、アル・ベラスコからの1勝を除いて白星は発見できない。そして、11月24日の猪木戦の後、12月4日をもって同地区から姿を消す。

それ以降のライトフットの試合は、アマリロやオクラホマのTVマッチで4試合を見つけることができるにとどまる。これではセミプロ以下のパートタイマーだ。

つまり、ライトフットが普通のレスラーとして扱われたのは、この時期のオレゴン地区のみで、件の猪木戦は業界で前向きに生きて行こうとする彼の気力を削いでしまったとも言える。

これ以前に、ライトフットが別のリングネームでファイトしたことはないのか。調査の結果、「おそらくない」とここでは述べておく。そうなると、猪木と対戦した頃はデビュー間もないズブの新人だったことになる。

試合中に何もできないライトフットが焦りからか、〝やってはいけないこと〟をした。それに対して、猪木が「この素人が!」と眼に指を入れた——。

真相は、そんなところではないだろうか。

さて、試合記録を見ると、猪木は翌12月、ポートランドでの試合が少ない。興行が以前と同じように打たれていたことは判明しているので、ライトフット戦以降、「干された」としか考えられない。

先ほど猪木の位置はセミファイナル未満であったと述べた。問題の試合が行われた11月24日は、まだオレゴン地区入りから2週間しか経っておらず、言わば「試用期間中」である。このライトフット戦は猪木に「メインイベンターの資格なし」という評価を下し、同時にドン・オーエンが仕切るポートランドで急激に扱いが悪くなった。

オーエンとすれば、猪木が殺伐としたATショーが跋扈していたかつてのオレゴン地区を思い出させる気に食わぬ存在に見えたのかもしれない。

ザ・デストロイヤーとの再戦

そんな中、12月29日にロス地区のスケジュールの間隙をついてザ・デストロイヤーがシアトルにスポット参戦し、猪木と引き分け試合を演じた。

「猪木ってのは、こんな試合もできるヤツなんだ。

早く誤解を解いて、ポートランドでも猪木を使ってやってくれよ」

私はこの行動と試合結果から、デストロイヤーのそんなメッセージを感じ取ってしまう。

そのデストロイヤーは自伝『マスクを脱いだデストロイヤー』（ベースボール・マガジン社）で若手の頃の、そしてオレゴン地区時代の猪木の思い出を以下のように語っている。

64年、ロス地区に続き、オレゴン地区でも猪木はザ・デストロイヤーとシングルで対決。その後、武者修行末期の66年にもヒューストン地区で「世界タッグ王座」を懸けて対戦することになる。

まだ力道山が生きていた頃の話だから、猪木はデビューしたてのグリーンボーイ（新人）。そんな彼とスパーリングした事は今でも鮮明に覚えている。（中略）彼と本格的にレスリングのスパーリングをしたのだが、馬場とは違う性質を持っていて、アマチュア・レスリングの基礎をしっかり下地にしたい選手だった。

アマチュア・レスリングで私は全米トーナメントの決勝まで進んだ実力を持っているが、その私から見ても猪木のレスリングセンスは素晴らしいものだった。てっきりアマレス出身かと思っていたが後から聞いてみるとバックグランドが全く違っていた。（中略）オレゴン州ポートランドでサーキットしたときに、猪木と彼の最初のワイフにあったことを覚えている。

現役時代に約８５００試合を消化したので全てを鮮明に覚えているわけではない。残念ながら猪木とアメリカでの試合はあまり覚えていない。

オレゴン地区時代の記憶は薄れていたようだが、かなりの高評価である。この後、デストロイヤーは65年5月から7月まで日本に長期滞在したが、その際にこんな話がある。

この来日の主目的は、「インターナショナル選手権争覇戦」で馬場の相手をすることだった。力道山死後、空位になっていたインター王座を復活させ、新王者を決めるトーナメントの予選のようなもので、当時の日プロのエースは豊登だったが、会社側は馬場のプッシュを始めていた。猪木がオレゴン地区のサーキットを終えようかという時期である。

デストロイヤーはホテルのバーでレフェリーの沖識名と一献を傾けた時、次のような提言をした。

「馬場をプッシュするのは、わからなくもない。しかし、将来のエースに馬場ではなく猪木という手はないのか」

これはアメリカで猪木と対戦し、印象が良かったからこそ出た言葉であろう。

デストロイヤーの取り計らいもあって（?）、65年1月からオレゴン州復帰を遂げた猪木のパートナーを務めたのがディーン樋口である。

ハワイ出身の日系だが、韓国の血も混じっている樋口は62年にここポートランドでデビュー。それ以前、57年にホノルルでボディビルのジムを開業し、66年春に生じた豊登による『太平洋上略奪事件』の際に、そのジムが猪木の隠れ家となった（樋口は同年秋の東京プロレス旗揚げにも協力）。

結論を先に書けば、猪木は65年に入って謹慎期間を終えても扱いはそれほど良くならなかった。

東プロに初来日したスタン・スタージャックは、猪木がいた65年3月にオレゴン地区に入ってきた。

同月29日の初対決以降、猪木はそのスタージャックにシングルで4連敗。この結果は繰り返し述べてきているように、猪木が置かれていたポジションが中途半端だったこと、一方のスタージャックがドン・レオ・ジョナサン、カール・ゴッチらを相手にカナダ西部でメインを張ってきたという実績ゆえであろう。この後、スタージャックはオレゴン地区の王座を総なめにしていく。

猪木vsアリ戦でのハラキリ発言

64年3月から約2年間のアメリカ武者修行中、最も長期滞在となったのはオレゴン地区である。それだけにリング上は充実した日々だったのかと思いきや、記録を見る限り逆の感想しか出てこない。

長居した理由は、ここが最初の奥方であるダイアナさんとの出会いの地で、プライベートでの生活を優先した結果なのであろう。ダイアナさんと初めて対面したのは、このテリトリーをサーキットしている最中に樋口の家で催されたパーティーだった。

この地区で冷遇（と私は判断している）された原因は、やはりライトフット戦で下手を打ち、その結果、ドン・オーエンの評価を得られなかったからとしか考えられない。

このオレゴン地区はNWAに加盟していたので、時の世界王者ルー・テーズもサーキットに来る。

実際に猪木の滞在中、テーズは65年4月にポートランド、シアトル、タコマを回り、マッド・ラシアンやスタージャックの挑戦を受けた。猪木は挑戦権が与えられなかっただけでなく、同月27日を除いて試合すら組んでもらえていない。

テーズが来てレスラーの数が一人増えれば、仕事にあぶれる者も出る。この時、それが猪木だったのだ。

ここで話は、76年の猪木vsモハメド・アリ戦に飛ぶ。この試合は日本武道館から全米の試合会場、劇場に同時中継された。しかし、ご存知のように猪木vsアリ戦は観客を喜ばせるような試合にはならなかった。

客が白けると同時に、全米各地で動員も一気に落ちる。我も我もと同時中継を申し込んだアメリカのプロモーターは掌を返した。それを象徴するのは、76年夏のNWA総会における皮肉のこもった有名な発言である。

「皆で500ドルずつ出し合って、猪木にナイフをプレゼントしよう。猪木は、それでハラキリすればよい」

発言の主はオレゴン州ポートランドのプロモーター、ドン・オーエン。彼にとって、アリ戦で下手を打った猪木は、同時にあの殺伐とした試合でライトフットを潰した猪木でもあるのだ。

ヒューストン地区の「カンジ・イノキ」

猪木がオレゴン地区のサーキットを終えたのは65年5月19日。1週間強のオフ、3週間弱のロス地区サーキットを経て、猪木はヒューストン地区に転戦する。

"Secret Style"!

Duke Keomuka, who broug Kanji Inoki here from Yok hama as his own protege, jubilant over the chance th have to take the world title he next Friday night. "Not or will we get the title but we w get even with Von Erich a Kox at the same time. I wa it known that Von Erich nev beat me with the claw in th match we had, I still say that can not do it and never will able to do it. I'll prove who master when I get him in th ring on Friday night, we'll u our secret tag team style a win that title."

こちらは8月20日のヒューストンのプログラムに掲載された猪木&デューク・ケオムカの記事。この日、猪木はメインでデストロイヤーを相手にNWA世界王座防衛戦を行ったテーズと再会し、旧交を温めた。

Undefeated Inoki, New Stars Shine!

Last week the undefeated Japanese star Inoki extended ruffy Mark Lewin to a drawn in a main event to preserve his undefeated record here which he takes into the featured prelim tonight.

The big, easy-moving, but bruising Jap youngster takes on newcomer K.O. Ken Yates who lokked powerful in his initial appearance here last week.

Other newcomers from last week are in the other big matches. Indio Peon who lost his first start here when tricky Silento Rodriguez caught him with a drop kick off the ropes, will be looking for that first win when he tangles with headliner Cowboy Bob Ellis.

Rodriguez hopes to make it two wins in a row by getting the best of handsome Houstonian Ken Hollis, also a winner here last week and in his debut then.

More new stars are headed here so it means that these newsomers now here must win to hold down their spots!

INOKI

65年7月13日、ダラスのプログラムでフューチャーされた猪木。この日、猪木は車に同乗するサーキット仲間のケン・イエイツに勝利した。

このテリトリーはヒューストンを中心にダラス、フォートワース、サンアントニオのサーキットを指す。ファンク一家で有名なアマリロもテキサス州だが、ここを中心とするサーキットは同州西部の別物であり、ヒューストン地区には含まれない。

63年1月24日、カナダのトロントでルー・テーズがバディ・ロジャースを破り、NWA世界ヘビー級王座を奪取した瞬間、ロジャースのバックにいた東部、シカゴのプロモーターたちはNWAを脱退した。すでにロサンゼルスやサンフランシスコでNWA世界戦が行われることもなく、このテーズの王座復帰はNWAが「米南部とカナダのプロモーターの連携組合」になったことを意味していた。

結果としてNWA内でヒューストン地区の位置付けは相対的に大きくなり、66年1月までの戴冠期間、テーズはここで数多くの防衛戦を行っている。

「カンジ・イノキ」として猪木が同地区に入った当時、プロモーターはヒューストンやサンアントニオ周辺はモーリス・P・シーゲル、ダラス周辺がエド・マクレモアだった。

80年代前半、少年ファンたちを虜にした劇画『プロレススーパースター列伝』では猪木の証言という形で「テキサスのプロモーターはフリッツ・フォン・エリック」とされているが、これは間違い。ただし、この時期にエリックが現場監督だった可能性はある。

エリックがダラスでプロモーター業に就くのは翌

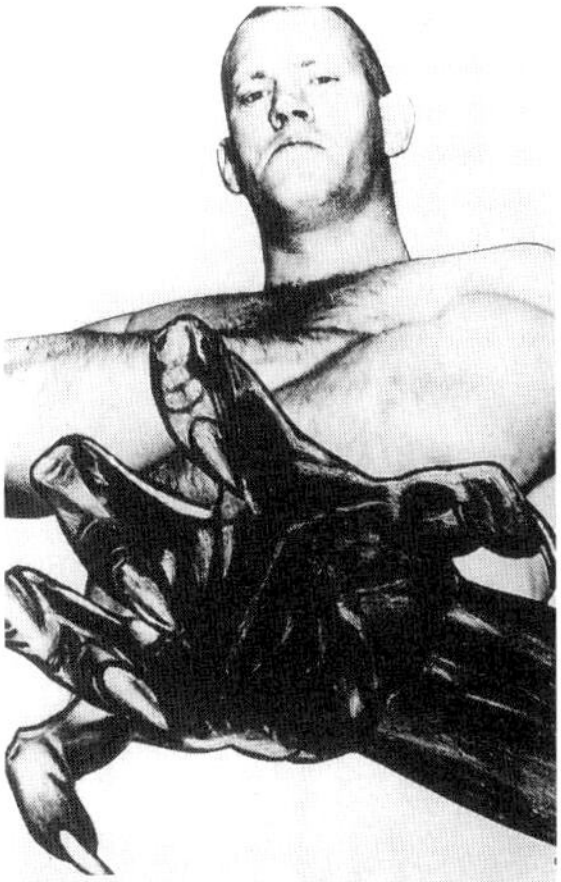

FRITZ THE CLAW VON ERICH

ご存知、"鉄の爪"フリッツ・フォン・エリック。三羽鳥の中で武者修行中にエリックと当たったのは猪木だけで、馬場も大木も縁がなかった。

66年で、この年にヒューストンのプロモーターにはポール・ボウシュが就任する。ボウシュは、猪木の武者修行時にはヒューストンの興行のマッチメーカーだった。

ここでヒューストン地区の特色を説明するために、当時のマッチメークを見てみよう。以下は65年8月31日、ダラスでの興行の全試合結果である。

○フリッツ・フォン・エリックvsデューク・ケオムカ●
○ジン・キニスキーvs猪木●
○ザ・デストロイヤーvsスウェード・カールソン●
○キラー・カール・コックスvsザ・グレート・ディーン●
○マーク・ルーインvsケン・ホーリス●
○ルイ・ティレvsビクター・リベラ●

キニスキーはスポット参戦だが、このように当時のヒューストン地区にはスター選手が集結していた。

他の興行の試合結果も見て言えることは、レスラーたちは「一応」といった感じで陣営が分けられているものの、ベビーフェースマッチ、ヒールマッチが少なくない。さらにワンナイト・トーナメントのような特別な場合を除いてタッグマッチは1試合あるかどうかで、ほとんどがシングルマッチだったことも大きな特色である。

ベビーフェース陣営のセミファイナル格だった猪木は、一緒にサーキットした大方のレスラーと試合で当たっている。したがって、相手が大物の場合にはメインに出場することもあった。

同地区滞在中の猪木のスケジュールは、以下の通り。週2000キロを移動する強行軍の日々である。

月＝フォートワース。住んでいたヒューストンを車で出発。試合後に50キロをドライブし、翌日の試合地であるダラスのモーテルに宿泊。

火＝ダラスでの試合が後わると、約５００キロ離れたヒューストンに戻る。

水＝ヒューストンから西に４００キロ離れているサンアントニオへ。

木＝コーパスクリスティ、もしくはウェイコ。

金＝居住地のヒューストン。

土＝ボーモント、もしくはポートアーサーでのＴＶ撮り

猪木が来る前年まで、ヒューストン地区には３つのタイトルがあった。

テキサス・ヘビー級王者はフリッツ・フォン・エリックのままで変わりはないが、この時期にテキサス・タッグ王座の防衛戦が行われた形跡はない。

また、テキサス・ブラスナックル王者のブル・カリーは地区内にいたが、王者らしいマッチメークは組まれておらず、防衛戦が行われていたかどうか怪しい。


これは65年のヒューストン地区がプロモーターの引き継ぎ準備時期で、端境期特有の変則的な状況であったためと思われる。

テキサス版世界タッグ王座の怪

この時期、ヒューストン地区でテキサス・タッグ王座のタイトルマッチが行われなかったのは明白な理由があり、これには猪木も絡んでいる。

猪木がテキサス入りした直後の6月29日、ダラスに「世界タッグ王者」を名乗るエディ・グラハム＆サム・スティムボートが来襲した。２人のホームリングはフロリダだが、当時はテネシーやジョージアのリングにも登場し、しばしば世界タッグ王座のタイトルマッチを行っていた。

会場によっては「ＮＷＡ認定」とアナウンスされていたであろうが、そもそもＮＷＡは世界タッグ王座を〝認定〟していない。実際には〝黙認〟といっ

たところで、同タッグ王座はこの時期に様々な地区で独自に存在した。

話を6月29日に戻すと、グラハム&スティムボートはこの晩、フリッツ・フォン・エリック&キラー・カール・コックスに敗れ、ベルトを明け渡す。

このエリック&コックスの戴冠と同時に、NWA世界タッグ王座はヒューストン地区に定着する。その結果、テキサス・タッグ王座の存在が霞み、タイトルマッチが行われなくなるのだ。

猪木は日系のデューク・ケオムカとのコンビでエリック組を破り、このNWA世界タッグ王座に就いたとされている。ベルト奪取のニュースは日本にも伝えられ、王座名は「AWA世界タッグ選手権」と呼ばれた。だが、NWA圏にAWAの世界タッグ王座が来るわけはなく、明らかな誤報である。以後、本文中ではこのタイトルを「テキサス版世界タッグ王座」の名称で統一する。

さて、エリック組から猪木組へ王座が移動した日

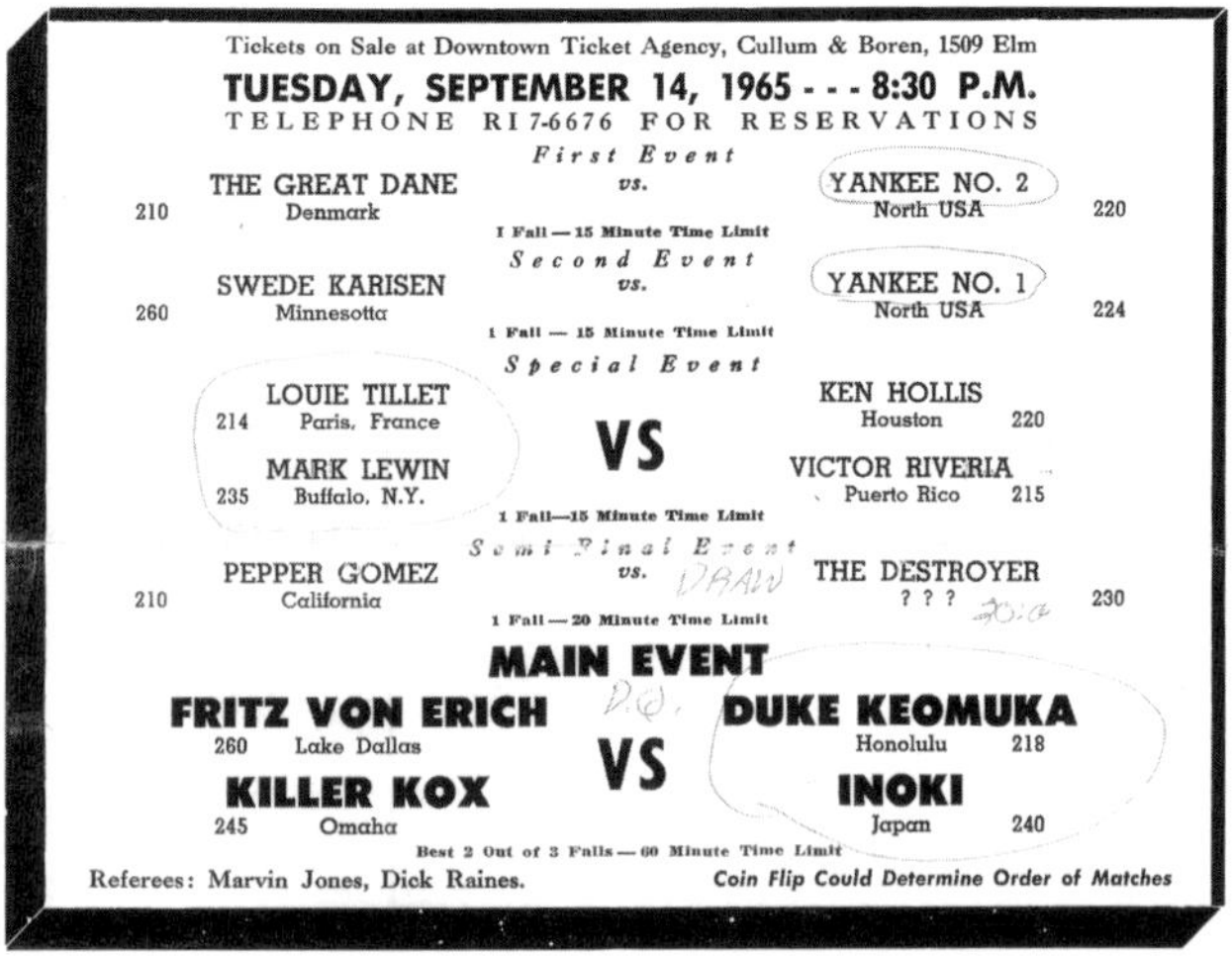

65年9月14日、ダラスで猪木&ケオムカがエリック&キラー・カール・コックスに反則勝ち。記録では、この試合に「テキサス版世界タッグ王座」が懸けられている(王者はエリック組で、反則裁定のため防衛)。

時と場所だが、実はこれが不明なのだ。
この件に関して、「65年10月10日、フォートワースで猪木&ケオムカがエリック&コックスを破ったが、反則含みのためタイトルは移動せず」、「10月13日にヒューストンで行われたTVマッチで猪木組が王座を奪取」とする文献もあるが、当方の調査による試合結果とかなりのズレがある。
まず、10日にフォートワースで興行は開催されておらず、13日にヒューストンで行われたというTVマッチの存在も確認できない。
記録を整理すると、少なくとも9月17日の段階ではエリック組が王者として防衛戦を行っている。
その後、翌66年2月8日にテネシー地区をサーキット中の猪木がヒューストン地区にスポット参戦し、ケオムカと王者としてダラスで防衛戦を行い、デストロイヤー&ゴールデン・テラー（クライド・スティーブス）に敗れてベルトを明け渡した
そうなると、その間にエリック組から猪木組に王座が移動した試合があるはずだが、記録が全く発見できない。これはおそらく実際にはタイトルマッチが行われておらず、地元のファンには架空のストーリーが説明されていたのではないか。
そして翌年、猪木組はいきなり世界タッグ王者としてダラスに現れた。残念ながら、同様のことは

RASSLIN'
SPORTATORIUM - Cadiz & Industrial - DALLAS
February 8, 1966 Dallas Wrestling Club 15c

INOKI & KEOMUKA VS. TERROR & DESTROYER FOR WORLD TEAM TITLE!

Destroyer Predicts Title Change In Tonight's World Championship

The Destroyer is seldom at a loss for words and insists on doing the talking for himself and his huge partner, the Golden Terror. The Destroyer takes credit for getting this world team title match tonight. And he says he (and the Terror) are going to win it!

The champions, high-flying Duke Keomuka and Inoki, who won the title in this same ring, return to defend the money-making trophy. The pair say that they will make more than one defense if need be and if they get by this tough one tonight.

Keomuka's sleeper and stomach claw hold are at their peak and Inoki's youthful zest and strength is the right counterpart to the powerful Keomuka.

Other top teams are forming for a go at the winners of this all important tandem battle!

INOKI

DUKE KEOMUKA

CHAMP KINISKI MAR. 8th

McLemore Gets Date Set Mar. 8th For World Heavy Champ Kiniski!!

Promoter Ed McLemore is both pleased and surprised by recent communications with the camp of the new world heavyweight champion Gene Kiniski!

As is usual, a letter first confirmed the champ's availability, promising that Kiniski would defend here on Tuesday, March 8th. However, since it is known that McLemore is committed to have Fritz Von Erich as the challenger, he thought that Kiniski's camp would send that signed contract.

Meanwhile, Von Erich, who still rates number one contender, is after big game up north tonight. He expects to be back, possibly with a "mystery" team partner, next Tuesday. Ernie Ladd is after Von Erich who defeated Kiniski here in consecutive matches last year.

Von Erich says he will make it three in a row. He is ready for Kiniski anytime. Von Erich retained the Texas title and earned the chance at the world championship with a recent win here.

GENE KINISKI

FRITZ VON ERICH

翌66年2月8日、テネシーにいた猪木がスポット参戦し、ケオムカと「世界タッグ王者」としてダラスに登場した際のプログラム。

ファン側の情報収集力が無かった当時、全米の各地区で数多く起きている。

ところで、フリッツ・フォン・エリックがレスラーとしてヒューストン地区に定着したのは65年2月あたりからなので、その直後に猪木が武者修行に来たことになる。

6月の地区入り以来、ボブ・エリス、キラー・カール・コックス、マーク・ルーインらと対戦した猪木は8月11日のサンアントニオ、13日のヒューストンでエリックとシングル2連戦を行っている。

いや、これは「漕ぎつけた」と表現した方が適切で、遂に当地のトップとメインイベントでのシングル対決に手が届いたのだ。これは順調に実績を上げてきた猪木が「メインを任せられる存在」として認められたということである。

このシングル2連戦を経て、次に勃発したのが先ほど触れた「テキサス版世界タッグ王座」を巡る因縁だった。

武者修行時代のベストバウト

「海外ではジン・キニスキー、国内ではドリー・ファンク・ジュニア」

これは80年頃だったと思う。当時、人気だったボーカルグループ、ラッツ&スターの鈴木雅之氏から「猪木さんにとっての名勝負を挙げてください」と質問された際の本人の言葉だ。

80年といえば、新日本プロレスと全日本プロレスが激しく競り合っていた時代だ。キニスキーにしてもドリーにしても全日本派である。猪木にとって2人は、その名を出すことが相手陣営の宣伝になるという考えを超えてしまうほどの存在だったということか。

キニスキーは地に足のついた貫禄、荒っぽい試合運びながら、格調と品の高さを感じさせた60年代を代表するレスラーである。抜群の身体能力、やられ

猪木が65年夏、ヒューストン地区で胸を借りたジン・キニスキー。キニスキーは翌66年1月にテーズを破り、NWA世界王座に就く。

強い頑丈な体躯。その格調の高さはフットボール出身ながら、プロレス入り後にレスリング技術をきちんと学び直した真摯な姿勢から生まれたと思われる。デビューは52年。61年には短期ながら、AWA世界ヘビー級王座に就く。その後、カナダのバンクーバーをホームリングとしつつアマリロ地区の準レギュラーを務めた。

64年には日プロの『第6回ワールドリーグ戦』に出場し、決勝で豊登に敗れて準優勝。帰国後は東部WWWFへ向かい、ブルーノ・サンマルチノの敵役をやりながら、65年に入るとセントルイス定期戦のレギュラーも兼ねるようになる。

同年5月に東部サーキットを終えると、インディアナポリスのWWA（ロスの同名団体とは別組織）、トロント、セントルイス、テネシー、アマリロ地区、そして6月からはヒューストン地区へのスポット参戦を開始した。これはNWA本部がキニスキーを次期世界ヘビー級王者の有力候補と考え、各テリトリーへの顔見せを始めさせたということである。

65年にキニスキーがヒューストン地区にスポット参戦したのは全8試合。そのうち3試合が猪木とのシングルである。おそらく猪木は対エリック2連戦での客席のヒートぶりが評価されたのであろう。

さて、ここで猪木に「海外ではキニスキー」と言わせた一戦が3試合のどれだったのか推定してみたい。

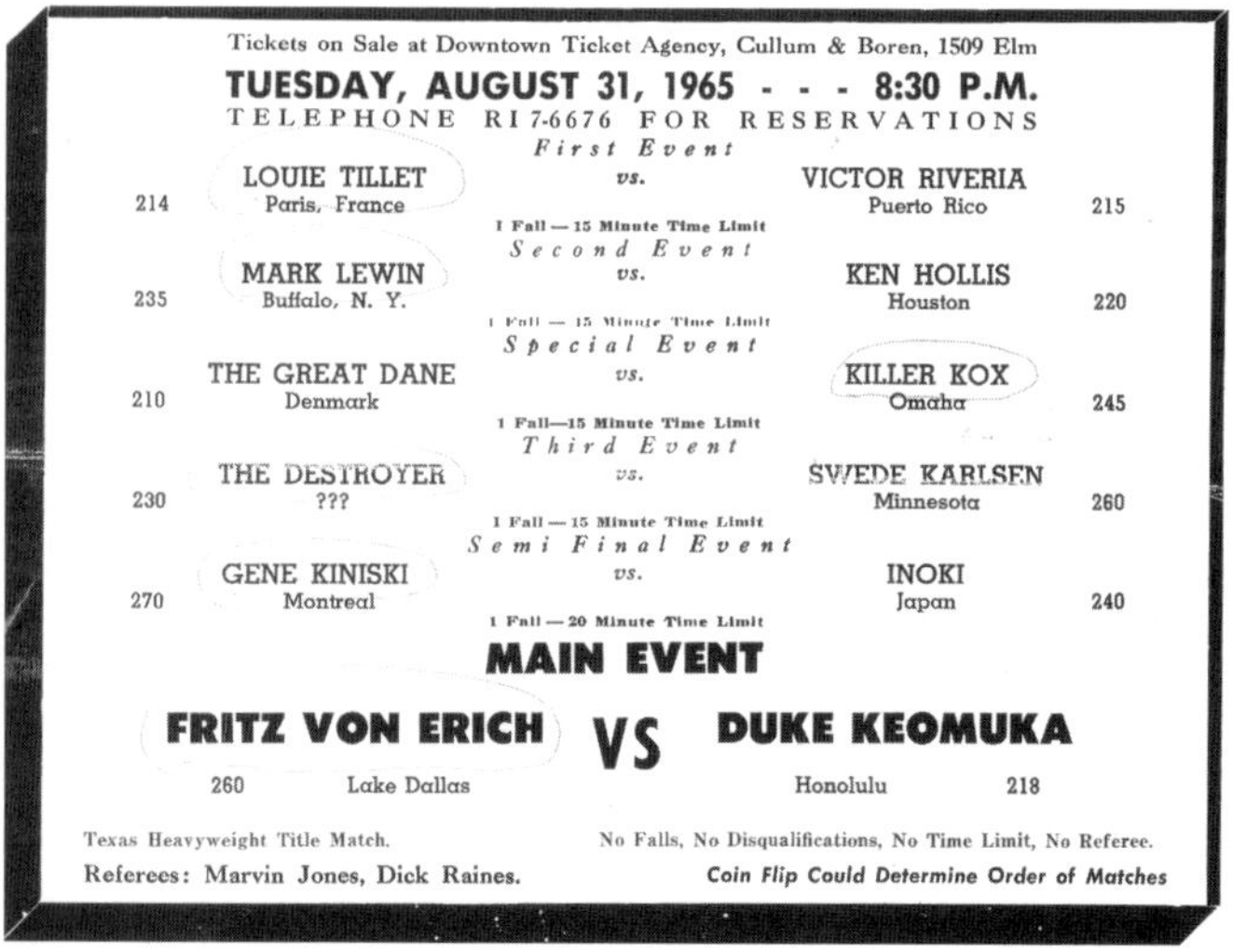
Tickets on Sale at Downtown Ticket Agency, Cullum & Boren, 1509 Elm

TUESDAY, AUGUST 31, 1965 - - - 8:30 P.M.

TELEPHONE RI 7-6676 FOR RESERVATIONS

		First Event		
214	LOUIE TILLET Paris, France	*vs.*	VICTOR RIVERIA Puerto Rico	215
		1 Fall — 15 Minute Time Limit *Second Event*		
235	MARK LEWIN Buffalo, N. Y.	*vs.*	KEN HOLLIS Houston	220
		1 Fall — 15 Minute Time Limit *Special Event*		
210	THE GREAT DANE Denmark	*vs.*	KILLER KOX Omaha	245
		1 Fall—15 Minute Time Limit *Third Event*		
230	THE DESTROYER ???	*vs.*	SWEDE KARLSEN Minnesota	260
		1 Fall — 15 Minute Time Limit *Semi Final Event*		
270	GENE KINISKI Montreal	*vs.*	INOKI Japan	240
		1 Fall — 20 Minute Time Limit		

MAIN EVENT

FRITZ VON ERICH VS DUKE KEOMUKA

260 Lake Dallas — Honolulu 218

Texas Heavyweight Title Match. No Falls, No Disqualifications, No Time Limit, No Referee.

Referees: Marvin Jones, Dick Raines. *Coin Flip Could Determine Order of Matches*

65年８月31日、セミファイナルで猪木はキニスキーに敗れはしたが、これが３週間後の再戦につながる。キニスキーとの対戦は、武者修行中の猪木にとって最高の思い出となった。

シングルマッチが行われたのは、8月31日と9月21日のダラス、翌22日のサンアントニオである。ズバリ、私は「猪木選定ベストバウト」はダラスでの初戦と断定する。理由はその試合が猪木自身だけではなく、関係者や観客からの評価も高い試合だったとすると、色々と辻褄が合うからだ。具体的に説明してみたい。

①まずは2度目の対決となった9月21日、ダラスのマッチメークの特殊さである。

　この日、キニスキーはマイティ・ヤンキース2号と、猪木はケン・ホーリスと組んでマーク・ルーイン&ザ・グレート・ディーンと対戦。続いてバトルロイヤルが行われたが、これは2人残りになった段階で両者を優勝とし、改めてシングルで対戦するという変わったルールであった。

　優勝者はキニスキーと猪木。こうしてシングルの再戦が実現したというわけだ。

もし初戦となった8月31日の試合が好勝負だったとしたら、それを知るダラスの観客にとってバトルロイヤルのテーマは「猪木vsキニスキーがもう一度観られるか」になる。

観客の望み通りの試合が実現されることをビジネス書風に表現すれば、「顧客満足度向上でリピート率を上げる市場浸透策」ということになる。

② 9月7日、14日のダラスにおける猪木の扱いが良くなっていること。7日はキラー・カール・コックスに勝利し、14日はケオムカと組んでエリック&コックスに反則勝ち。最初のキニスキー戦以前に比べて、対戦者の格が上がっているのだ。
ということは、8月31日の試合で猪木の価値が上がった可能性が強い。故にそれが「好試合」だったということになる。


この地区でキニスキーは猪木との抗争を終えると、相手にフリッツ・フォン・エリックを選ぶ。つまり、猪木はエリックの露払い、いや「前門の虎」の役割を演じたわけである。

キニスキーは猪木と対戦した3ヵ月半後の66年1月7日、セントルイスでルー・テーズを破り、NWA世界王座を奪取した。翌年に王者としてダラスを訪れるが、猪木との防衛戦を観たかった観客は少なくなかったのではないかと私は思っている。

65年11月5日をもって猪木はテネシー地区に転戦してしまうが、もしそのままヒューストン地区に残留していれば、翌年にはここでNWA世界王座初挑戦が実現していたに違いない。

この稿で名前が上がったエリス、ルーイン、コックス、デストロイヤー、キニスキーは、それぞれブルドッキング・ヘッドロック、スリーパーホールド、ブレーンバスター、足4の字固め、キチンシンク（シュミット流バックブリーカーでも可）と代名詞的な必殺技を持っている。

猪木がヒューストン地区で得たものは、名前を出せばすぐに必殺技を思い浮かべることができる一流レスラーと対戦した〝経験〟である。

それにより、ハワイから始まった武者修行で得てきたものをさらに深めたと言えるだろう。事実、猪木は次の修行地テネシー地区に「トップで使えるレスラー」として迎えられる。

「レスラー墓場」だったテネシー地区

武者修行の最終地、テネシー地区で猪木の格はヒール陣営のメインイベンターであった。

ここでの猪木の役割は、ヒロ・マツダのタッグパートナーとしてエディ・グラハム&サム・スティムボートと抗争すること。マツダの地区入り初日、65年11月25日から2人はタッグチームを結成する。それまで猪木は無名の相手とのシングルマッチが続いたが、これは前座で力量を試されていたわけではなく、マツダが来るまでの試運転期間であった。

猪木&マツダの抗争相手となったグラハム&スティムボートは、この時期にフロリダ版、テキサス版、テネシー版と様々なバージョンの『NWA世界タッグ王座』に就いた。

増殖は日本にも及び、2人は初来日した66年7月、マツダ&ケオムカが持つとされたNWA世界タッグ王座に挑戦したが、これは「日プロ版」であり、翌67年1月の国際プロレス旗揚げシリーズで猪木&マツダが保持していた同王座は「国際版」である。ど

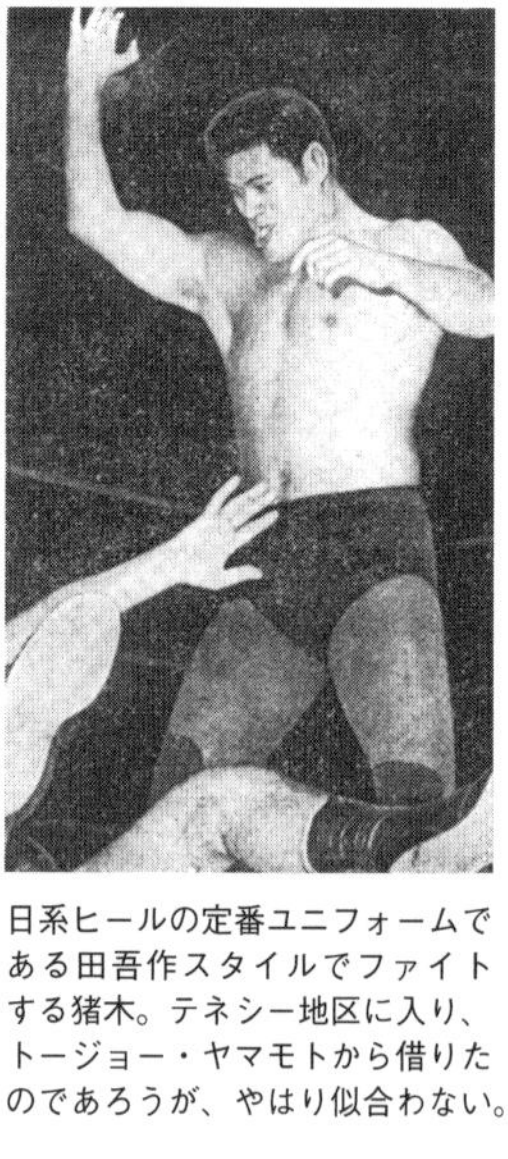

日系ヒールの定番ユニフォームである田吾作スタイルでファイトする猪木。テネシー地区に入り、トージョー・ヤマモトから借りたのであろうが、やはり似合わない。

ちらの試合も相手チームにグラハム（国際でのパートナーはジョニー・バレンタイン）がいたのは、偶然ではない。

さて、ここテネシー地区は、テネシー州全域とバーミングハムを中心としたアラバマ州北部で形成されていた。曜日によっては、レスラーを複数の班に分けて興行を打つ。

地区全体を統括するプロモーターは、NWA会員だったメンフィスのロイ・ウェルチ（83年暮れに全日本プロレスに来日したロン・フラーの祖父）。彼は40年代からプロモーター業に従事していた。

テリトリー内の他の都市は、ナッシュビルはニック・グラス、ノックスビルはジョン・ガザーナ、アラバマ州バーミングハムはジョー・ガンサーが仕切っていた。彼らもウェルチ同様、古狸である。

このテリトリーはNWA加盟の周辺地区の他、インディアナポリスのWWAとも提携していた。したがって、ディック・ザ・ブルーザーやウィルバー・スナイダーがしばしばスポット参戦していたが、これは猪木がテネシー地区に滞在していた時期に限られる。後にテリトリー内となるケンタッキー州ルイビルは、この時期はWWA圏だった。

この時期のテネシー地区のサーキットコース、主力レスラー、主要王座の変遷は以下の通りである。尚、シングル王座は猪木のサーキットコースでは稼働していなかった。

月＝メンフィス、もしくはアラバマ州バーミングハム
火＝ナッシュビル
水＝キングスポート
木＝チャタヌーガ
土＝ノックスビル、メンフィス（TV）、チャタヌーガ（TV）

この他に小都市でのスポット興行があったが、それ

らの都市への猪木のブッキングは確認されていない。

【ベビーフェース】エディ・グラハム、サム・スティンボート、ジャッキー・ファーゴ、ビリー・ウィクス、レン・ロシー

【ヒール】ヒロ・マツダ、トージョー・ヤマモト、アレックス・ペレス、メディックス

［NWA世界タッグ王座（テネシー版）］
エディ・グラハム＆サム・スティムボート→猪木＆ヒロ・マツダ（王者のままテリトリーを去る）

［南部タッグ王座（テネシー版）］
ジャッキー・ファーゴ＆レン・ロシー→メディックス→マリオ・ミラノ＆レン・ロシー→トージョー・ヤマモト＆アレックス・ペレス

この地区のマッチメークの特徴は1興行に出るレスラーの人数が一定で、かつ少なめであること、その割にタッグマッチが多いことである。

原則としてメンフィス、ナッシュビル、チャタヌーガにおいては1日にタッグマッチとシングルマッチが2試合ずつ組まれ、計12人のレスラーがリングに上がる。

キングスポートでは1日に3試合が組まれ、そのうち1試合がタッグマッチになることがある。すなわち出場するレスラーの数は、6人もしくは8人ということだ。現在の日本の興行と比べれば、かなり少ない。

先に述べた通り、テネシー地区の統括プロモーターはメンフィスのロイ・ウェルチである。しかし、猪木を含む様々なレスラーから名が出てくるプロモーターはナッシュビルのニック・グラスだ。おそらくグラスはプロモーターとしてウェルチよりも先輩であり、同等か、それ以上の発言力を持っていた

のかもしれない。

グラスは、プロレス史上に残る「金払いの悪いプロモーター」として知られている。

ビジネス上、収益を増やすには商品の質を上げて売上げを増やすか、原価を低減するかのどちらかだ。グラスは後者に目が行ってしまう、しかもその極端なタイプだったのであろう。

グラスのような人物の周りには、得てして茶坊主が集まる。トージョー・ヤマモトもその一人。猪木の修行時代以降、ヤマモトはこの地区をサーキットする日本人選手のマネージャーを買って出て、ファイトマネーをピンハネすることで有名だった。69年暮れの試合中、被害者の一人である上田馬之助に意図的に腕を折られた話は有名である。

この地区のマッチメークの軸となったのは、地元のベビーフェースであるジャッキー・ファーゴ、そして月に一度の割合でメンフィスやナッシュビルにスポット参戦する全国区の大物レスラーたちであった。

このテリトリーは、仕事のできるレスラーが入ってきてもファイトマネー面でアホらしくなり、長続きしないことが多々あった。この地区に定着するなら、グラスと良好な人間関係を保つことでそれなりの収入を得るか、他地区から声がかからず低収入で使われ続けることを割り切るかのどちらかであろう。後者のようなレスラーも少なくなかったので、この地区を「レスラー墓場」と呼んだのは60年代から70年代に掛けてのことであった。

それ以外の特徴は、一人前のレスラーに成りきる前に業界が嫌になって辞めてしまう選手が少なくなかったこと。そして、ATショー出身のレスラーが多かったことである。

猪木と「幻のシューター」の邂逅

猪木&マツダにとってメンフィスでの抗争相手だったビリー・ウィックスは、ATショー出身の「幻のシューター」である。

65年12月13日の初対戦以降、ウィックスはレン・ロシー、グレッグ・ピーターソンとのコンビで猪木&マツダと何度か当たっている。

30年生まれのウィックスは51年から56年まで、いくつかのATショー団体に所属した。その時代のコーチはヘンリー・コーエンといい、20世紀初頭の世界王者フランク・ゴッチの師匠だったマーティン・ファーマー・バーンズの弟子である。

57年、同じくATショー出身のレッド・バスチェンに誘われる形で、ウィックスはミネアポリスにて普通のホールで行われるプロレスの世界に入った。しかし、ウィックスはホール・プロレスが純粋な「競技」でないことに失望も感じたという。

59年にはテネシー地区でベルトを巻いたものの、その直後にアラバマ州フォートスミスでプロモーターを殴って殺人の嫌疑をかけられたあたりから、業界でのビジネス運が落ち始める。

いかにも「シューター」といった体つきのビリー・ウィックス（中央）。右は、若き日のレイ・スティーブンスである。

70年からはシェリフを兼務し、逮捕術を教えながら75年頃までリングに上がったが、日本のリングには一度も登場していない。その後、ウィックスはノースカロライナ州アッシュビルにあるジョニー・ハスキー（2000年にパンクラスに参戦）主宰のキャッチ・レスリング＝キャッチ・アズ・キャッチ・キャンのジムでコーチを務めていた。

プロレスラーはゴングが鳴って相手の身体に触れた瞬間に、その力量を計ることができるという。であるならば、猪木はウィックスに触れた瞬間に何かを感じたのではないかと思う。

テネシー地区でウィックスのタッグパートナーを務めたグレッグ・ピーターソンはATショー時代からの仲間で、猪木がキングスポートで当たっているフランキー・ケインもATショー出身である。プロレス業界の中でのし上がろうとしていた猪木、また「プロレスはビジネス」との割り切りが強かったマツダにとって、当時の彼らがどのように映ったのか非常に興味がそそられる。

ウィルバー・スナイダーとの「決定戦」

65年11月29日、メンフィスでの猪木とウィルバー・スナイダーのシングル対決は、日本でも「スナイダーのUSヘビー級王座に挑戦、惜しくも敗れる」と報道された。

このUSヘビー級王座もNWA世界タッグ王座と同様、全米各地にあったタイトルだが、スナイダーがこの時期にどこかの地区のUSヘビー級王者であった事実はない。

テネシー地区はNWA圏なので、世界王者ルー・テーズが訪れる。猪木は12月6日のメンフィス、7日のナッシュビルと2日間、テーズとともにサーキットしたが、猪木&マツダのコンビも興行の柱になっていたので世界王座への挑戦は実現しなかった。

年が明けて1月7日、テーズはセントルイスでジン・キニスキーに敗れ、NWA世界王座を失う。新王者キニスキーのテネシー地区での初防衛戦は2月28日に組まれたが、その2週間前に猪木はサーキットを終えており、この時はスナイダーが挑戦した。

ということは、前年11月の猪木vsスナイダー戦は「挑戦者決定戦」的な意味合いを持っていたことになり、猪木のポジションはまさしくNWA世界王座挑戦の一歩手前だったと見ることができる。

テネシー版NWA世界タッグ王座

晩年、テーズは語った。

「私の長いキャリアの中で、多くの素晴らしいレスラーにも、カトゥーン（漫画）としか言えない連中にも出会った。猪木は文句なくグッドレスラーだね。日本人レスラーとしては、ヒロ・マツダと並んで東西の横綱だ」

テーズが「横綱」と評した2人のタッグ結成は、ここテネシー地区で実現する。

試合記録を見ると、65年11月の地区入り以来、猪木&マツダはメインイベンターとして育てられたと判断できる。

グラハム&スティムボートのホームリングはフロリダ地区だったが、当時は南部一帯にスポットで呼ばれるほど人気があった。それはここテネシー地区

テネシー地区で「世界タッグ王者」となった猪木&ヒロ・マツダ。重要なのは王座移動云々ではなく、超一流のエディ・グラハム&サム・スティムボートと抗争したことである。

60年代の中〜後期、NWA世界タッグ戦線の中心にいたエディ・グラハム（右）とサム・スティムボート（左）。66年夏、コンビとしての唯一の来日では川崎球場や東京体育館を満員にした。

でも同様で、猪木の地区入り前にも世界タッグ王者として時々現れては防衛戦を行っていた。

「猪木はマツダと組んでグラハム&スティムボートの持つNWA世界タッグ王座に挑戦し、奪取した」

管見によれば、これは事実であるとも、ないとも言える。

66年1月24日、メンフィスで猪木組とグラハム組のNWA世界タッグ戦が組まれた。

だが、その日の興行の広告を見ると、チャンピオンは猪木&マツダである。しかし、これ以前に猪木組とグラハム組が対戦した記録はない。

おそらくメンフィスの観客に対しては、猪木組がどこかでグラハム組を破り王者になったと説明されたのであろう。さらにこの日、グラハム&スティムボートは「アラバマ州バーミングハムの悪天候」が原因でメンフィスに入れず、試合自体が行われなかった。

また、1月24日の時点で王者は猪木組だったはずだが、3日後の27日、チャタヌーガに王者として現れたのはグラハム組だったという説もある。これが事実だとすると、別掲の試合記録にあるように26日にキングスポートで猪木組vsグラハム組の試合が組まれており、ここで王座の移動があったことになるが、同日の結果については不明である。

同じ王者と挑戦者によるタイトル移動が連日繰り返される。これはテネシー地区ではよくあることなので、26日に王座の移動があったとは言いきれない。

猪木組は2月7日、2月14日とメンフィスでグラハム組に連敗しているが、王座は移動していない。7日は1本目をグラハム組が取ったまま時間切れとなり「2フォールを奪っていない」ため、続く14日は決まり手が「反則勝ち」だったためである。

この14日の試合をもって、猪木とマツダは一緒にテネシー地区から離脱した。つまり、この段階になってもNWA世界タッグ王座を失っておらず、タイトルは「猪木の足の負傷」という理由により返上。

もちろん、これはベルトを置いていっただけの話である。

南部タッグ王座を巡る抗争

テネシー地区では、猪木&マツダもメディックス（ロス・メディコス）もヒールサイドにいた。したがって、猪木はメディックスとトリオを組み、6人タッグマッチを戦うこともあった。

だが、65年12月27日になって突然、猪木&マツダとメディックスのヒールマッチが組まれる。当時、メディックスは南部タッグ王座を保持しており、翌28日のナッシュビルでも同じカードがラインナップされてタイトルが懸けられた。

当時、日本には猪木&マツダが南部タッグ王座を獲得したと伝えられたが、実際は少し異なる。確かにナッシュビルでのタイトルマッチはスコア上、猪木組の勝ちだった。しかし、どうもクレームが付く勝ち方をしたようだ。

ベルトはすんなりと猪木組には渡らず、メディックスは王座を返上し、新たにトーナメントで新王者コンビを決めることになった。

トーナメントは猪木&マツダとメディックスにマリオ・ミラノ&レン・ロシーが加わって年が明けた1月11日に行われ、ミラノ組が2連勝して王座を獲得する。要はナッシュビルのリング上を盛り上げるために、猪木組を狂言回しにしてメディックスからミラノ組へのタイトルを移動させたということだ。

テネシー地区で学んだ方法論

猪木がテネシー地区で得たものは、ニック・グラスに使われたという〝経験〟だろう。それは新日本プロレス旗揚げ後、プアな外国人レスラーの招聘ルートしか持っていなかった時代の団体運営に活かされた。

テネシー地区におけるマリオ・ミラノ＆レン・ロシーとの試合写真。ご覧のように、猪木もマツダと同様にベアフット（裸足）でファイトしていた。

カール・ゴッチ以外に名のある選手がいない初期の風景は、猪木にとってスポット参戦してくるスターたちがいないテネシーでのドサ回りの風景とダブっていたであろう。猪木は挫けることなく、チャンスを待ち、テレビも外国人レスラーも後から付いてきた。

猪木が修行を積んだオレゴン地区にも、全国区的なスターはいない。オレゴン地区とテネシー地区の共通点は、このローコスト経営だ。

猪木はレスラーとして、テネシー地区ではいくら観客を入れても金にならなかった。ダニー・ホッジやジャック・ブリスコも同じことを言っており、NWA世界王者から降りた後のルー・テーズも嫌な思いをしたそうだ。

猪木はレスラーとしてファイトマネーの少なさは頭に来ただろうが、一方では冷静にプロモーター視点で、「レスラーがいくら強くても、いくら巧くても、客が入らなければどうしようもない」という事実を学んだはずである。

70年代、新日本は馬場・全日本との差別化を図るために「ストロングスタイル」を標榜していた。その最中の74年1月、新日本は2人合わせて600キロのマクガイヤー兄弟を呼び、観客動員に成功する。その反面、ストロングスタイルとの矛盾も指摘された。

しかし、同じ時期にジャック・ブリスコ、ハーリー・レイス、ドリー・ファンク・ジュニアの現・前・元NWA世界ヘビー級王者を同時に呼んだ全日本に動員で劣らず、原価を考えれば、莫大な純利益を上げた。

興行に見世物（マクガイヤー兄弟）を呼ぶという発想は、テネシー地区でグラスから猪木の無意識に注入されたように思う。テネシー地区での武者修行は、プロモートにおける方法論のバリエーションをもたらしたのである。

総括――三羽烏のアメリカ武者修行

65年2月14日、猪木のアメリカ武者修行は終わった。

所属する日プロは、その猪木を3月25日に開幕する『第8回ワールドリーグ戦』に凱旋帰国させる目論見であった。だが、直前の同月19日、日本への帰途、ハワイにいた猪木は豊登に説得されてフリー宣言。これが同年10月の東京プロレス旗揚げにつながる。

日プロの代表取締役社長であり、私的にも猪木の兄貴分であった豊登は、前年暮れに金銭問題により追放されていた。これが世に言う「太平洋上略奪事件」である。

武者修行の結末がこのどんでん返し。猪木らしいといえば、猪木らしい。

さて、ここまで馬場、大木、猪木のアメリカ武者修行の軌跡を記してきた。

「太平洋上略奪事件」直後の猪木と豊登。ロス経由でハワイに渡った猪木は馬場、吉村が帰国後も約1ヵ月ホノルルに残り、豊登とともに過ごした。

馬場は2度の武者修行で全北米の黄金テリトリーを渡り歩き、ドルの雨を降らせ続けた。

63年の最初の凱旋試合（キラー・コワルスキー戦）、64年の2度目の凱旋試合（カルプス・ハリケーン戦）のいずれでも名勝負を演じ、これらの試合が日プロでエースを張る上での礎となった。

そして、72年に全日本プロレスを設立。次から次へと豪華一流外国人レスラーが供給されるルートは、武者修行時代に培ったものだった。

大木は、2度の武者修行をいずれも無断帰国という形で終えた。

最初の帰国は力道山襲名という祖国の国家的プロジェクトが理由であった。2代目襲名は成らなかったものの、いや成らなかったからこそ、70年代に馬場や猪木との対決が実現し、日本中のファンの耳目を集めた。

2度目の帰国は、韓国マット界の覇権争いが理由であった。しかし、覇権を握った大木が日本をホームリングとし、韓国に定着しなかったことで恒常的な国際試合が行えず、それが市場の発展を阻害した。

大木は祖国で「国際派スター」として認識されている。しかし、プロレス自体は現在の韓国において過去のものとなった。

猪木の武者修行期間は約2年で、馬場や大木より長かった。回ったテリトリーは質的にそれほど悪いマーケットではなかったが、馬場と比較すれば、「裏街道」だった。

テクニシャンからラフファイターまで、ピンからキリまで、色々なタイプのレスラーと肌を合わせたことは、確実に猪木のプロレスラーとしての幅を広げた。

さらに帰ってきたリングは故郷の日プロではなく、新興団体の東京プロレスという「掟破り」を行った。その後、日プロに復帰するものの、突然の馬場への挑戦表明や団体内部の改革を乗っ取りと解釈されるような「掟破り」を続けた。

そして、日プロから除名・追放されるに至り、72年に新日本プロレスを設立する。タブーとされたトップ日本人対決、誰も考えつかなかった異種格闘技戦など、そのキャリアは「掟破り」の連続であった。

「三つ子の魂百まで」の喩えあるが如く、力道山道場の三羽烏のアメリカ武者修行、そして凱旋のあり方はまさに三者三様であると同時に、その後の3人の人生と相似形を成している。

カンジ・イノキの試合記録

■1964年3月

11日【ホノルル】○カーティス・イヤウケアvs猪木●（DQ）
18日【ホノルル】△猪木&ロード・ブレアースvsカーティス・イヤウケア&トシ東郷（ハロルド坂田）△
25日【ホノルル】○ハードボイルド・ハガティ&エクスキューショナーvs猪木&ロード・ブレアース●
31日【ガーデンシティ】○猪木vsルディ・ケイ●

■4月

2日【カンザスシティ】○猪木vsバロン・フォン・シュトラウス●
3日【セントジョセフ】○猪木vsスティーブ・ボラス●
9日【カンザスシティ】△猪木vsサニー・マイヤース△
10日【セントジョセフ】○猪木vsダニー・プレッチェス●
14日【グレートベンド】猪木vsルディ・ケイ
16日【カンザスシティ】○ルディ・ケイvs猪木●（DQ）
17日【セントジョセフ】○猪木vsルディ・ケイ●
17日【セントジョセフ】バトルロイヤル（優勝：サニー・マイヤース、参加：猪木など）
23日【カンザスシティ】○猪木vsジョー・スカルペロ●
24日【セントジョセフ】△猪木vsアート・トーマス△
30日【カンザスシティ】○猪木&ビル・ミラー&ロッキー・ハミルトンvsパット・オコーナー&ハーリー・レイス&ジョー・スカルペロ●
30日【カンザスシティ】△猪木vsハーリー・レイス△

■5月

1日【セントジョセフ】○猪木&モンゴリアン・ストンパーvsアート・トーマス&リー・ヘニング●
7日【カンザスシティ】○猪木&モンゴリアン・ストンパーvsサニー・マイヤース&ルディ・ケイ●
8日【セントジョセフ】○リー・ヘニングvs猪木●（DQ）
9日【ウォータールー】○ジョー・スカルペロvs猪木●（DQ）
13日【デモイン】△猪木vsドン・ジャーディン△
14日【カンザスシティ】○猪木&モンゴリアン・ストンパーvsパット・オコーナー&ジョー・スカルペロ●
15日【セントジョセフ】○猪木vsルディ・ケイ●
15日【セントジョセフ】10人バトルロイヤル（優勝：リー・ヘニング、参加：猪木など）
21日【カンザスシティ】○猪木vsトム・ポーロス●
22日【セントジョセフ】○猪木vsサニー・マイヤース●（DQ）
23日【ウォータールー】○スティーブ・ボラスvs猪木●（DQ）
24日【カンザスシティ】○パット・オコーナー&ジョー・スカルペロvs猪木&モンゴリアン・ストンパー●
26日【デモイン】△猪木vsスティーブ・ボラス△
28日【カンザスシティ】○パット・オコーナー&サニー・マイヤースvs猪木&モンゴリアン・ストンパー●
29日【セントジョセフ】○サニー・マイヤースvs猪木●（2－1）
31日【カンザスシティ】○パット・オコーナー&サニー・マイヤースvs猪木&モンゴリアン・ストンパー●（DQ）

■6月

5日【セントジョゼフ】○ラリー・ハミルトン&ザ・ロウマンvs猪木&ダニー・プレッチェス●
6日【セントルイスTV】△猪木vsスティーブ・コバックス△（放

送日＝収録は5月30日）

11日【カンザスシティ】○スティーブ・ボラス＆トム・ポーロスvs猪木＆ダニー・プレッチェス●

12日【セントジョゼフ】○ラリー・ハミルトン＆リー・ヘニングvs猪木＆ハーリー・レイス●

13日【セントルイスTV】○ジョー・タンガロ＆ジェシー・ジェイムズvs猪木＆リー・ヘニング●（放送日＝収録は5月30日）

26日【サンディエゴ】○猪木vsアート・マハリック●

27日【サンバーナーディーノ】猪木vsドン・ダフィ

29日【ノースハリウッド】○猪木vsドン・ダフィ●

30日【ロングビーチ】○猪木vsアート・マハリック●

■**7月**

1日【ロサンゼルス】△猪木vsリップ・ホーク△

2日【ベイカーズフィールド】○猪木vsジョージ・ドレイク●

3日【サンディエゴ】○猪木vsドン・ダフィ●

4日【サンバーナーディーノ】○猪木vsジョージ・ドレイク●

6日【ノースハリウッド】○猪木vsプリンス・アバ●

7日【ロングビーチ】○猪木vsドン・ダフィ●

8日【ロサンゼルス】△猪木＆ミスター・モトvsザ・デストロイヤー＆リップ・ホーク△

10日【サンディエゴ】○猪木＆ミスター・モト＆ジャック・マッキャノンvsザ・デストロイヤー＆ハードボイルド・ハガティ＆リップ・ホーク●

11日【サンバーナーディーノ】○ビル・ドロモvs猪木●

14日【ロングビーチ】○猪木vsニキタ・マルコビッチ●

18日【サンバーナーディーノ】○猪木vsボビー・デュラントン●

20日【パサディナ】△猪木vsビル・ドロモ△

21日【ロングビーチ】○猪木＆ミスター・モトvsディック・ザ・ブルーザー＆リップ・ホーク●

22日【ロサンゼルス】△猪木vsビル・ドロモ△

23日【ベイカーズフィールド】△猪木vsジ・アラスカン△

24日【サンディエゴ】△猪木vsビル・ドロモ△

25日【サンバーナーディーノ】○猪木vsドン・ダフィ●

28日【ロングビーチ】△猪木vsビル・ドロモ△

30日【ベイカーズフィールド】○猪木vsリップ・ホーク●

31日【サンディエゴ】○猪木vsアート・マハリック●

■**8月**

1日【サンバーナーディーノ】△猪木vsアート・マハリック△

3日【パサディナ】○猪木vsアート・マハリック●

5日【ロサンゼルス】○猪木vsマイク・オレーリー●

6日【ベイカーズフィールド】○猪木vsマイク・オレーリー●

7日【サンディエゴ】△猪木vsドン・デヌーチ△

8日【サンバーナーディーノ】○ビル・ドロモvs猪木●

10日【パサディナ】○猪木＆ミスター・モトvsザ・デストロイヤー＆ハードボイルド・ハガティ●

12日【ロサンゼルス】△猪木vsハードボイルド・ハガティ△

13日【ベイカーズフィールド】○猪木vsジ・アラスカン●

14日【サンディエゴ】△猪木＆ミスター・モトvsザ・デストロイヤー＆ハードボイルド・ハガティ△

15日【サンバーナーディーノ】△猪木vsリッパー・コリンズ△

17日【パサディナ】△猪木vsリッパー・コリンズ△

18日【ロングビーチ】○猪木vsリッパー・コリンズ●

19日【ロサンゼルス】○ザ・デストロイヤーvs猪木●

20日【ベーカーズフィールド】○ディック・ザ・ブルーザーvs猪木●（DQ）

21日【サンディエゴ】猪木＆ミスター・モトvsリッパー・コリン

ズ&アート・マハリック
22日【サンバーナーディーノ】△猪木&ミスター・モトvsリッパー・コリンズ&ジ・アラスカン△
26日【ロサンゼルス】○猪木vsリッパー・コリンズ●
27日【ベーカーズフィールド】△猪木&ミスター・モトvsザ・デストロイヤー&ハードボイルド・ハガティ△
28日【サンディエゴ】○ハードボイルド・ハガティvs猪木●
29日【サンバーナーディーノ】△ザ・デストロイヤー&ハードボイルド・ハガティvs猪木&ミスター・モト△（WWA世界タッグ）

■9月
2日【ロサンゼルス】○猪木vsアート・マハリック●
3日【ベイカーズフィールド】○猪木vsアート・マハリック●
7日【パサディナ】△猪木vsリッパー・コリンズ△
10日【ロサンゼルス】○猪木&ミスター・モトvsニキタ・マルコビッチ&ジ・アラスカン●
11日【サンディエゴ】○ザ・デストロイヤー&ハードボイルド・ハガティ&リッパー・コリンズvs猪木&ミスター・モト&ビル・ドロモ●
15日【ロングビーチ】○猪木vsザ・デストロイヤー●
18日【サンディエゴ】○リッパー・コリンズvs猪木●
19日【サンバーナーディーノ】△猪木vsジ・アラスカン△
22日【ロングビーチ】○ザ・デストロイヤーvs猪木●
23日【ロサンゼルス】○ザ・デストロイヤー&ハードボイルド・ハガティvs猪木&ミスター・モト●
24日【ベイカーズフィールド】△猪木vsハードボイルド・ハガティ△
25日【サンディエゴ】○猪木vsジェリー・ローズ●
26日【サンバーナーディーノ】○猪木vsジ・アラスカン●

28日【パサディナ】猪木vsジェリー・ローズ
29日【ロングビーチ】△猪木vsリッパー・コリンズ△
30日【ロサンゼルス】○猪木vsK・O・マーフィ（マット・マーフィ）●

■10月
1日【ベイカーズフィールド】△猪木vsリッパー・コリンズ△
2日【サンディエゴ】△猪木vsジェリー・ローズ△
3日【サンバーナーディーノ】○フレッド・ブラッシーvs猪木●
7日【ロサンゼルス】△猪木vsビル・コディ△
8日【ベイカーズフィールド】○猪木vsジ・アラスカン●
10日【サンバーナーディーノ】○猪木vsジ・アラスカン●
12日【パサディナ】△猪木vsビル・コディ△
13日【ロングビーチ】○ザ・デストロイヤー&ハードボイルド・ハガティvs猪木&ミスター・モト●
14日【ロサンゼルス】○ザ・デストロイヤー&ハードボイルド・ハガティvs猪木&ミスター・モト●
15日【ベイカーズフィールド】○猪木vsジェリー・ローズ●
16日【サンディエゴ】○猪木&ミスター・モトvsハードボイルド・ハガティ&リッパー・コリンズ●
17日【サンバーナーディーノ】△猪木vsハードボイルド・ハガティ△
21日【ロサンゼルス】○フレッド・ブラッシーvs猪木●
22日【ベイカーズフィールド】○フレッド・ブラッシー&ハードボイルド・ハガティ&リッパー・コリンズvs猪木&ミスター・モト&ポール・ダイアモンド●
22日【ベイカーズフィールド】△猪木vsリッパー・コリンズ△
23日【ロサンゼルス】○ザ・ハングマン（ジン・ラベール）vs猪木●
24日【サンバーナーディーノ】○猪木vsハードボイルド・ハガティ●
26日【パサディナ】○ザ・デストロイヤーvs猪木●

28日【ロサンゼルス】○ザ・デストロイヤー&ハードボイルド・ハガティvs猪木&ポール・ダイアモンド●
29日【ベーカーズフィールド】○ハードボイルド・ハガティvs猪木●
31日【サンディエゴ】○ザ・デストロイヤーvs猪木●
31日【サンバーナーディーノ】猪木vsザ・デストロイヤー

■11月

7日【ユージーン】猪木vsマーキス・デ・パリ
9日【ポートランド】○猪木&ペッパー・マーチンvsパット・パターソン&マーキス・デ・パリ●
12日【セーラム】○猪木vsアール・ライトフット●
14日【ユージーン】猪木vsアール・ライトフット
16日【ポートランド】○猪木&ペッパー・マーチン&バディ・モレノvsパット・パターソン&モーリス・パリー&エル・シェリフ●（DQ）
17日【シアトル】△猪木vsエル・シェリフ△
19日【セーラム】△猪木vsバディ・モレノ△
20日【ポートランド】○猪木vsラリー・ウィリアムス●
23日【ポートランド】○猪木vsチーフ・アール・ライトフット●
24日【シアトル】△猪木vsディーン樋口△
25日【タコマ】○猪木vsインディオ・ジョー●
26日【セーラム】○猪木vsモーリス・デ・パリー●（DQ）
27日【ポートランド】8人バトルロイヤル（優勝：パット・パターソン、参加：猪木、ペッパー・マーチン、トニー・ボーンなど）
27日【ポートランド】△猪木vsペッパー・マーチン△
28日【ユージーン】○猪木vsトニー・ボーン●
30日【ポートランド】○パット・パターソンvs猪木●

■12月

1日【シアトル】○猪木vsインディオ・ジョー●
2日【タコマ】バトルロイヤル（優勝：猪木、参加：ペッパー・マーチン、チーフ・アール・ライトフットなど）
2日【タコマ】○猪木vsチーフ・アール・ライトフット●
4日【スポーケン】○猪木vsインディオ・ジョー●
8日【シアトル】△猪木vsパット・パターソン△
9日【タコマ】○猪木vsエル・シェリフ●
12日【ユージーン】猪木vsフレッド・バロン
15日【シアトル】△猪木vsインディオ・ジョー△
16日【タコマ】○猪木&ディーン樋口vsインディオ・ジョー&イワン・カメロフ●
22日【シアトル】○猪木vsパット・パターソン●
22日【シアトル】9人バトルロイヤル（優勝：猪木、参加：パット・パターソンなど）
29日【シアトル】△猪木vsザ・デストロイヤー△
30日【タコマ】○猪木vsエル・シェリフ●

■1965年1月

5日【シアトル】○猪木&ディーン樋口vsハル佐々木&エル・シェリフ●
6日【タコマ】バトルロイヤル（優勝：猪木、参加：ペッパー・マーチンなど）
6日【タコマ】△猪木vsペッパー・マーチン△
7日【セーラム】△猪木vsリッキー・ハンター△
7日【セーラム】9人バトルロイヤル（優勝：アルバート・トーレス、参加：猪木など）
8日【ポートランド】○猪木&ディーン樋口vsハル佐々木&ジャン・セバスチャン●
11日【ポートランド】○猪木vsジャン・セバスチャン●（DQ）

12日【シアトル】○猪木vsパット・パターソン●（DQ）
13日【タコマ】○パット・パターソン&エル・シェリフvs猪木&ディーン樋口●
14日【セーラム】△猪木vsバディ・モレノ△
15日【ポートランド】○マッド・ラシアン（スタン・プラスキー）vs猪木●
16日【ローズバーグ】○猪木vsインディオ・ジョー●
18日【ポートランド】○マッド・ラシアン&エル・シェリフvs猪木&ディーン樋口●
19日【シアトル】○猪木vsエル・シェリフ●（DQ）
22日【ポートランド】○猪木vsエル・シェリフ●（DQ）
23日【ユージーン】猪木&ディーン樋口vsハル佐々木&エル・シェリフ
26日【シアトル】○スタン・プラスキー&エル・シェリフvs猪木&ディーン樋口●
27日【タコマ】○猪木vsインディオ・ジョー●
30日【ユージーン】猪木&ディーン樋口vsハル佐々木&エル・シェリフ

■2月

2日【シアトル】○猪木vsジャン・セバスチャン●
3日【タコマ】○猪木vsリッキー・ハンター●
5日【スポーケン】○猪木vsデイブ・ウィリス●
5日【スポーケン】6人バトルロイヤル（優勝：エル・シェリフ、参加：猪木など）
6日【ユージーン】猪木vsインディオ・ジョー
6日【ユージーン】7人バトルロイヤル（優勝：ディーン樋口、参加：猪木など）
8日【ポートランド】△猪木vsジャン・セバスチャン△
9日【シアトル】○猪木vsジャン・ポール●
12日【ポートランド】△猪木vsペッパー・マーチン△
13日【ユージーン】猪木vsペッパー・マーチン
16日【シアトル】△猪木vsペッパー・マーチン△
17日【タコマ】○猪木vsインディオ・ジョー●
19日【スポーケン】○ハル佐々木&エル・シェリフvs猪木&ディーン樋口●
20日【ローズバーグ】○ロイ・マクラーティvs猪木●
23日【シアトル】○猪木vsエル・シェリフ●（DQ）
24日【タコマ】○猪木vsロイ・マクラーティ●
27日【ユージーン】猪木vsインディオ・ジョー

■3月

2日【シアトル】○猪木vsイワン・カメロフ●
2日【シアトル】バトルロイヤル（優勝：マッド・ラシアン、参加：猪木など）
3日【タコマ】○猪木&ディーン樋口vsエル・シェリフ&インディオ・ジョー●
5日【スポーケン】○エル・シェリフvs猪木●
9日【シアトル】○猪木vsハル佐々木●（DQ）
10日【タコマ】△猪木vsリッキー・ハンター△
13日【ユージーン】猪木vsリッキー・ハンター
17日【タコマ】バトルロイヤル（優勝：マッド・ラシアン、参加：猪木など）
17日【タコマ】○エル・シェリフvs猪木●
19日【スポーケン】△猪木vsイワン・カメロフ△
22日【ポートランド】△猪木vsリッキー・ハンター△
23日【シアトル】○アルバート・トーレスvs猪木●
27日【ラプウェイ】○アルバート・トーレスvs猪木●

29日【ポートランド】○スタン・スタージャックvs猪木●

■4月

2日【ポートランド】○スタン・スタージャックvs猪木●
2日【ポートランド】8人バトルロイヤル（優勝：ペッパー・マーチン&シャグ・トーマス＝2人優勝、参加：猪木など）
3日【ユージーン】猪木vsティム・コルト
5日【ポートランド】△猪木vsイワン・カメロフ△
6日【シアトル】○猪木vsエル・シェリフ●
7日【タコマ】○スタン・スタージャックvs猪木●
9日【ポートランド】○アルバート・トーレスvs猪木●
10日【ユージーン】猪木vsリッキー・ハンター
12日【ポートランド】○スタン・スタージャックvs猪木●
13日【シアトル】△猪木vsティム・コルト△
14日【タコマ】○アルバート・トーレスvs猪木●
16日【スポーケン】△猪木vsジャン・セバスチェン△
20日【シアトル】○マッド・ラシアンvs猪木●
21日【タコマ】○イワン・カメロフvs猪木●
21日【ポートランド】○アルバート・トーレスvs猪木●
26日【ポートランド】○アルバート・トーレスvs猪木●
27日【シアトル】○アルバート・トーレスvs猪木●
28日【タコマ】○エル・シェリフvs猪木●
28日【ポートランド】○リッキー・ハンターvs猪木●
29日【不明】○猪木vsイワン・カメロフ●
30日【ポートランド】△猪木vsペッパー・マーチン△

■5月

1日【ユージーン】猪木vsデューク・ノーブル
3日【ポートランド】○ロイ・マクラーティvs猪木●
4日【シアトル】○猪木vsイワン・カメロフ●（DQ）
5日【タコマ】△猪木vsティム・コルト△
6日【不明】△猪木vsペッパー・マーチン△
7日【ポートランド】○シャグ・トーマスvs猪木●
8日【ユージーン】猪木vsシャグ・トーマス
13日【セーラム】○ティム・コルトvs猪木●
14日【ポートランド】8人バトルロイヤル（優勝：シャグ・トーマス、参加：猪木など）
14日【ポートランド】○シャグ・トーマスvs猪木●
15日【ユージーン】猪木vsティム・コルト
17日【ポートランド】○ペッパー・マーチンvs猪木●
18日【シアトル】○ティム・コルトvs猪木●
19日【タコマ】△猪木vsジャン・ポール△
28日【サンディエゴ】○猪木vsアート・マハリック●
29日【サンバーナーディーノ】○猪木&リッパー・コリンズvsジョー・カロロ&ドン・チュイ●

■6月

1日【ロングビーチ】○アサシンズ（トーマス・リネストウ&ジョー・ハミルトン）&ルーク・グラハムvs猪木&ミスター・モト&ペドロ・モラレス●
2日【ロサンゼルス】○アサシンズvs猪木&ドン・サベージ●
3日【ベーカーズフィールド】○アサシンズvs猪木&ミスター・モト●
4日【サンディエゴ】○アサシンズvs猪木&ミスター・モト●
5日【サンバーナーディーノ】△猪木vsリッパー・コリンズ△
5日【サンバーナーディーノ】○リッパー・コリンズ&アサシンズvs猪木&ミスター・モト&ルイス・フェルナンデス●
6日【ロサンゼルス】○ザ・ブッチャー（ドン・ジャーディン）vs

猪木●
8日【サンディエゴ】○猪木vsリッパー・コリンズ●
10日【ベーカーズフィールド】○猪木&ミスター・モト&ルイス・フェルナンデスvsリッパー・コリンズ&アサシンズ●
11日【サンディエゴ】△猪木&ミスター・モトvsアサシンズ△
15日【ロングビーチ】○アサシン#1（ジョー・ハミルトン）vs猪木●
21日【フォートワース】○猪木vsクリス・トロス●
22日【ダラス】△猪木vsボブ・エリス△
24日【コーパスクリスティ】猪木vsサイレント・ロドリゲス
25日【ボーモント】○猪木vsキラー・カール・コックス●
25日【ボーモント】10人バトルロイヤル（優勝：猪木&キラー・カール・コックス＝2人優勝、参加：アーニー・ラッド、マーク・ルーインなど）
26日【ヒューストン】○猪木vsオックス・アンダーソン●
28日【フォートワース】○猪木vsオックス・アンダーソン●
29日【ダラス】○猪木vsザ・レッカー●
30日【サンアントニオ】○猪木vsジョニー・ケイス●

■7月

2日【ヒューストン】○猪木vsカール・カールソン●
3日【ボーモント】○猪木vsザ・レッカー●
5日【フォートワース】○猪木vsザ・レッカー●
6日【ダラス】△猪木vsマーク・ルーイン△
7日【サンアントニオ】○猪木&ブルー・アベンジャー（ロレンゾ・パレンテ）vsマーク・ルーイン&カール・カールソン●（100万ドル争奪タッグトーナメント決勝）
7日【サンアントニオ】○猪木&ブルー・アベンジャーvsサイレント・デビッド・ロドリゲス&インディオ・ベロン●
7日【サンアントニオ】○猪木&ブルー・アベンジャーvsケン・ホーリス&ケン・イエイツ●
9日【ヒューストン】○猪木vsブル・カリー●
10日【ボーモント】△猪木vsカール・カールソン△
12日【フォートワース】○猪木vsカール・カールソン●
13日【ダラス】○猪木vsケン・イエイツ●
14日【サンアントニオ】○猪木vsカール・カールソン●（DQ）
16日【ヒューストン】△猪木vsマーク・ルーイン△
17日【ダラスTV】○猪木vsサイレント・ロドリゲス●
17日【ボーモント】○猪木vsニキタ・カルミコフ●（DQ）
18日【サンアントニオ】△猪木vsカール・カールソン△
19日【フォートワース】○猪木vsケン・イエイツ●
20日【ダラス】△猪木vsキラー・カール・コックス△
21日【サンアントニオ】○マーク・ルーインvs猪木●（テキサス・ヘビー）
22日【ウェイコ】猪木vsニキタ・カルミコフ
22日【ウェイコ】○猪木vsケン・イエイツ●
23日【ヒューストン】△猪木vsキラー・カール・コックス△
24日【ボーモント】○猪木&ドン・マクラリティvsニキタ・カルミコフ&カール・カールソン●
26日【フォートワース】○猪木vsニキタ・カルミコフ●
27日【ダラス】○猪木&ケン・ホーリスvsマーク・ルーイン&カール・カールソン●
28日【サンアントニオ】○猪木vsニキタ・カルミコフ（ニキタ・マルコビッチ）●
30日【ヒューストン】○猪木vsキラー・カール・コックス●
31日【ボーモント】○ルイ・ティレvs猪木●（DQ）
31日【不明】○猪木&ブルー・アベンジャーvsマーク・ルーイン&ケン・イエイツ●

■**8月**

2日【フォートワース】○猪木vsカール・カールソン●
3日【ダラス】○猪木&ボブ・エリスvsマーク・ルーイン&ルイ・ティレ●
4日【サンアントニオ】○猪木vsマーク・ルーイン●（DQ）
6日【ヒューストン】○猪木vsカール・カールソン●
7日【ボーモント】△猪木vsルイ・ティレ△
9日【フォートワース】△猪木vsマーク・ルーイン△
10日【ダラス】○猪木vsルイ・ティレ●
11日【サンアントニオ】○フリッツ・フォン・エリックvs猪木●
13日【ヒューストン】○フリッツ・フォン・エリックvs猪木●
14日【ボーモント】○猪木vsルイ・ティレ●
16日【フォートワース】○猪木vsルイ・ティレ●（DQ）
17日【ダラス】△フリッツ・フォン・エリック&キラー・カール・コックスvsデューク・ケオムカ&猪木△（テキサス版NWA世界タッグ=DQ）
18日【サンアントニオ】○猪木&ケン・ホーリスvsニキタ・カルミコフ&ルイ・ティレ●
18日【サンアントニオ】○猪木vsニキタ・カルミコフ●
20日【ヒューストン】バトルロイヤル（優勝：マーク・ルーイン、参加：猪木など）
20日【ヒューストン】○猪木vsニキタ・カルミコフ●
21日【ボーモント】猪木vsザ・デストロイヤー
23日【フォートワース】○マーク・ルーインvs猪木●
24日【ダラス】○マーク・ルーイン&ルイ・ティレvs猪木&ケン・ホーリス●
25日【サンアントニオ】○マーク・ルーインvs猪木●
26日【ウェイコ】○マーク・ルーイン&ルイ・ティレvs猪木&ケン・ホーリス●
27日【ヒューストン】○フリッツ・フォン・エリック&キラー・カール・コックスvs猪木&デューク・ケオムカ●（テキサス版NWA世界タッグ）
28日【ボーモント】○ザ・デストロイヤー&ルイ・ティレvs猪木&タイガー・コンウェイ●
29日【ウェイコ】○猪木vsカール・カールソン●（DQ）
30日【フォートワース】○猪木vsザ・グレート・ディーン●
31日【ダラス】○ジン・キニスキーvs猪木●

■**9月**

1日【サンアントニオ】○猪木vsザ・グレート・ディーン●
2日【ウェイコ】猪木vsザ・グレート・ディーン
3日【ダラスTV】○猪木&ボブ・エリスvsマーク・ルーイン&ルイ・ティレ●
3日【ヒューストン】○マーク・ルーインvs猪木●
4日【ボーモント】猪木vsザ・デストロイヤー
6日【フォートワース】バトルロイヤル（優勝：不明、参加：猪木など）
7日【ダラス】○猪木vsキラー・カール・コックス●（DQ）
8日【サンアントニオ】○猪木vsルイ・ティレ●
10日【ヒューストン】○猪木vsザ・グレート・ディーン●
11日【ポートアーサーTV】○猪木vsザ・グレート・ディーン●
14日【ウェイコ】○猪木&ケン・ホーリスvsマーク・ルーイン&ルイ・ティレ●
14日【ダラス】○猪木&デューク・ケオムカvsフリッツ・フォン・エリック&キラー・カール・コックス●（テキサス版NWA世界タッグ=DQ）
15日【サンアントニオ】○ザ・デストロイヤーvs猪木●

17日【ヒューストン】○ザ・デストロイヤーvs猪木●
18日【ボーモント】○ザ・デストロイヤー&ルイ・ティレvs猪木&タイガー・コンウェイ●
18日【ボーモント】猪木vsザ・デストロイヤー
20日【フォートワース】○ザ・デストロイヤーvs猪木●
21日【ダラス】バトルロイヤル（優勝：猪木&ジン・キニスキー＝2人優勝、参加：マーク・ルーイン、キラー・カール・コックス、ザ・デストロイヤー、フリッツ・フォン・エリックなど）
21日【ダラス】○猪木&ケン・ホーリスvsマーク・ルーイン&ザ・グレート・ディーン●
21日【ダラス】○ジン・キニスキーvs猪木●
22日【サンアントニオ】○ジン・キニスキーvs猪木●
24日【ヒューストン】○ザ・デストロイヤー&ルイ・ティレvs猪木&タイガー・コンウェイ●
25日【ポートアーサーTV】○猪木vsルイ・ティレ●
25日【ボーモント】○猪木vsルイ・ティレ●
27日【フォートワース】○マイティ・ヤンキーズ（ボブ・スタンレー&ムース・エバンス）vs猪木&ケン・ホーリス●
28日【ダラス】○猪木vsルイ・ティレ●
29日【サンアントニオ】○マイティ・ヤンキーズvs猪木&ケン・ホーリス●
29日【サンアントニオ】△猪木vsマイティ・ヤンキース#1（ボブ・スタンレー）△

■10月

1日【ヒューストン】○マイティ・ヤンキーズvs猪木&ケン・ホーリス●
4日【フォートワース】猪木vsザ・デストロイヤー
5日【ダラス】△猪木&ビリー・レッド・ライオンvsザ・デストロイヤー&キラー・カール・コックス△（DQ）
6日【サンアントニオ】△猪木vsマイティ・ヤンキース#1△
6日【サンアントニオ】○猪木&ビリー・レッド・ライオン&キラー・カール・コックスvsザ・デストロイヤー&マイティ・ヤンキーズ●
7日【テキサスシティ】猪木vsキラー・カール・コックス
8日【ヒューストン】○猪木vsドン・ダフィ●
9日【ボーモント】○猪木vsザ・デストロイヤー●
11日【フォートワース】猪木&ビリー・レッド・ライオンvsマイティ・ヤンキーズ
12日【ダラス】○猪木vsフランク・マーコニ●
13日【サンアントニオ】○猪木vsルイ・ティレ●（DQ）
13日【サンアントニオ】○猪木&ビリー・レッド・ライオンvsドン・ダフィ&ルイ・ティレ●
14日【ウェイコ】猪木vsキラー・カール・コックス
15日【ヒューストン】△猪木vsフランク・マーコニ△
16日【ボーモント】猪木vsマイティ・ヤンキース#2（ムース・エバンス）
18日【フォートワース】○猪木vsフランク・マーコニ●
19日【ダラス】○キラー・カール・コックスvs猪木&ブルース・カーク●
20日【サンアントニオ】△猪木vsブルース・カーク△
21日【ウェイコ】○猪木vsルイ・ティレ●
23日【ボーモント】△猪木vsザ・デストロイヤー△
25日【フォートワース】猪木&タイガー・コンウェイvsルイ・ティレ&アル・コステロ
26日【ダラス】○ザ・デストロイヤーvs猪木●
27日【サンアントニオ】○アル・コステロvs猪木●
28日【ウェイコ】△猪木vsアル・コステロ△

29日【ヒューストン】○猪木vsフランク・マーコニ●

30日【ポートアーサーTV】○ザ・デストロイヤーvs猪木●

30日【ボーモント】○アル・コステロ&ルイ・ティレvs猪木&ブルース・カーク●

■11月

1日【不明】○猪木vsフランク・マーコニ●

2日【ダラス】○ルイ・ティレvs猪木●

2日【ダラス】○猪木&ブルース・カーク&ビリー・レッド・ライオン&トルベリーノ・ブランコvsザ・デストロイヤー&ルイ・ティレ&アル・コステロ&フランク・マーコニ●

3日【サンアントニオ】○フランク・マーコニvs猪木●

5日【ヒューストン】○ニック・コザックvs猪木●

8日【メンフィス】○猪木vsケニー・マック●

9日【ナッシュビル】○猪木vsガス・カラス●

10日【キングスポート】猪木vsデイル・ベネット

11日【チャタヌーガ】○猪木vsトニー・バイラージョン●

13日【メンフィスTV】○猪木vsボビー・ホワイトロック●

15日【メンフィス】○猪木vsデイル・ベネット●

16日【ナッシュビル】△猪木vsデイル・ベネット△

17日【キングスポート】猪木vsロバート・ハンビー

18日【チャタヌーガ】○猪木vsデイル・ベネット●

20日【メンフィスTV】○猪木vsジンボ・スチュワート●

22日【メンフィス】○猪木vsロバート・ハンビー●

23日【ナッシュビル】△猪木vsトニー・バイラージョン△

24日【キングスポート】猪木vsウィッティ・コードウェル

25日【チャタヌーガ】○猪木&ヒロ・マツダvsバディ・フラー&ジョニー・アポロ●

29日【メンフィス】○ウィルバー・スナイダーvs猪木●

30日【ナッシュビル】○猪木vsトニー・バイラージョン●

■12月

1日【キングスポート】○猪木vsトニー・バイラージョン●

2日【チャタヌーガ】○猪木vsトニー・バイラージョン●（DQ）

4日【メンフィス】○猪木vsケニー・マック●

6日【メンフィス】○猪木&ヒロ・マツダvsレン・ロシー&ビリー・ウィックス●

7日【ナッシュビル】○猪木&ヒロ・マツダvsレン・ロシー&ロバート・ハンビー●

8日【キングスポート】猪木&ヒロ・マツダvsウィッティ・コードウェル&ロバート・ハンビー

9日【チャタヌーガ】○猪木&ミステリアス・メディックス（トニー・ゴンザレス＝メディコ3号&ドナルド・ローティー）vsジャッキー・ファーゴ&ジ・オックス（オックス・ベーカー）&レン・ロシー●

13日【メンフィス】○レン・ロシー&ビリー・ウィックスvs猪木&ヒロ・マツダ●（DQ）

14日【ナッシュビル】○ジャッキー・ファーゴ&レン・ロシーvs猪木&ヒロ・マツダ●（DQ）

15日【キングスポート】猪木&ヒロ・マツダvsロッキー・スミス&フランキー・ケイン

16日【チャタヌーガ】猪木&ミステリアス・メディックスvsジャッキー・ファーゴ&ジ・オックス&レン・ロシー

18日【ノックスビル】○猪木&ヒロ・マツダvsレン・ロシー&ロバート・ハンビー●

20日【メンフィス】○猪木&ヒロ・マツダvsレン・ロシー&ビリー・ウィックス●

21日【ナッシュビル】○猪木&ヒロ・マツダ&トージョー・ヤマ

モト&アレックス・ペレスvsレン・ロシー&ウィルバー・スナイダー&コルシカ・ジョー&ジョニー・アポロ●

22日【キングスポート】猪木&ヒロ・マツダvsクリス・ベルカス&フランキー・ケイン

23日【チャタヌーガ】△猪木vsレン・ロシー△

25日【メンフィス】○猪木&ヒロ・マツダvsトリーチ・フィリップス&ガス・カラス●

27日【メンフィス】○猪木&ヒロ・マツダvsミステリアス・メディックス●

28日【ナッシュビル】○猪木&ヒロ・マツダvsミステリアス・メディックス●（テネシー版NWA南部タッグ）

29日【キングスポート】猪木&ヒロ・マツダvsクリス・ベルカス&フランキー・ケイン

30日【チャタヌーガ】○猪木vsクリス・ベルカス●

■1966年1月

3日【メンフィス】△猪木&ヒロ・マツダvsグレッグ・ピーターソン&ビリー・ウィックス△

4日【ナッシュビル】△猪木&ヒロ・マツダvsミステリアス・メディックス△

5日【キングスポート】△猪木&ヒロ・マツダvsグレッグ・ピーターソン&フランキー・ケイン△

6日【チャタヌーガ】○レン・ロシー&ロッキー・スミスvs猪木&ヒロ・マツダ●

10日【メンフィス】○猪木&ヒロ・マツダvsグレッグ・ピーターソン&ビリー・ウィックス●

11日【ナッシュビル】○レン・ロシー&マリオ・ミラノvs猪木&ヒロ・マツダ、ミステリアス・メディックス●（テネシー版NWA南部タッグ＝3WAYマッチ）

12日【キングスポート】猪木&ヒロ・マツダvsグレッグ・ピーターソン&フランキー・ケイン

13日【チャタヌーガ】○レン・ロシー&ロッキー・スミスvs猪木&ヒロ・マツダ●

15日【チャタヌーガTV】○猪木&ヒロ・マツダvsガス・カラス&チャーリー・レイエ●

15日【ノックスビル】△猪木&ヒロ・マツダvsミステリアス・メディックス△

17日【メンフィス】○グレッグ・ピーターソン&ビリー・ウィックスvs猪木&ヒロ・マツダ●

18日【ナッシュビル】○猪木&ヒロ・マツダvsリップ・コリンズ&カズン・スリム●

19日【キングスポート】猪木vsフランキー・ケイン

20日【チャタヌーガ】○猪木&ヒロ・マツダ&トージョー・ヤマモトvsレン・ロシー&ジャッキー・ファーゴ&マリオ・ミラノ●

24日【メンフィス】猪木&ヒロ・マツダvsエディ・グラハム&サム・スティムボート

25日【ナッシュビル】△猪木&ヒロ・マツダvsレン・ロシー&マリオ・ミラノ△

26日【キングスポート】猪木&ヒロ・マツダvsエディ・グラハム&サム・スティムボート

27日【チャタヌーガ】○猪木&ヒロ・マツダvsエディ・グラハム&サム・スティムボート●（テネシー版NWA世界タッグ＝獲得）

29日【メンフィス】○ヘイスタック・カルホーン&ジャッキー・ファーゴvs猪木&ヒロ・マツダ●

■2月

1日【ナッシュビル】○ヘイスタック・カルホーン&ジャッキー・

ファーゴ vs 猪木&ヒロ・マツダ●（DQ）

2日【キングスポート】猪木&ヒロ・マツダ vs ヘイスタック・カルホーン&グレッグ・ピーターソン

3日【チャタヌーガ】○猪木&ヒロ・マツダ vs レン・ロシー&マリオ・ミラノ●（テネシー版NWA世界タッグ）

5日【ナッシュビルTV】○猪木&ヒロ・マツダ vs ターザン・バクスター&ジャック・ブリスコ●

7日【メンフィス】○エディ・グラハム&サム・スティムボート vs 猪木&ヒロ・マツダ●

8日【ダラス】○ザ・デストロイヤー&ゴールデン・テラー（ミスター・アトミック）vs 猪木&デューク・ケオムカ●（テキサス版NWA世界タッグ）

9日【ナッシュビル】○エディ・グラハム&サム・スティムボート vs 猪木&ヒロ・マツダ●（DQ）

12日【チャタヌーガ】○猪木&ヒロ・マツダ vs エディ・グラハム&サム・スティムボート●（テネシー版NWA世界タッグ）

14日【メンフィス】○エディ・グラハム&サム・スティムボート vs 猪木&ヒロ・マツダ●（テネシー版NWA世界タッグ＝DQ）

エピローグ
その後の力道山道場三羽烏

第二次武者修行のためヒューストンに飛び立ってから1年半後、大木金太郎がリキ・スポーツパレスのリングに帰ってきたのは1966年3月25日のことである。この日は、『第8回ワールドリーグ戦』開幕前夜祭だった。

新団体設立に向けて奔走していた豊登の誘いを断って日プロに帰ってきたのが大木であり、このリングにいるはずだったアントニオ猪木は誘いに乗って、豊登とまだハワイにいた。

大木は「キム・イル」のリングネームでリーグ戦に参加し、ウィルバー・スナイダーにはリングアウト負け、ペドロ・モラレスとは引き分けて日本側でジャイアント馬場に次ぐ成績をおさめた。この結果は、猪木に去られた日プロに大木は歓迎されたということである。

ワールドリーグ戦が終わると、大木は韓国に帰国した。戻ってきたのは、同年9月である。

その間、大木は何をやっていたのか。ワールドリーグ戦の直後と9月に日本に戻る直前に、韓国でミニシリーズを行ったことはわかっている。しかし、6～8月が全く謎なのだ。大木にはプロレス以外にサイドビジネスがあり、それはことごとく失敗だったと韓国では伝えられている。長期欠場の理由は、そのサイドビジネスに関係しているのだろうか。

大木は、この年の9月から日プロに定着する。11月には、インターナショナル・ヘビー級王者の馬場が吉村道明と組んで同タッグ王座も戴冠。12月には、大木&吉村が決定戦でターザン・ゾロ&エディ・モローを降してアジア・タッグ王座に就いた。これで日プロ内の序列は、馬場、大木、吉村に確定する。

大木がアジア・タッグ王者となって約2週間後の

12月16日、東京・台東体育館で大木vsゾロの極東ヘビー級戦が行われた（大木が防衛）。この試合は大木にとって同王座の日本国内初にして唯一の防衛戦で、59年の入団以来初めてシングルでメインイベントを務めた。

ところが、会場は閑古鳥が鳴き、「大木単独のメインでは興行は成り立たない」という評価が決まってしまった。言うまでもなく、馬場がエースで居続けられたのは観客動員力があったからである。

翌67年4月7日、『第9回ワールドリーグ戦』が開幕し、大木はマイク・デビアスと引き分けた。この日、崩壊した東京プロレスから猪木が日プロに戻ってきたが、試合は行わず、挨拶のために観客の前に姿を見せただけである。三羽烏が同じ会場に揃ったのは、師匠・力道山がまだ存命だった63年8月以来だった。

その猪木は5月26日、吉村と組んでアジア・タッグ王座に就く。大木は、なぜ引きずり降ろされたのか。理由は日プロがこの日にアジア・タッグ防衛戦を予定していたが、大木の不在が確定していたからである。

この時、大木は自分の代役として、同年のワールドリーグ戦に合わせてアメリカ武者修行から帰国したばかりの上田馬之助を推薦した。ところが、吉村のパートナーには猪木が選ばれる。

大木は日プロを裏切って東プロに行き、出戻ったばかりの猪木という選択は有り得ないと強硬に主張した。かつて日プロの合宿所で大木と猪木は同部屋であり、大木にとって猪木は弟のような存在であったが、そんな関係はもはや昔のことになっていたのである。

大木が勝手にWWA世界王座を戴冠

67年5月末に大木が日本にいなかった理由は、ロサンゼルスにいたからだ。

大木は同年4月20日をもってワールドリーグ戦のツアーから離脱し、29日にソウルでマーク・ルーインを破ってWWA世界ヘビー級王座を獲得した。

猪木は大木がツアーから離脱した4月20日の段階で、まだ日プロのリングで試合をしていない。リング復帰は、5月5日からである。

大木がWWA世界王座をロスで落とすのが7月14日。日プロのリングに戻ってくるのが同月22日。つまり、馬場、猪木、大木の3人がリング上に揃ったのは7月22日のことだが、この段階で3人の序列はどうだったのか。

トップが馬場であることに変わりはないものの、アジア・タッグ王者の猪木、前WWA世界ヘビー級王者の大木の序列は曖昧にされていた。日プロとしては観客動員に貢献できるのなら、大木にも頑張ってほしい。しかしながら、団体内の秩序を乱すレベルまで頑張りすぎてほしくない。そんな二律背反状態で、「腫れ物に触る」感じだったのではないか。

序列が馬場、猪木、大木と確定するのは同年10月末にBI砲がインター・タッグ王者になってからだ。

かつて力道山も獲得したWWA世界ヘビー級王座は、当時の世界4大王座の一つである。もし馬場や猪木が獲っていれば、大変な騒ぎになっていたに違いない。しかし、大木がベルトを巻いても日プロでは三番手である。

要は、この戴冠は「大木が勝手にやったこと」で、日プロにとってはどちらかといえば迷惑だったのだ。したがって、力道山道場三羽烏による序列のせめぎ合いの中で、このWWAのベルトは全く役に立たなかったことになる。

WWA世界王座戴冠を通して見えてくるのは、この時期の大木の立ち位置である。

67年4月にソウルで行われたルーインとのタイトルマッチは、日プロとWWAの間にラインがあったからこそ実現した。しかし、日プロ側から見て大木は日本での観客動員力に難があるし、韓国で英雄になったとしてもビジネス的なメリットはさほど無い。

ということは、大木のWWA世界王座獲得には日プロ以外の工作員がいたはずだ。64年、ヒューストンでルー・テーズの持つNWA世界ヘビー級王座に挑戦した際にはグレート東郷が影で動いた。67年のWWA世界王座挑戦に関して、かつての東郷と同じ役割を果たしたのがミスター・モトである。

ロス在住のモトは日プロにとって駐米窓口ではあるが、所属ではなく、線引きをすれば外部の人間だ。そのモトは、ソウルでのルーイン vs 大木戦でレフェリーを務めた。大木がWWAに対して保証金（指令に従わないと没収される）の他、タイトルレンタル料を支払っていたことは間違いなく、それ以外に大木サイドからモトにかなりの礼金が渡っていたと考えるのが妥当である。

王座獲得後、大木はすぐにWWA（ロサンゼルス地区）のサーキットに入ることになっていた。しかし、大木は「ソウルで交通事故に遭ってしまった」と行きたがらない。ベルトはWWAからの借り物ながら、返すのが嫌なのである。

「勝って、観客に強いと思われることが好きで好きでしょうがない」

若手時代から、大木はそんな陰口を叩かれていた。そこに「自分勝手な」という枕詞、「ベルトコレクター」というニックネームがこの時期に加わっていく。

だが、WWAの再三の渡米要請から、いつまでも逃れられない。大木のロス登場は戴冠から3週間も経った5月19日で、ルーインとのリターンマッチに反則勝ちしたが、本来であれば、それに先立ちTVマッチにも出て興行の宣伝に協力する立場にあった。以後、ジェリー・グラハム、ニック・ボックウィンクル、キラー・カール・コックス、パンペロ・フィルポ、マイク・デビアスを相手に防衛戦を行い、7月14日にロスでデビアスに敗れて王座を失った。

別項でも記したように、64年に交わした「世界王座を奪取したら力道山襲名」という約束は、日プロ社長・芳の里によって反故にされている。

幻に終わったTWWA世界王座戴冠

有名な「グレート東郷殴打事件」は、大木が日プロから脱走したことに始まる。68年1月17日、大木は突如、日プロに辞表を提出し、その足で仙台へと向かう。目的は、国際プロレスのリングで行われるルー・テーズvs豊登のTWWA戦世界ヘビー級戦に駆けつけるためだ。「敗れた日プロ時代の先輩・豊登の敵討ち」というスクリプトはできていた。あとは大木の乱入待ち。ところが、大木は乱入しなかった。直前に「その筋」からストップがかかったからである。

不完全燃焼の大木は、その後も国際側に匿われた。翌日、東京に戻った大木は品川の東京観光ホテルに身を隠している。このホテルの役員の一人は国際の所属選手、サンダー杉山の実兄だった。

この時、日プロは大木の辞表提出を「東郷による引き抜き」と判断した。

日プロは力道山の死去と同時に東郷を切った際、「今後、日本のプロレス界に関わらない」との約束を取りつけている。

ところが、東郷は67年の秋から国際の外国人レスラー招聘窓口になった。力道山の死からすでに4年の歳月が流れており、自由競争が建前の資本主義社会ゆえ、日プロとしては黙認せざるを得ない。

しかし、トップグループの一角にいた大木に手を出されたとなると話は別である。仙台大会の翌日、日プロのレフェリーであったユセフ・トルコが東京のホテル・ニューオータニに殴り込み、宿泊していた東郷をボコボコにした。これが警察、マスコミに知れてしまい事件となる。

この時、実際に大木に声をかけたのは東郷だったが、国際プロレス創設者の吉原功（この時期は社長を外されていた）に無断で動いていたわけではない。吉原の口癖は、「力道山の弟子が欲しい」であった。

東郷殴打事件から2日後、1月19日の夕方に吉原は日プロが興行を打っていた後楽園ホールを訪ね、平井義一・日本プロレスリング協会長に対して大木を譲るよう直談判した。しかし、日プロ側がそんなプランを受け入れるはずがない。

同月22日、この件に関して児玉誉士夫、町井久之、平井、宮本義男（スポーツニッポン社長）と日プロ側の話し合いが持たれる。

馬場、猪木が台頭する中で、世界タイトルを獲得しても「力道山襲名」の約束を反故にされ、悶々とした日々を送っていた大木に対する日プロ側の冷遇も一因ということになり、彼ら4人が大木の共同保証人になることで辞表提出問題は不問に付された。そして、大木は25日から日プロに復帰する。

さて、ここからが本題である。それは大木が日プロを脱走して仙台に走った真意がどこにあったのか、ということだ。

仙台でテーズへの挑戦表明が成功していたら、タイトルマッチは翌週の1月24日に台東体育館で行われるはずだった。その際、テーズを破ってシャワーも浴びずにベルトを手に羽田空港へと向かい、そのままソウルへ飛ぶ手筈を整えていたという。

前年には、ルーインを破って「世界」を獲った。さらにテーズを破れば、今度こそ「力道山襲名」に文句はないであろう。日プロ幹部の許可を得ずとも、韓国大統領・朴正熙が何とかしてくれるはずだ。

この話はすでに昭和期から囁かれていたが、「本当か⁉」と私は思っていた。

ところが最近、私はある事実を知った。それはテーズが国際プロレス参戦のために来日した日付である。

それは67年12月19日。シリーズ開幕戦（ＴＢＳでの中継開始。「隅田川決戦」と呼ばれた日プロvs国際の興行戦争）は翌68年1月3日なので、かなり早い。東郷がアメリカ武者修行を終えたグレート草津を帯同して来日したのは12月23日だから、それよりも前なのだ。

来日したテーズの宿舎は、翌月に東郷が襲われるホテル・ニューオータニ（768号室）である。しかも19日の夜、大木が日プロのレフェリーの沖識名、来日中だったミスター・モトを伴ってテーズを訪ね、新宿の朝鮮料理店・金竜閣で接待している。

「ヒューストンでの惨劇」以来、大木とテーズはレスラー仲間以上の関係になっており、沖やモトの同席は大木がテーズと会うことを日プロ側に隠していなかったということだ。

日プロの『ウィンター・シリーズ』は、すでに12月6日に終わっている。大木は続くシリーズ開幕戦（同月29日）は欠場したが、年が明けて1月3日のビッグマッチから出場している。

通常ならば、大木はシーズンオフに韓国に帰るのだが、12月19日は日本にいた。

重要なのは、その19日の大木の宿泊先もニューオータニ（912号室）ということである。つまり、沖、モトがいない場所で大木がテーズと密談することが可能なのだ。というより、大木はあえてテーズと同じホテルに宿を取ったか、もしくは国際側が大木のために部屋を確保したのであろう。

そうなると、東郷来日の前に大木の引き抜きはすでに始まっていたと考えるのが妥当だ。この晩、大木とテーズの密談があったのも間違いなく、その内容は仙台大会以後のプランだったのではないか。

かつてテーズは自分のバックドロップとカール・ゴッチのジャーマン・スープレックスを比較して、こう語ったことがある。

「私のバックドロップは、相手の力量に応じて加減できる（つまり相手の怪我を防止できる）が、ゴッチのスープレックスはそれができない」

であれば、相手に力量がない場合、意図的に瀕死のダメージを与えることも可能だということだ。ならば、1月3日に草津にかましたバックドロップの威力は意図的だったのか。そうだったとすれば、その目的は大木登場の道筋を作るためということになる。

複数の証言から、大木に声をかけたのが東郷であることは間違いない。しかし、大木がテーズと会ったのは東郷の来日前である。そうなると、東郷はアメリカにいるうちから大木と連絡をとっていたことになる。

前述の殴打事件は、東郷を間に置いた日プロと国際のトラブルだった。しかし、別の見方をすれば、これは大木の執念、そして歴史の相似性である。

この10年前、すなわち50年代後半に力道山はテーズを追いかけた。テーズがディック・ハットンに敗れてNWA世界王座を失っても追い続け、58年8月に力道山はテーズを破ってインターナショナル・ヘビー級王座を奪った。

同様に、大木もテーズを追いかけた。ヒューストンではセメントを仕掛け、返り討ちにあった。そしてテーズがルーインに敗れて失ったWWA世界王座を巻いても、大木は追い続け、68年1月にはTWWA世界王座強奪未遂事件を起こした。

そう、「世界王座」と「テーズ」をキーワードに力道山と大木は相似形を成すのだ。

東郷殴打事件後、日プロ側は大木本人の懐柔と支援者に納得してもらうため、力道山が保持していたアジア・ヘビー級王座を復活させる（68年11月）。以後、大木は極東ヘビー級のベルトをお蔵入りさせ、力道山直系の後継者たらんとアジア・ヘビー級王座を自身の代名詞とした。

大木側から見たアントニオ猪木追放事件

「雨降って地固まる」の喩えあるが如く、68年1月の東郷殴打事件後から日プロには安定的な「四天王時代」が訪れた。四天王の序列は馬場、猪木、大木、吉村の順である。

この安定期の大木の位置づけを、タイトルとワールドリーグ戦から見てみる。これを前提にしないと、猪木追放時の大木の行動が理解できないからだ。

東郷殴打事件直前の68年1月3日、大木&吉村が馬場アジア・タッグ王座に復帰した。これは猪木が馬場

とのコンビでインター・タッグ王座にスライドしたためである。

翌69年2月、大木は猪木とのコンビでアジア・タッグ王者となった。これは吉村が視察などを目的とした渡米で、防衛戦を行えなくなったからだ。

私個人だけかもしれないが、アジア・タッグ王者時代の猪木&大木の印象はほとんどない。後年、猪木は大木とのコンビはやりにくかったとこぼしている。大木の「俺が、俺が」という性格が出てしまうからだ。また、入場時にどちらが前を歩くか（後方が格上）での諍いもあった。

猪木&大木は、戴冠から僅か半年後の8月にベルトを返上させられる。やはりチームとしての不細工さが仇となったのか。代わってアジア・タッグ王者となったのは、再び猪木&吉村だった。

続いて、ワールドリーグ戦の戦績を見てみよう。

68年の第10回大会は、猪木が東プロから復帰して初めてのワールドリーグ戦である。優勝は馬場、大

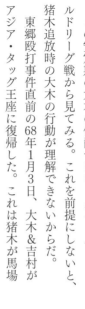

木は猪木と同点で日本側2位。「BI砲の時代」はすでに訪れていたが、日プロは形の上では大木を猪木と同格に置いた。

69年の第11回大会では、猪木が初優勝した。しかし、公式戦の勝ち点では馬場と並び6・5点である。大木は吉村と並んで6点。アメリカ武者修行から帰国し、初参加の坂口征二は5・5点と大木より僅かに低い。

猪木の優勝は、「7月から始まるNET（現・テレビ朝日）の日プロ中継のエース」になることが決まっていたので大木としても納得せざるを得なかっただろうが、67年の入団時に大きな話題を集め、凱旋帰国したこのリーグ戦でも大人気で観客動員に貢献した坂口の台頭は鬱陶しかったはずだ。微妙な点差には、日プロの大木に対する気遣いが見える。

70年の第12回大会は、アマリロ地区、ロス地区への遠征のため欠場。馬場が優勝した71年の第13回大会では猪木に次いで日本側で3位となり、坂口は3度目の武者修行中で不在だった。猪木追放事件は、この年の暮れに起きる。

この事件は一般に主役は猪木、準主役は馬場と上田馬之助として語られる。大木は、猪木追放が決まってから馬場に代わって選手会長となっただけのチョイ役だ。しかし、ここでは事件の経緯を大木を主役にして書き換えてみる。

会社の乱脈経営に不満を抱く馬場、猪木、上田が経営陣追い出しを目的に進めていた日プロ改革案を大木が知ったのは11月19日、後楽園ホールで『ワールド・チャンピオン・シリーズ』が開幕してからである。

同月28日のオフに東京・代官山の日プロ事務所にて緊急役員会が行われ、日プロの取締役でもある馬場、猪木はレスラー18名の連判状をたたきつけ、「経理の公開と明朗な運営」を要求した。

その後、29日の横浜文化体育館を挟んで、30日は京都府立体育館。結果を先に言えば、猪木の動きが改革ではなく、実は会社乗っ取りのためのクーデターであると定義されたのが、その日あたりなのだ。

そして、大木はこの30日から試合を欠場する。理由は不明。私の資料の見落としで「負傷欠場」と発表されていたのかもしれないが、もちろんこれとて仮病の可能性もある。

私は、この途中欠場は改革に深く関わっていなかった大木が動き始めた結果だったと思っている。

翌日、12月1日は愛知県体育館。有名な話なので詳細は省くが、京都から名古屋までの移動中、馬場は上田から「猪木の真意」を聞いた。ここから馬場は猪木と距離を置き、改革に消極的になる。

では、大木はどうなのか。欠場の理由が怪我ではないとすれば、30日の段階で大木も何らかの裏事情を知り、馬場とは逆の立場で積極的に動くようになったのではないか。

しかしながら、会社内部のことは社長の芳の里に任せて大木は試合に出れば良さそうなものだ。馬場や猪木と違って日プロの役員に就いているわけでもなく、自分のファイトを見に来てくれるファンだっているはずだ。シリーズの途中で欠場したら、そんなファンを悲しませることになる。

だが、そのような発想がぶっ飛んでしまっているからこそ大木なのだ。さらに言えば、簡単に欠場してしまうのはトップレスラーとしての自覚がないということでもある。

ところが、大木自身はトップになりたいのだ。明らかな矛盾である。このあたりの大木の一本気さは、傍から見れば親しみを持てることもあるが、周りの者には迷惑がかかる。

目の上のコブの猪木がいなくなるかもしれない。馬場もクーデター計画に連座したということで、今の地位を失うであろう。そうなれば、日プロ内で自分の序列が上がる。舞い上がってしまった大木は、とてもではないが試合に出るどころではなかったのではないか。66年の日プロ復帰以来、我慢に我慢を重ねた日々がやっと終わるのだ。

12月3日は山形県営体育館。この日、芳の里が東京から来て、改めて馬場から事情聴取した。馬場は責任を取って選手会長を辞任し、大木が後任ということになった。当時、選手会長は即エースの座を約束される重いポジションである。

同日、控室で大木を議長に緊急選手会が開かれた。レスラーたちの表情は堅く、重い雰囲気の中で上田がそれまでの経緯を説明する。幹部は馬場に対し、上田が語ったことに同意を求めた。馬場は特有のはっきりしないそぶりで首を縦に振り、猪木は上田を睨みつけ、席を立った。

12月5日、日プロ事務所で再び緊急選手会が開かれ、大木はクーデターを企てたとして猪木の責任を追及する。

「猪木に騙されて連判状に署名したが、改革派は選手会と違う方向に進んだ。猪木を追放せよ」

欠場中、大木は芳の里らとこうしたシナリオを作っていたのであろう。リングに復帰するのは、翌々日の札幌中島スポーツセンターからである。すでに追放が決まっている猪木は馬場と保持していたインター・タッグのベルトをドリー&テリーのファンク兄弟に明け渡し、この試合を最後に日プロのリングから消えた。

私の推測が正しければ、大木がこの札幌大会からリングに復帰したのは猪木の追放が決定し、やっと心が落ち着いたからだということになる。

大木をエースに選ばなかったテレビ局

猪木追放事件で戦犯として連座させられたものの、馬場はエースの座を維持した。坂口は猪木不在の穴埋めのために売り出され、アジア・タッグ王座（パートナーは吉村）、UNヘビー級王座、インター・タッグ王座（パートナーは馬場）と猪木が締めていたベルトを次々に巻く。

72年の『第14回ワールドリーグ戦』も馬場が優勝し、大木は坂口に次いで日本側で3位だった。公式戦での勝ち点の差は大木に両者リングアウト決着が多かったためで、坂口と黒星の数は変わらない。このあたりは日プロの配慮であるが、大木は不満たらたらだったという。

この後、7月に今度は馬場が日プロからの独立を表明し、10月に全日本プロレスを旗揚げする。居心地の悪さを感じていた上、5月に日プロの中継を打ち切っていた日本テレビの強い勧めもあった。要は、日本テレビが大木、坂口よりも馬場を選んだということである。

しかし、大木にとって馬場の離脱はイコール、自分の地位の向上になる。これで必然的に日プロは大木&坂口のWエース路線となった。人気面を考慮してマッチメークは坂口中心にせざるを得ないが、この時に日プロ側は馬場が置いていったインターのシングル&タッグ（パートナーは坂口）のベルトを任せることを条件に大木を懐柔したのではないか。

特にインターのシングル王座は力道山、馬場と受け継がれてきた至宝であり、坂口が保持するタイトルよりも格上である。

インター王者になったということは、大木が日プロのエースだと捉えることもできる。やっと念願がかなった大木は、「この世の春」を感じていたのか。それとも、エースである自分がいかにして日プロの興行に観客を入れるのかを考えていたのか。

圧倒的に前者にウェートがかかっていたのではないかと私は思う。というのは、大木の発想の歴史に「営業」という観点がほとんど発見できないからだ。

大木が日プロのシリーズ終了後、何人かのレスラーを連れて韓国でミニシリーズを開催する。これが大木のビジネスモデルであることは、これまで何度も述べてきた。さらに一例を示そう。

68年9月、大木はソウルにルーク・グラハムとボブ・アームストロングを連れていき、1回の興行で

11万人を動員した。驚異的な数字だが、これにはカラクリがある。

この11万人の観衆は、兵士ばかりだった。なぜなら、これは韓国軍向けの慰問興行で、経費は韓国の軍事予算の中の福利厚生費である。つまり、大木は何のプロモーションもなしに11万人の観客を得たことになる。

もちろん、韓国国内で一般大衆向けの興行も打っていたのだが、興行の宣伝は大木が日本のシリーズに出ている最中に現地の人間がやってくれる。つまり、プロモーターとしての大木のDNAに「営業」という概念がないのだ。

これは観客や対戦相手が見えていないということにもつながり、「自分勝手」と相手に嫌われたり、72年暮れのボボ・ブラジルとのインター王座2連戦のように重要な局面で不細工な結末（2試合とも凶器攻撃のフィニッシュ）でお茶を濁すなんてことを平気で行ってしまう。

19世紀以来、プロレスは欧米から世界に拡散されてきた。しかし、その定着に成功したのは、メキシコ、日本など数少ない。

本編でも触れたが、韓国のプロレスは大木が帰国し、それなりの動員を得て盛り上がっても、短期間のことであって恒常性がないのだ。そうなると、日本で仕事がある大木はいいが、韓国に残された配下のレスラーはプロレスだけで食べていけない。

また、慰問興行のように客集めを政府がしてくれることはありがたいことでもあるのだが、これが主軸を占めると団体に営業力が育たず、補助金ビジネスに成り下がってしまう。90年代、大木の弟子の李王杓（イ・ワンピョ）や力抜山（梁承揮＝ヤン・スンヒー）がリング上の主役になった頃も韓国のプロレスは地方公共団体や大企業がチケットを丸ごと買ってくれる大木時代の手法から脱却できなかった。それにより、韓国でプロレスビジネスが育たなかったと結論づけても間違いではないであろう。

73年3月、坂口は日プロを離脱し、猪木が旗揚げした新日本プロレスに合流した。これは日プロを放映していたNETが大木よりも猪木、坂口を選んだということである。

4月13日、大阪府立体育会館は日プロ最後のシリーズの開幕戦。メインイベントは大木vsフリッツ・フォン・エリックのインター戦である。

客の入りは悪く、2階は人影まばら、1階も半分ほどのスペースしか椅子を置いていない。テレビ中継がないので、照明も普通のスポットが一列ずつ四方からリングを照らしていただけである。

馬場の離脱以降、日プロ主催の興行に客は入らず、地方興行を買ってくれる興行師も激減していた。

そして翌14日、力道山の眠る池上本門寺で大木ら日プロの所属選手が記者会見を開き、団体の活動停止を発表する。同月20日、群馬県吉井町体育館が最後の興行となった。

結果として、日プロは猪木の新日本プロレスと馬場の全日本プロレスに分裂した。視点を変えれば、1年半前に頓挫した「腐敗した幹部を追放し、レスラーを中心に団体を経営していく」という改革の実現である。その際に経営側について改革潰しを行った大木は、日プロ崩壊でプロレス界の中心から脱落した。

馬場、猪木とともに「力道山三羽烏」と称された大木は師匠の死後、2人の後塵を拝し続けた。インターとアジアのシングル2冠を達成したのは歴史上、力道山と大木だけである。しかし、大木を力道山の後継者だと認めるファンはほとんどいなかった。

日プロ残党は6月末より「対等合併」の建前で全日本のリングに上がったが、マッチメーク権を持っているのは社長の馬場である。実質的には吸収合併であり、日プロ残党の扱いは悪く、その年の暮れに大木は全日本を離脱する。

アントニオ猪木VS大木金太郎

74年2月、国際プロレスのストロング小林がフリー宣言するとともに、馬場、猪木への挑戦を表明した。これは実際は新日本プロレスによる引き抜きだった。

猪木vs小林戦が決定すると、今度は大木が「その勝者への挑戦」を宣言した。ここから大木と猪木の蜜月時代が始まる。

10月10日、超満員の蔵前国技館で行われた涙の一騎打ちを経て、翌75年3月には猪木が新日本の所属選手と外国人レスラーを連れて韓国のリングに上がった（同月27日に大木のインター王座に挑戦）。

当時、韓国ではプロレス団体が1団体しか許されていなかった。その唯一の団体は『大韓プロレス』である。これは日本で言えば、日本相撲協会のようなもので国の機関の一つだった。

しかし、内部では派閥抗争があった。大木は「金

一派」として分派行動しており、当時は反主流派だった。

張永哲率いる主流派の放映局は民間放送のＴＢＣ（東洋放送）、金一派の放映局は半官半民のＭＢＣ（文化放送）である。大木は猪木と試合をするために大韓プロレス主流派のリングに上がることになったが、当初はＭＢＣがなかなかＯＫを出さなかった。

この壁を乗り越えられたのは、柳川次郎の尽力である。在日韓国人の柳川（本名・梁元錫＝ヤン・ウォンソク）は任侠系団体の元親分で、当時は亜細亜民族同盟会長の座にあった。

柳川が動いた原動力は、「力道山の弟子である大木と猪木の本物の戦いを是非とも韓国国民に見せたい」というプロレス愛、祖国愛である。

その甲斐があって主流派、金一派の呉越同舟が実現し、大木と張は65年11月の「大熊元司リンチ事件」の日以来、約10年ぶりに同じリングに上がった。

この大木vs猪木戦の成功で、柳川は大韓プロレスの名誉会長に就任する。

この後、4月から5月に掛けて大木は新日本の『第2回ワールドリーグ戦』に韓国代表として参加した。

開幕戦で大木はリングアウトながら猪木を破り、坂口との血の抗争はリーグ戦を盛り上げた。他にもフリーだったストロング小林、マサ斎藤が出場し、さらに山本小鉄&星野勘太郎のヤマハ・ブラザーズが花を添える実質的なババ（馬場）抜きの『日本選手権』であった。

「大木って、こんなに面白いレスラーだったのか！」

頭突き一本槍、猪突猛進、常に喧嘩腰の大木の魅力は最大限に引き出された。大木はデビュー以来、初めてチケットが売れるレスラーになったのだ。

これは新日本のマッチメークのセンスによるところが大きい。初期に数少ない「使える外国人レスラー」の力を最大限に引き出す日々を送らざるを得なかったことが良い方向に作用したのか。そう考えると、プロデューサー猪木の力が凡庸でなかったことを再確認する次第である。

ジャイアント馬場vs大木金太郎

新日本のワールドリーグ戦から半年後の10月30日、超満員の蔵前国技館のリング上に大木はいた。しかし、そこは全日本プロレス、相手は馬場である。

大木は新日本プロレス離脱の理由を「何やかんや言って、俺のインター王座をむしり取ろうとするから」と述べている。行間を読み取れば、インター王座を取り上げられたら、ほどなく新日本から捨てられ、その時にはもはや商品価値がなく、日本のリングから去るしかないということだ。

逆に馬場の方から見れば、猪木との名勝負で商品価値が上がった大木と対戦すれば、観客動員を見込めるというメリットがあったゆえの引き抜きである。

以後、大木は80年に半年ほど国際プロレスのリン

グに上がることはあったものの、基本的には81年まで馬場と提携関係にあった。おそらく新日本から引き抜かれる際、馬場に自分を長期的に使う条件を約束させたのであろう。

75年10月30日、蔵前国技館。馬場は、7分足らずで大木に勝った。

「馬場は猪木よりも短い時間で大木に勝とうとした」

当時、そう囁かれた。猪木vs大木と馬場vs大木、どちらが名勝負だったかと言えば、私の結論も前者である。しかし、これは猪木vs大木、特に初戦があまりにも良すぎたということで、馬場vs大木も初戦に関しては緊迫感のある好試合であった。

翌76年の『チャンピオン・カーニバル』では、新日本のワールドリーグ戦で「発見」された大木の魅力が「再認識」された。特に札幌中島スポーツセンターでのジャンボ鶴田戦（30分時間切れ引き分け）は隠れた名勝負である。旗揚げ以来、日本テレビのバックアップと豪華な外国人レスラーに頼り切りマンネリ気味だった全日本に新風をもたらしたのは、皮肉なことに一度は追い出した大木であった。

猪木、馬場と戦った73年〜75年、大木は40代半ば。遅れてきた全盛期である。

それから3年後、79年8月26日に東京スポーツ主催『プロレス 夢のオールスター戦』が開催された。メインでは8年ぶりにBI砲が再結成されたが、大木は全日本のシリーズに参戦中だったにもかかわらず、カードにラインナップされていない。

「なぜオールスター戦なのに、大木が出ないんだ」

そんな声は、ほとんど聞こえてこなかった。

その2ヵ月後、大木の後ろ盾であった朴正熙大統領が側近に暗殺された。大木が全日本の『ジャイアント・シリーズ』に参戦中の出来事だった。

恩人の急逝を受けて大木は緊急帰国を考えたが、思いとどまった。当時、全日本としては営業的に大木がいなければ成り立たないという状況ではない。

大木が帰国を希望しても、馬場は止めなかったであろう。
だが、おそらく大木は朴正煕なき韓国で誰が後任大統領になろうと、プロレスは国を挙げての支援を失なうことになるということがわかっていたのではないだろうか。ならば、日本に居残って馬場からファイトマネーを得たほうがベターだということだ。実際、韓国のプロレス界は朴正煕の死により終わったという声は大きい。
80年、大木は国際プロレスのリングに上った。しかし、ファイトマネーの少なさに音を上げ、全日本プロレスに戻った。手土産はインター王座のベルトである。これは鶴田売り出しのために馬場が欲しがっていたものだ。
81年、大木は全日本の3シリーズに参加した。大木を以前のように外国人側ではなく日本側に置いたのは、ベルト譲渡のお礼として十分なファイトマネーを支払ったら、お引取り願いたいという馬場の意志の表れであろう。

大木は同年11月5日、千葉・市原市臨海体育館の第5試合（全10試合）でマスクド・X（正体はサイレント・マクニー）を降した。結果的に、これが日本国内で最後の試合となった。

「大木を偲ぶ会」で耳にした猪木の言葉

大木が日本から去っても全日本プロレスとの交流は84年まで続き、馬場はレスラーを韓国マットに送り続けた。

大木は84年5月9日に全羅北道・金堤運動場（屋外）で弟の金光植（キム・クワンシク）、弟子の李王杓とトリオを結成し、阿修羅・原&マイティ井上&石川隆士（現・孝志）を破った。この時、大木は自身の引退について一言も発していないので、まだリングに上がるつもりだったのか。しかし、結果的にこの6人タッグマッチが現役最後の試合となった。

日本での大木の引退セレモニーは、95年4月2日に東京ドームで行われた。先に触れたベースボール・マガジン社主催のオールスター戦『夢の架け橋』の中の一コマである。

大木は日プロ時代の付き人であるグレート小鹿に車椅子を押され、ルー・テーズ、李王杓とともに花道から入場した。リング上でのスピーチでは、思わず声が詰まる。

突然、大木が立ち上がった。内野席にいた私は、オーロラビジョンを見上げた。

大木はトボトボとコーナーに向けて歩き出し、両手でサードロープを握ると、コーナーマットに頭を埋めた。いや、埋めたというより頭突きである。コーナーマットの感触を頭に染み付けているようだ。その表情を見ると、泣いている。素晴らしい引退セレモニーだった。

再び車椅子で退場する大木を見ながら、私は思った。小鹿、李には申し訳ないが、大木の後ろにテーズがいて、両脇が馬場、猪木であるべきだったのではないかと。もちろん、無いものねだりである。

馬場も猪木もセレモニーに立ち会わなかった。だが、馬場はバックステージで大木と顔を合わせ、昔を懐かしがった。この4年後に世を去る馬場と大木が対面したのは、この日が最後であろう。

一方、猪木はドームにいなかった。その代わりといってはなんだが、同月29日、北朝鮮・平壌のメーデー・スタジアムで19万人の観客を前にして、テーズ以後の〝NWAの象徴〟であるリック・フレアーを相手に「プロレス」を見せた。

ここ北朝鮮は力道山の生地であり、この試合も力道山の弟子たる猪木が今は亡き師匠に捧げたものだった。しかし、そこには猪木なりの大木への餞《はなむけ》という思いはなかったのか。いや、あったと思いたい。

韓国での大木の引退セレモニーは、2000年3月に行われた。この時もテーズが訪韓し、セレモニーに立ち会った。すでに猪木は98年4月に引退しており、翌99年1月には馬場はあの世に旅立っていた。

2006年の秋、私はUWFスネークピットジャパン（現CACCスネークピットジャパン）の宮戸優光氏とプロレス史研究家・流智美氏が運営するプロレス史研究サークル「スネークピット・キャラバン」の幹事を務めていた。これはビル・ロビンソンをはじめとするレジェンドたちに話を伺うことを主目的としたサークルである。

会員の中に大木の最後のマネージャー、難波克己氏がおられた。

その頃、『自伝大木金太郎 伝説のパッチギ王』の制作が進んでおり、版元の講談社は同年暮れに出版記念パーティー開催のために東京・赤坂プリンスホテルの宴会場を押さえていた。

当然、それに合わせて大木も来日する。この時、難波氏の伝手で大木を「スネークピット・キャラバン」にお呼びする話も出た。ところが、その年の10

月26日、大木は亡くなった。韓国大統領・朴正煕が暗殺されて、ちょうど27年後の命日であった。

訃報を聞いた私は、しばらく声が出なかった。大木のキャラバン登壇が流れてしまったことに気がつくまでに少しの時間が必要だった。

この時、猪木は大木の遺体がまだ置かれていたソウルの乙支（ウルチ）病院に駆けつけた。そして、大木の棺を前に跪いて深々と頭を下げ続けた。猪木の垂れた首《こうべ》の深さ、その時間の長さは「力道山道場三羽烏」のもう一人、馬場の分も含まれていたようでもあった。

自伝の出版記念パーティーは、大木を偲ぶ会になった。私の記憶が正しければ、12月14日である。大木が亡くなってちょうど49日目で、「四十九日法要」と私は捉えていた。

メインテーブルには力道山未亡人の田中敬子さんを中心に、大木の未亡人、猪木、アブドーラ・ザ・ブッチャー、弟子の李王杓、張本勲氏が座っている。会場には、キム・ドク（タイガー戸口）や星野勘太郎の姿もあった。

敬子さんが献杯の挨拶を行い、猪木はスピーチで「私の筆おろしの相手でして」とその場を笑わせた。会場には一般人も多く、「筆おろし」（業界の隠語でデビュー戦という意味）を言葉通りの意味で捉えられたからだ。つまり、猪木を初めて良からぬ場所に連れて行ったのが大木だったと。

宴もたけなわの頃、猪木が立ち上がり、ドアに向かう。中座してしまうのか。その時、会場にいた男性が猪木に話しかけた。

「あのう、朝日新聞です。猪木さん、大木さんの思い出を一言お願いします」

ドアを開けようとしていた猪木が立ち止まった。

「本当にねぇ、勝つのが好きな人でした」

そう言い残すと、猪木は静かにドアの向こうに消えていった。

おわりに

1970年3月から半年あまりの大阪万博を経て、日本社会のあちこちから「暗さ」が無くなっていたという人は多い。

その年の3月7日、私は台東体育館にいた。日本プロレスの興行で、馬場、猪木、大木らが出た。早春とはいえ、隅田川に向けて吹く関東特有の空っ風は冷たい。一緒に行った叔父が奮発し、リングサイド席に我々は座った。

ジム・オズボーンを頭突きで降し、花道を戻る大木と握手する。生まれて初めてのレスラーとの握手だった。

いよいよ、メインイベント。外国人側のレスラーが入場してきた。フリッツ・フォン・エリックの周りは、空気の密度さえ違う。1本目、2本目はエリックと猪木が取り合い、3本目は馬場が32文ロケット砲でプリンス（キング）・イヤウケアをフォールした。BI砲が再びインター・タッグのベルトを巻く。観客は総立ち。叔父に体を支えられて私がイスの上に立つと、猪木と目が合った。

帰途につく。地下鉄浅草駅までの約2キロ。夕方はあれほど寒かったのに、熱狂の余韻で寒さを全く感じなかった。しかし、やけに暗く感じた。

「悪所」とは一般に、江戸時代における遊郭や歌舞伎小屋などを指す。江戸時代後期、幕府は遊郭を吉原に、芝居小屋を浅草観音裏の猿若町に囲い込んだ。

現在、吉原は東京都台東区千束、猿若町は浅草六丁目で、台東体育館と目と鼻の先である。帰途に感じた暗さは、そこに漂っていた「悪所」の残骸か。

地下鉄で上野駅へ。地下道のホームレスの集団の中に、中学生くらいの少女がいた。目だけがやたらと綺麗なのだが、表情は暗かった。彼女の暗さは、高度成長に置いてきぼりにされた者達のこの時代への眼差しであろう。

その日、台東体育館で試合をした異形の馬場にしろ、ブラジル移民の猪木にしろ、韓国出身の大木にしろ、彼らは得てして日本の社会では枠外に置かれてしまうマイノリティーでもある。

私のプロレス史研究に費やしたエネルギーは尋常ではない。私の背中を押していたのは、あの頃に感じた、場の、時の、人の負のエネルギー群だったのではないか。そして、それが本書に化けたと今になって思う。

2020年5月　埼玉にて　小泉悦次

小泉悦次（こいずみ・えつじ）

1960年5月14日、東京都北区生まれ。サラリーマンの傍ら、1996年よりメールマガジンにてプロレス記事を配信。プロレス史研究を深化させるにつれて、ボクシング史、相撲史、サーカス史、見世物史など隣接領域の研究も進める。プロレス文壇デビューは、2002年春の『現代思想・総特集プロレス』（青土社）。2009年より『Gスピリッツ』にプロレス史記事をレギュラーで寄稿、現在に至る。2018年、『プロ格闘技年表事典－プロレス・ボクシング・大相撲・総合格闘技』（日外アソシエーツ／紀伊國屋書店）を編集。

G SPIRITS BOOK Vol.12

史論－力道山道場三羽烏

2020年6月1日　初版第1刷発行

著　者	小泉悦次
編集人	佐々木賢之
発行人	廣瀬和二
発行所	辰巳出版株式会社
	〒160-0022 東京都新宿区新宿2-15-14 辰巳ビル
	TEL：03-5360-8064（販売部）
	TEL：03-5360-8977（編集部）
印刷・製本	大日本印刷株式会社
デザイン	柿沼みさと
協力・写真提供	流智美、清水勉、難波克己、原悦生（敬称略）

ISBN 978-4-7778-2569-1